Nicole Schröter

HUMAN DESIGN

ERWECKE DEIN WAHRES POTENZIAL

WINDPFERD

1. Auflage 2022

Umschlaggestaltung: © Mi Ha | Guter Punkt, München
unter Verwendung von Motiven von iStock/Getty Images Plus
(© ValuaVitaly, © pixelparticle)
Layout: Marx Grafik & ArtWork
Bilder/Illustrationen: Körperhüllen, S. 92 von Nicole Schröter,
Bilder von S. 188 – S. 247 von Clickflows.com,
alle anderen: Meike Haug
Lektorat: Felicitas Stoeckeler
Druck: Westermann Druck Zwickau GmbH

www.blauer-engel.de/uz195
• ressourcenschonend und umweltfreundlich hergestellt
• emissionsarm gedruckt
• überwiegend aus Altpapier
MI6
Dieses Druckprodukt ist mit dem Blauen Engel ausgezeichnet

Printed in Germany
ISBN 978-3-86410-380-3
www.windpferd.de

Für meinen Bruder Lars,
der mutig sein Potenzial entfaltet.

Inhalt

Einleitung

Worum geht es in diesem Buch, und wie arbeite ich damit?

Mit diesem Buch bist du dir selbst der oder die Coach:in, nach dem oder nach der du dich vielleicht schon mehrfach umgesehen hast. Vielleicht hast du auch schon das eine oder andere Coaching zur Persönlichkeitsentfaltung hinter dir und hast immer noch nicht das Gefühl, dein volles Potenzial zu leben. Im Yoga warst du vielleicht auch schon, um dich selbst auf der Matte zu finden, hast aber nur erfahren, welche Asanas du nicht kannst, oder welche der oder die Yogalehrer:in kann. Du folgst auf Social Media den angesagtesten Mindset-Coaches zu allen möglichen Grenzwissenschaften und ziehst zwar Inspiration daraus, aber in die Umsetzung bist du bisher noch nicht gekommen. Und wenn du dein Handy weglegst, dann eher mit dem Gefühl, es irgendwie noch nicht so richtig begriffen zu haben. Der Trend *Human Design* ist dir dort auch schon mal begegnet, aber irgendwie verstehst du nur Bahnhof und möchtest nun wissen, wie du dieses System zu deiner eigenen Potenzialentfaltung nutzen kannst.

Genau hier möchte ich Licht ins Dunkel bringen und dich abholen. Ich bin früher auch mal Leuten im Spirit-Business gefolgt und habe dann erkannt, dass es doch oftmals nur Phrasen sind, wenn die gut gemeinten Ratschläge einfach nicht für jede:n passen. Fehlt es dir an Disziplin für *Miracle Morning*, für Ernährung nach *Medical Medium*, oder weißt du einfach nicht, nach welcher Methode du deine Lebensbereiche wie Marie Kondo aufräumen sollst?

Dann ist dieses Buch das Richtige für dich. Denn es geht nicht pauschal um die eine Methode, die für alle passt, sondern es geht um dich. Es geht um dich! Dein Potenzial, wie du es aufdecken und dann deine Einzigartigkeit leben kannst, ohne es nötig zu haben, irgendwelchen Gurus zu folgen. Die Yogaszene sagt schon lange: Die Zeit der Gurus ist vorbei. Mir kommt es so vor, als haben sich die Gurus nur neu getarnt und sich ein neues Genre gesucht. Aber jetzt ist Schluss mit Tarnkappen – wir werden zusammen die unbewussten Dinge sichtbar machen, damit du wirklich siehst, wie schön du bist und welches Potenzial in dir steckt.

Ich würde dir empfehlen, dieses Buch tatsächlich von vorne bis hinten durchzuarbeiten. Manchmal braucht es hier und da Pausen für dich, denn *Human Design* ist kein Fast Food und auch kein „snackable" Karusselpost auf Instagram, den man mal eben so inhalieren kann. Dies ist kein kurzweiliger Städtetrip, es ist vielmehr eine Weltreise, auf der du dich immer besser selbst verstehen wirst. Vielleicht wirst du an der einen oder anderen Stelle ungläubig den Kopf schütteln, Ein *Ja* spüren oder auch mal ein *No Way*. Aber wenn du dann mehr und mehr erfährst, kommt sicherlich der Moment, an dem du dich ganz klar sehen wirst und es kein Zurück mehr gibt.

„I'm unstoppable
I'm a Porsche with no brakes
I'm invincible
I win every single game
I'm so powerful
I don't need batteries to play
I'm so confindent,
I'm unstoppable today!"

Quelle: Sia. „Unstoppable." Von Sia Fuller und Christopher Braide. This is Acting. Monkey Puzzle und RCA, 2016.

Und nun wünsche ich dir viele Aha-Momente auf deiner Weltreise. Was du entdecken wirst? Deine Einzigartigkeit!

Deine Nicole
Manifestierende Generatorin
5/1 Richtungweisende Impulsgeberin
Emotionale Autorität

1. KAPITEL

WAS IST HUMAN DESIGN, UND WAS IST ES NICHT?

Lösen wir doch als Erstes ein paar Fragezeichen zum Human-Design-System auf. Es wurde 1987 von dem Kanadier Alan Robert Krakower empfangen. Er veröffentlichte unter dem Pseudonym Ra Uru Hu das Buch mit dem Titel *„The Human Design System"*. „Empfangen" hört sich vielleicht mystisch an, und das war es sicherlich auch, aber wie sind wohl all die anderen Grenzwissenschaften entstanden, aus denen sich *Human Design* zusammensetzt? Für vieles mag es noch keine wissenschaftlichen Beweise geben, aber manches wird eben doch durch die eigene Erfahrung und die Arbeit mit diesem System wahr. Die *eine* Wahrheit gibt es sowieso nicht.

Warum begeistert dieses System so viele Menschen? Können sie sich alle irren, wenn sie doch so viel Positives aus dieser Methode für sich mitnehmen können? Ich bin ein riesiger Fan davon, die Dinge selbst zu erleben und für mich zu entscheiden, was ich aus Grenzwissenschaften und Lebensphilosophien für mich annehmen möchte, und was nicht. Gib dieser Methode eine Chance, und urteile für dich selbst. An oberster Stelle steht immer dein freier Wille, und nichts anderes.

Das Human-Design-System setzt sich aus acht Systemen zusammen (die Reihenfolge ist völlig wertfrei):

- Astrologie
- Genetik
- Biochemie
- Chakrenlehre
- I Ging
- Kabbala
- Kosmobiologie
- Quantenphysik

Die neue Symbiose verschiedener Lehren und Systeme ermöglicht erstmals ein komplexeres Bild der Persönlichkeitsdeutung, als nur die einzelnen Bausteine für sich. Dabei geht es bei der Deutung eben nicht darum, jemanden in eine Schublade zu stecken, sondern es zeigt jedem Menschen seine oder ihre Einzigartigkeit auf. Es geht um das gesamte Bild, und nicht nur um die einzelnen Elemente. Darum ist es mir besonders wichtig, dass du das gesamte Buch durcharbeitest, gerne in Begleitung des **Workbooks** (s. S. 300, und dir dafür und für die Übungen Zeit nimmst. Wir kommen gerade in einer neuen Zeit an. Die Epoche des Erdzeitalters ist dabei, überzugehen ins Luftzeitalter. Gerade in dieser besonderen Zeit des Epochenwandels spüren die Menschen, dass wir ein neues System brauchen; jede:r für sich und als Teil der Menschheit.

Werfen wir einen kurzen Blick auf die einzelnen Elemente des Human-Design-Systems.

Astrologie: Wahrscheinlich kennst du dein Sternzeichen, oder auch nicht. Du wirst so viel über dich erfahren. Eigentlich bedeutet dein Sternzeichen, dein Sonnenzeichen, wie der Stand der Sonne zum Zeitpunkt deiner Geburt ist. Die westliche Astrologie kennt zwölf Tierkreiszeichen. Um deine Persönlichkeit zu deuten, braucht man auch für das Human-Design-System zur Errechnung deines Charts deine Geburtsdaten. Deine erste Aufgabe ist es also, diese zur Hand zu haben, um dein Chart bzw. deinen Bodygraphen (s. Abb.

auf S. 17) zu erstellen. Du brauchst neben dem Geburtsdatum auch deinen Geburtsort und die Uhrzeit. Ohne diese sind alle Angaben ungenau. Frag am besten Verwandte oder das Standesamt, falls du diese Daten noch nicht kennst.

Genetik & Biochemie: Hier geht es um die Weitergabe von Merkmalen in deinem Erbgut. Das Bewusstwerden durch *Human Design* nimmt Einfluss auf unsere Genetik. Die Forschung der Epigenetik steckt sicherlich noch in den Kinderschuhen, aber schon jetzt weiß man um den Einfluss der Psyche, der Ernährung, der Kultur und des Klimas bei biochemischen Zusammenhängen. Die Genetik ist somit das Fundament menschlicher Evolution. Die Biochemie, also die stoffliche Zusammensetzung in uns, kann durch unsere Gedanken und Handlungen beeinflusst werden. Wenn ich beispielsweise nur Fast Food esse, kann mich das depressiv machen, weil mir Vitalstoffe fehlen und der Hormonhaushalt ungünstig beeinflusst wird.

Chakrenlehre: Eine mir sehr vertraute Lehre aus dem Yoga, weshalb ich mich gleich vom Human-Design-System abgeholt gefühlt habe. Hier geht es um die Energiezentren in uns. Diese Zentren sind gleichzeitig Bewusstseinszentren und haben, jedes für sich, bestimmte Themen, auf die ich später im Buch noch detaillierter eingehen werde. Die Chakren und deren Energiefluss beeinflussen unser System auf Körper-, Geist- und emotionaler Ebene. Während die Yogis 7 Hauptchakren kennen, unterteilt das Human-Design-System diese noch etwas weiter in 9 Energiezentren.

I Ging: Eine sehr alte Weisheitslehre aus China. Sie ist ca. 5.000 Jahre alt und liefert für das Human-Design-System die 64 Tore, die dort als Hexagramme dargestellt werden. Es ist ein binärer Code aus Yin und Yang mit jeweils 6 Unterlinien. Diese präsentieren uns die Persönlichkeitsmerkmale, die den Menschen auszeichnen. Weiterentwickelt wurden sie von Richard Rudd, der sie auch als *„Gene Keys"* benannt hat.

Kabbala: Die mystische Geheimlehre des Judentums. Sie wird hier für jeden Menschen zugänglich gemacht, egal welcher Religion er oder sie angehört. In dieser Lehre enthalten ist die Lehre der Reinkarnation, der Wiedergeburt und der Seelenwanderung. Im Human-Design-System sprechen wir auch von unserer Lebensaufgabe, die aber nicht Hauptthema dieses Buches sein soll. In der Kabbala findet sich der Zugang vom Prinzip „Baum des Lebens". Hier werden Bewusstseinszentren mit Kanälen verbunden. Das Human-Design-System hat das System der Kanäle übernommen, das einzelne Tore miteinander verbindet und für den Menschen individuelle Talente bildet.

Kosmobiologie: Hier geht es um die Deutung kosmischer Einflüsse, das heißt, um die Frage, in welcher Phase sich gerade der Mond und die anderen Planeten am Sternenzelt befinden. Im Human-Design-Transit geht es um die Planetenstände in den Toren und in den Zeichen im Tierkreis der Astrologie. Wir werden von Neutrinos, die im Kosmos entstehen, durchströmt. Diese leiten Informationen an uns weiter. Da die Sonne im Mittelpunkt unseres Sonnensystems steht und eine eklatante Wirkung auf uns hat, werden die Neutrinos, die von der Sonne gebildet werden, besonders wirksam in uns. Es lohnt sich also zu wissen, in welchem Tor die Sonne temporär steht, wenn du dich mit dem Transit beschäftigen möchtest. Aber auch dazu an anderer Stelle mehr. Denn das ist schon Level 2, und zunächst geht es um die Grundlagen.

Quantenphysik: Die Big-Bang-Theorie lässt grüßen. Die Naturgesetze im atomaren und subatomaren Bereich spielen hierbei eine Rolle, und auch unser Bewusstsein arbeitet über die elementaren Teilchen, denen wir ausgesetzt sind.

All diese Elemente machen das Human-Design-System sehr komplex. Es ist eben nicht der nächste Guru, der dir seine nächste Motivationsstrategie verkaufen will, sondern so viel mehr. Es geht auch nicht darum, aus dir eine Primaballerina zu machen, wenn deine Anlagen doch eher für etwas anderes dienlicher sind. Was genau das ist, unterliegt natürlich deinem freien Willen. Es geht auch nicht darum, dich zu kategorisieren und in eine Schublade zu stecken, auch wenn ich im Laufe des Buches von Typen und Eigenschaften sprechen werde. *Human Design* ist dafür viel zu komplex. Ich schaffe mit dir ein neues Bewusstsein für dich selbst. Es ist ein Weg weg von der Fremdbestimmung, von postmodernen Gurus, populären Motivationscoaches und alten Denkmustern, hin zu deinem wahren Selbst. Das muss dich nicht Tausende von Euros kosten. Ein wenig zu investieren lohnt sich aber, denn wir brauchen hier deine Aufmerksamkeit für dich selbst.

Warum? Damit du weißt, wer du bist, und wer nicht. Damit du so handelst, wie es für dich richtig ist. Damit du Entscheidungen triffst, die du später nicht zu bereuen brauchst. Und damit du dein Potenzial leben kannst, wie im Titel dieses Buches angekündigt. *Human Design* ist für alle Menschen ohne Ausnahme – auch wenn das vielleicht radikal klingt.

64 61 63
47 24 4
17 11
43
62 23 56
16 35
20 12
31 8 33 45
1
7 13
10 25
15 46
2
21
51
26 40
5 14 29
48 36
57 22
44 37
34
50 6
49
32 55
27 59
28
18 30
42 3 9
53 60 52
54 19
38 39
58 41

Wie und wo kannst du dein Chart / deinen Bodygraphen erstellen?

Jetzt brauchst du deine Geburtsdaten inklusive Geburtszeit, wie angekündigt. Wie der oder die Astrolog:in zum Errechnen deines Geburtshoroskops, brauchen wir im *Human Design* deine Geburtsdaten zur Erstellung des Bodygraphen. Du kannst deinen Bodygraphen kostenfrei auf diversen Internetseiten berechnen lassen. Achte darauf, seriöse Anbieter zu wählen.

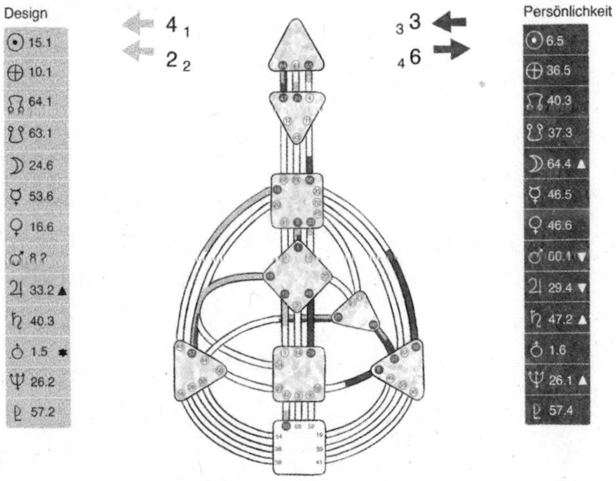

So sieht das Grundgerüst eines Bodygraphen im *Human Design* aus.

Der Bodygraph liest sich wie eine Landkarte und zeigt dir visuell, welche Energiezentren bei dir definiert sind (s. S. 21 f.), welche Kanäle aktiviert sind (s. S. 77), und noch vieles mehr, was wir hier Schritt für Schritt durchgehen werden, um dein Potenzial für dich sichtbar werden zu lassen. Es ist wirklich ratsam, deinen Bodygraphen immer wieder zur Hand zu nehmen, wenn du dich durch dieses Buch arbeitest. Es ist die Basis deiner Arbeit, die du hier für dich machst. **Aus ethischen Gründen sollest du niemals ohne Zustimmung den Bodygraphen einer dritten Person berechnen, auch wenn du deren Daten kennst!** Es gibt höchstens die Ausnahme, wenn du es für deine Kinder tust. Ab einem gewissen Alter solltest du aber auch sie fragen – vor allem, wenn sie bereits 16 oder älter sind.

Dein Bodygraph im Überblick

Beim ersten Blick auf diese Grafik wird klar, warum es dazu Erklärungen braucht. Es kann sicherlich nicht schaden, auch zu Beginn ein Human-Design-Reading bei einem oder einer zertifizierten Human-Design-Reader:in zu nehmen. Aber niemand kennt dich so gut wie du selbst, und vielleicht bist du eher der Typ, der oder die erst einmal dir selbst vertraut. Und das ist zu Beginn und für unsere Arbeit hier auch sehr gut.

- Die Grafik wird als *Chart, Bodygraph* oder *Rave Chart* bezeichnet – gemeint ist immer dasselbe.
- Es ist die visuelle Darstellung deines *Human Designs*.
- Sie basiert auf deinen Geburtsdaten.
- Neben der Körpergrafik in der Mitte mit den 9 Zentren, 36 Kanälen und 64 Toren gibt es noch weitere Angaben.
- Die rechte Seite zeigt die Planetenstände in den Toren zum Zeitpunkt deiner Geburt an.
- Die rechte Seite wird auch als bewusste Seite bezeichnet – deine Persönlichkeitsseite.
- Die linke Seite zeigt die Planetenstände in den Toren zum Zeitpunkt ca. drei Monate vor deiner Geburt an (der Zeitpunkt, zu dem deine Seele Einzug in den Körper hält).
- Die linke Seite wird auch als die unbewusste Seite bezeichnet – deine *Design*-Seite.
- Die vier Pfeile im Kopfbereich stellen die vier Transformationen dar.

Zu jedem dieser Aspekte erfährst du in den jeweiligen Abschnitten mehr in diesem Buch. Es sind eine Menge Informationen, und ich möchte, dass du genug Zeit hast, sie zu „verstoffwechseln" und zu verdauen. Wir gehen Schritt für Schritt ins Detail.

Wenn du etwas über dein *Human Design* festhalten möchtest, kannst du dir Notizen im Workbook machen, das du dir herunterladen kannst (s. Link im Anhang, S. 300). Ich habe mich dazu entschlossen, dir ein zusätzliches Workbook bereitzustellen, da ich von mir selbst weiß, dass manche Menschen einfach nicht gerne in Bücher hineinschreiben. Und falls du dieses Buch mal weitergeben solltest, hat nicht jede:r deine persönlichen Notizen, die nur dich etwas angehen oder die Menschen, denen du diese tiefen Einblicke in deine Persönlichkeit gewähren möchtest. Viel zu oft sehe ich auf Social Media, wie arglos die Leute ihren Bodygraphen posten, dabei enthält er so viel mehr Informationen über dich als dein Personalausweis oder deine Geburtsurkunde. Also Augen auf und Obacht, wer das wirklich zu sehen bekommen soll! Schließlich möchtest du nicht von anderen Menschen manipuliert werden. Wir wollen ja an anderer Stelle noch daran arbeiten, dass du mögliche Konditionierungen auflösen kannst, um wirklich du selbst sein zu können.

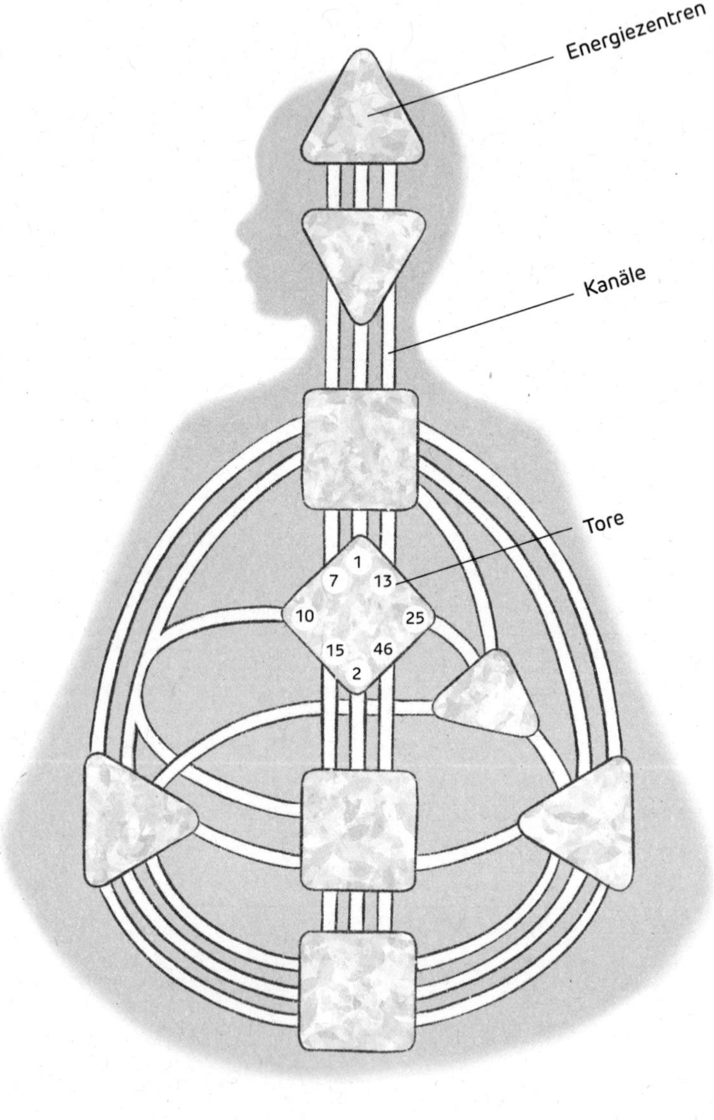

Der Bodygraph enthält 9 Energiezentren, 36 Kanäle, die den Talenten entsprechen, und 64 Tore, die deine Fähigkeiten aufzeigen.

Der Bodygraph

Hier siehst du einen Überblick über den Bodygraphen mit den wesentlichen Bestandteilen. Die Abbildung dient dir zur besseren Orientierung.

Welcher Energietyp bist du?

Als ich noch Hauptberuflich als Yogalehrerin tätig war, habe ich in der Yogapraxis viel mit der Energie gearbeitet. Ich habe auch bei meinen Schüler:innen verschiedene Energietypen kennengelernt. Die Chakrenlehre war meine tägliche Begleiterin im Yogastudio und für die eigene Praxis. Noch immer bin ich von Energiearbeit fasziniert, und sie nimmt bei mir nach wie vor einen hohen Stellenwert ein. Das System ist auch *ins Human Design* integriert – nur bei einigen Energiezentren wird es anders unterteilt, als wir es von der alten Chakrenlehre aus dem Yoga kennen. Vielleicht etwas feiner und somit ein wahrer Gewinn für alle, die wie ich Energiearbeit lieben.

Mit einem Blick auf deinen Bodygraphen siehst du geometrische Formen – neun an der Zahl. Das sind die Energiezentren im *Human Design*, in Anlehnung an die Chakrenlehre, wo wir sieben Hauptzentren entlang der Wirbelsäule kennen. Ich habe darüber auch in meinen anderen Büchern geschrieben, und dies ist für mich immer noch wahr, nur dass es hier zu einer Art „Finetuning" gekommen ist.

Im Bodygraphen sind nun **einige Zentren „definiert"** und andere nicht. Definierte Zentren werden farbig dargestellt (wie du an den Klappentexten sehen kannst), **offene und undefinierte Zentren** bleiben weiß. Wichtig ist mir hier, darauf hinzuweisen, dass es weder gut noch schlecht ist, ob etwas definiert ist oder nicht. Es bringt nur andere Qualitäten mit sich. Welche genau, schauen wir uns später noch an. Zunächst ist für dich wichtig zu wissen, dass es einfach

Unterschiede von Mensch zu Mensch gibt, und dass sich im Zusammenhang mit den Verbindungen unter den Zentren durch die Kanäle, die du als Linien im Chart siehst, verschiedene Energietypen bilden.

Im klassischen *Human Design* wurden vier Energietypen benannt. Da es aber auch noch einen Mischtyp gibt, sprechen wir heute auch von fünf Typen. Alles darf sich weiterentwickeln, und ich störe mich nicht an der Zahl der Typen, sondern möchte nun mit dir herausfinden, welcher Energietyp du bist. Mittlerweile erkenne ich die Typen auch gut ohne Berechnung des Bodygraphen und errate sie immer gerne, denn es gibt für jeden Typ bestimmte Merkmale, die ihn oder sie auszeichnen. Auch hier der Hinweis: Wir brauchen alle Typen auf dieser Welt. Also empfinde es bitte genauso – als Auszeichnung. Wenn du nun deinen Typ erfährst, hadere nicht damit. Dein Typ wird verlangt und ist heiß begehrt. Es kommt nur darauf an, was du daraus machst.

Ich beschreibe nun alle Typen, und darfst auch schon raten, ob du dich in einem davon erkennst. Oftmals wird der Typ mit der Grafik schon mitgeliefert. Aber schau noch mal als Betrachter:in, ohne diese Kenntnis, ganz neutral auf diese Typen. Die Reihenfolge ist absolut wertfrei, auch wenn der eine oder andere Typ mehr oder weniger häufig unter uns Menschen vorkommt. Meist braucht es eben nur wenige Ideengeber:innen, dafür aber mehr Macher:innen, die dann zur Tat schreiten.

Wenn wir unseren Energietyp kennen, dann haben wir zwar erst einmal oberflächlich eine energetische Idee von uns, aber wisse schon jetzt: Du bist nicht nur dein Energietyp.

Die fünf Typen

Im *Human Design* gibt es fünf Energietypen. Der oder die Manifestierende Generator:in wurde ursprünglich dem Typ Generator:in zugeordnet, ist jedoch ein Mischtyp aus Manifestor:in und Generator:in und wird mittlerweile als eigener Typ anerkannt.

- **Generator:in** (ca. 37 % der Menschen)
- **Manifestierende:r Generator:in** (ca. 33 % der Menschen)
- **Projektor:in** (ca. 20 % der Menschen)
- **Manifestor:in** (ca. 9 % der Menschen)
- **Reflektor:in** (ca. 1 % der Menschen)

Diese Zahlen sind nur Schätzungen, denn leider ist mir noch kein Institut bekannt, das diese Daten übergreifend erfasst. Mich selbst würde auch interessieren, ob es in unterschiedlichen Generationen unterschiedlich viele Menschen von einem dieser Typen gab. In meiner subjektiven Wahrnehmung von Readings, die ich gebe, gibt es häufig Kinder, die Projektor:innen sind. Vielleicht werden sie verstärkt gebraucht, wenn wir nun im Erschaffen des Luftzeitalters sind. Das ist aber nur meine These – und wer weiß, vielleicht gibt es bald eine Forschungsabteilung, die sich auch wissenschaftlich mit *Human Design* auseinandersetzt, so wie wir es in der Gehirnforschung mit dem Thema Meditation erlebt haben. Wir dürfen gespannt sein, was da noch kommt. Aber nun zurück zu den Typen – und zu deinem Typ.

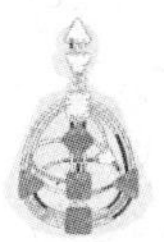

Generator:in

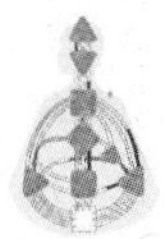

Manifestierende:r Generator:in

Projektor:in

Manifestor:in

Reflektor:in

Der oder die Generator:in

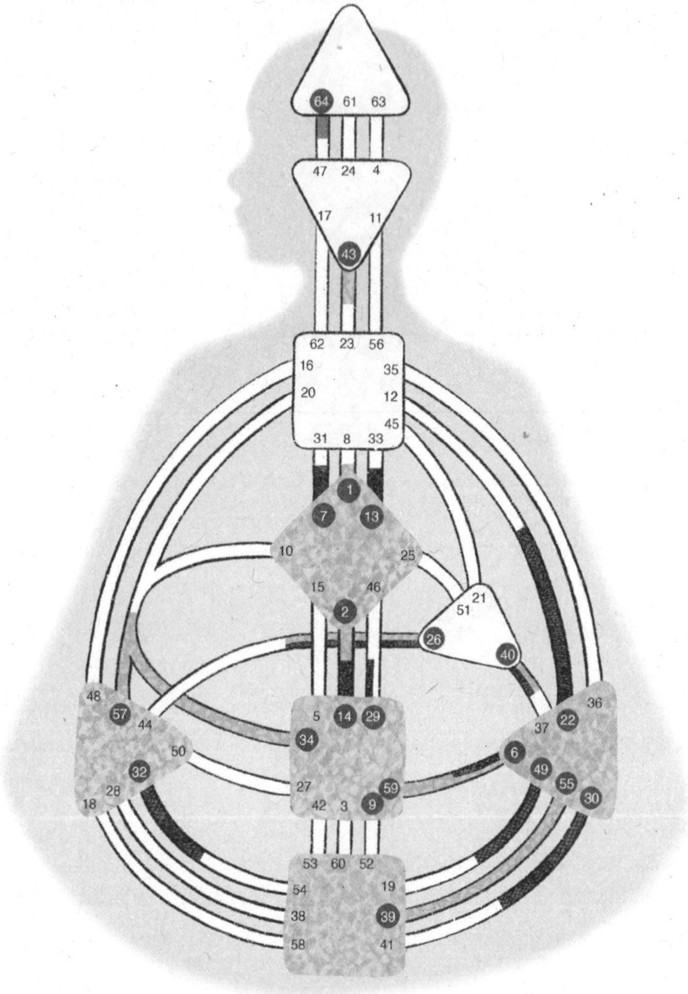

Der Bodygraph eine:r Generator:in

Auf den Umschlagklappen dieses Buches findest Du alle fünf Typen farbig abgebildet.

Wie erkenne ich diesen Typ?

Dieser Typ hat ein definiertes Sakralzentrum. Das Kehlzentrum hat keine aktive Kanal-Verbindung zu einem anderen Motorzentrum (einige Zentren gelten als Motoren, die dir sehr viel Energie zur Verfügung stellen: Sakral-, Emotions-, Herz- und Wurzelzentrum; s. a. Seite 37).

Welche Energie bringen Generator:innen mit?

Das Sakralzentrum ist ein Zentrum, das viel Energie mit sich bringt. Daher zeichnet sich dieser Typ durch große Ausdauer aus. Durch Generator:innen fließt die kreative Lebensenergie, die eine sehr gute Arbeitsenergie mit sich bringt, die man ständig abrufen kannt. Wenn das dein Energietyp ist, dann ist für dich jedoch wichtig, dass du deine Energie für die Dinge einsetzt, die dir wirklich Freude bereiten. Ansonsten kann auch die Energie eines oder einer Generator:in ausbrennen.

Deine Energie möchte sich nicht nur bei der Arbeit entfalten. Auch im übrigen Leben sprudelst du vor lauter Energie und wirkst damit auch energetisch nach außen. Somit hast du eine einladende Aura und wirkst auf andere Menschen anziehend. Du bist gerne beschäftigt, weil du so viel Energie hast. Kannst du sie nicht anwenden, dann kann sich schnell Frust breitmachen, der dich unzufrieden macht und auf energetischer Ebene deinen inneren Frieden und dein inneres Gleichgewicht stört.

Deine Energie ist dazu geeignet, zu reagieren. Das können Impulse von außen sein, durch andere Menschen, oder einfach, weil das Leben dich dazu einlädt, wenn sich eine bestimmte Gelegenheit bietet.

Du darfst das Leben auf dich zukommen lassen. Du musst nicht immer einen strikten Plan in der Schublade liegen haben. Achte darauf, was dir dein Bauchgefühl sagt. Wenn du Post vom Universum erhältst, ist nicht der Verstand dein bester Ratgeber.

Für dich ist es wichtig, Geduld zu entwickeln und zu lernen, Nein zu sagen. Frag dich lieber: „Macht es mir wirklich Freude? Was sagt mir mein Bauchgefühl?", um so energetisch in Balance zu bleiben.

Der oder die Manifestierende Generator:in

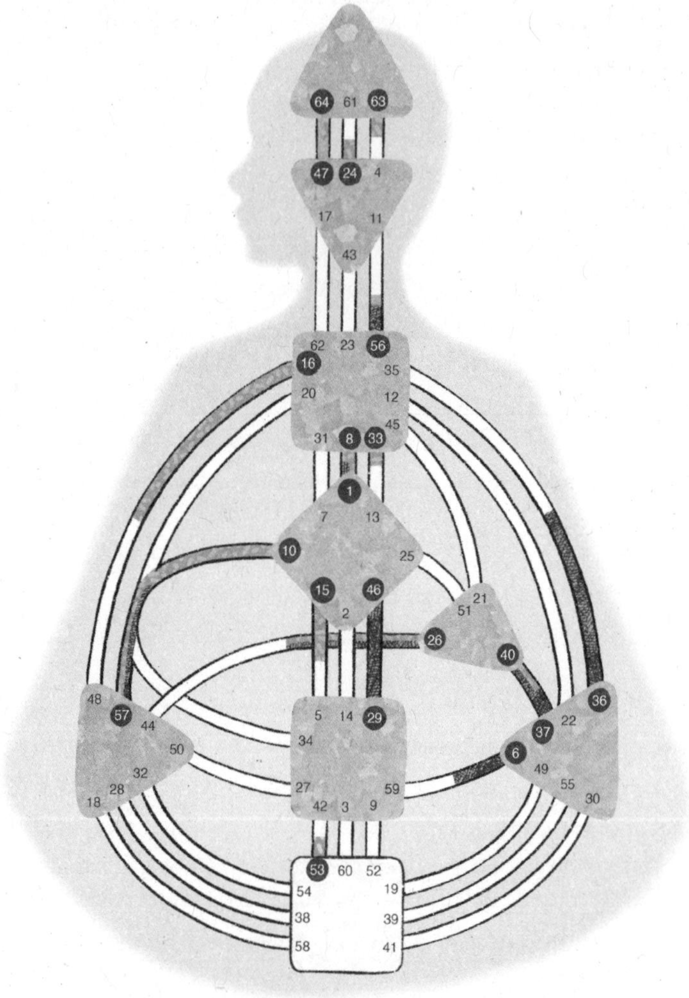

Bodygraph eine:r Manifestierenden Generator:in

Auf den Umschlagklappen dieses Buches findest Du alle fünf Typen farbig abgebildet.

Wie erkenne ich diesen Typ?

Dieser Typ ist ein Mischtyp und ein Untertyp des oder der Generator:in. Im klassischen Sinne von *Human Design* wird dieser Typ oft mit zu den Generator:innen gezählt.

Auch dieser Typ hat ein definiertes Sakralzentrum. Zusätzlich ist ein Motorzentrum durch einen Kanal mit dem Kehlzentrum verbunden.

Welche Energie bringen Manifestierende Generator:innen mit?

Auch sie haben eine enorme Ausdauer und viel Power, wie die reinen Generator:innen. Auch ihre Aura ist ausstrahlend und zieht andere an. Ihre Energie zerstreut sich jedoch gerne in verschiedene Richtungen, und sie lieben es, mehrere Dinge gleichzeitig am Laufen zu haben. Auch die Manifestierenden Generator:innen sollten auf ihr Bauchgefühl achten. Bei einem Ja wollen sie gleich loslegen. Da sie in ihrem komplexen Typ auch die Energie des oder der Manifestor:in in sich tragen, mögen sie auch gerne die Dinge initiieren. Die Energie ist häufig unruhig, und was ganz schnell begonnen wurde, kann auch schnell wieder beendet werden.

Sie dürfen sich gerne noch mehr in Geduld üben, wie die Generator:innen, um nicht in Frustration zu enden.

Dennoch ist ihre Energie geprägt von Tatendrang und fast nur durch eine Notbremsung zu stoppen. Bevor man handelt, ist es deshalb umso wichtiger, auf die richtigen Zeichen des Universums und des Lebens zu reagieren, als sich vorschnell in die möglichen Aufgaben zu stürzen. Die Frage „Ergibt es wirklich einen Sinn für mich?" darf gestellt werden, und man darf eine Nacht drüber schlafen, bevor man tausend Projekte gleichzeitig beginnt.

Der oder die Projektor:in

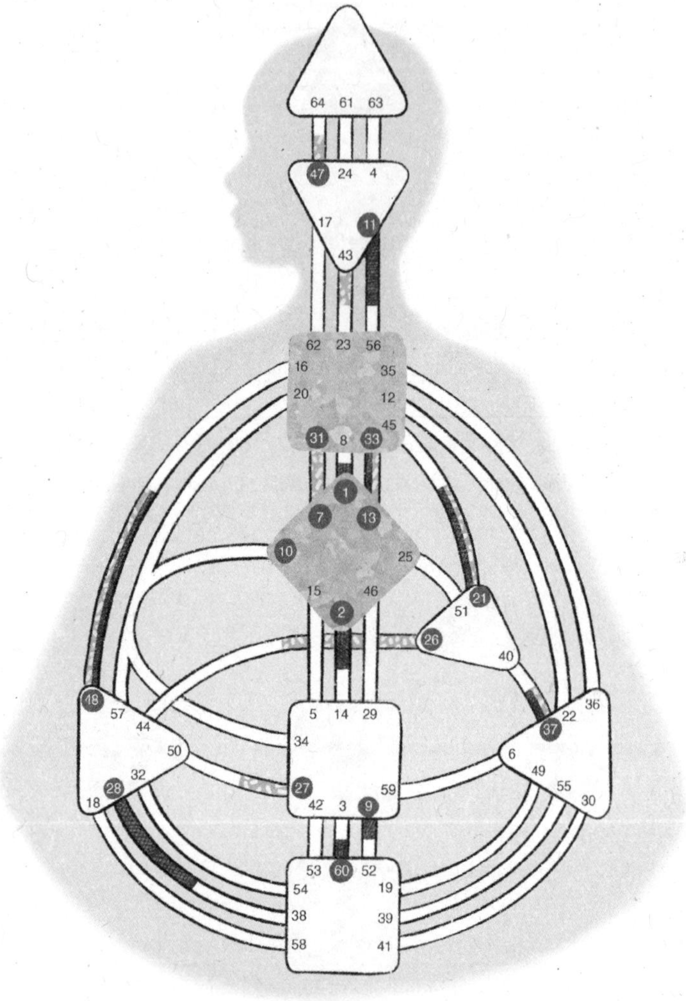

Bodygraph eine:r Projektor:in

Auf den Umschlagklappen dieses Buches findest Du alle fünf Typen farbig abgebildet.

Wie erkenne ich diesen Typ?

Dieser Typ hat ein undefiniertes Sakralzentrum. Das Kehlzentrum ist nicht aktiv, steht jedoch in Verbindung mit einem Motorzentrum.

Welche Energie bringen Projektor:innen mit?

Die Energie der Projektor:innen ist nicht grenzenlos und weniger ausdauernd als die der Generator:innen. Sie projizieren ihre Energie auf die Umgebung und beobachten gerne. Sie nehmen auch gerne die Energie der Umgebung und anderer Menschen auf. Sie interessieren sich sehr für andere Menschen, spüren die Energie anderer sehr gut und haben eine durchdringende Aura. Diese ermöglicht es, Zusammenhänge auf tieferer Ebene wahrzunehmen.

Da ihre Energie nicht von innen heraus unendlich ist, braucht es Pausen, um sich wieder aufzuladen. Projektor:innen streben danach, die Dinge zu verbessern, und gehören zu den Empathischen unter uns. Sie durchschauen andere, weil ihre Energie durchdringend ist.

Für sie ist es wichtig, auf den richtigen Moment zu warten, um ihre Kritik anzubringen. Projektor:innen dürfen sich fragen: Wann bin ich dran? Sie müssen auf eine Einladung warten, um nicht abgelehnt zu werden. Ihre Energie braucht die Anerkennung. Sie wünschen sich, gesehen und anerkannt zu werden. Ihrer Energie ist es geschuldet, dass sie eher ein Gespräch unter vier Augen führen als in einer Gruppe, wo viele Energien aufeinandertreffen. Fühlen sich Projektor:innen nicht gesehen, kann dies zu Verbitterung führen, was ihre Energie schwächt.

Der oder die Manifestor:in

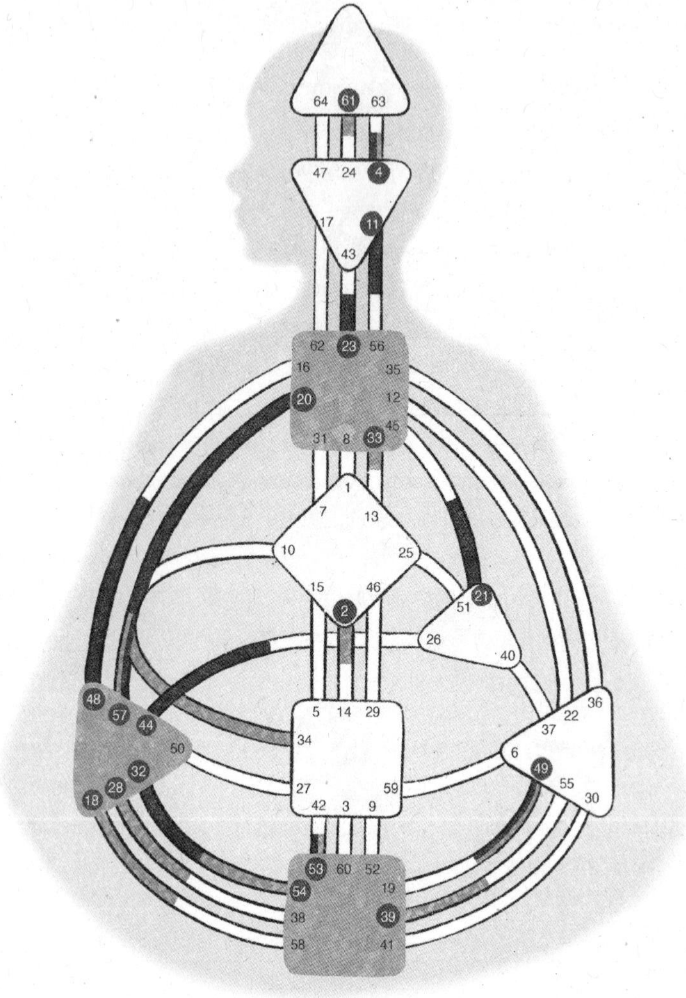

Bodygraph eine:r Manifestor:in

Auf den Umschlagklappen dieses Buches findest Du alle fünf Typen farbig abgebildet.

Wie erkenne ich diesen Typ?

Auch dieser Typ hat ein undefiniertes Sakralzentrum, und ein Motorzentrum (Sakral-, Herz-, Wurzel- oder Emotionszentrum) ist mit dem Kehlzentrum verbunden.

Welche Energie bringen Manifestor:innen mit?

Ihre Energie erlaubt es ihnen, zu initiieren und unabhängig zu handeln. Wenn Du ein:e Manifestor:in bist, bringst du die Dinge zum Rollen und bist Initiator:in. Wenn etwas energetisch ins Stocken geraten ist, dann treibst du die Dinge wieder an. Deine Energie ist kraftvoll. Jedoch ist deine Aura eher geschlossen. Du sendest damit ein Signal aus, dass du niemanden brauchst. Was nicht heißt, dass du nicht bewusst Menschen in dein Leben lässt. Aber du brauchst nicht die Energie von außen, um wirksam zu sein. Dich unterzuordnen ist eben nicht so dein Ding. Du kannst auch gut für dich sein.

Bedenke aber, dass es zur Umsetzung deiner Ideen oftmals auch die anderen Energietypen braucht. Du darfst dich fragen: „Habe ich mein Umfeld ausreichend informiert?" Denn wenn du das versäumst, kann es zu energetischen Blockaden aus deinem Umfeld kommen, was dich zornig oder wütend macht. Steh dir also nicht selbst im Weg. Wir leben in einer Gemeinschaft, auch wenn du gut ein:e Einzelgänger:in sein kannst.

Der oder die Reflektor:in

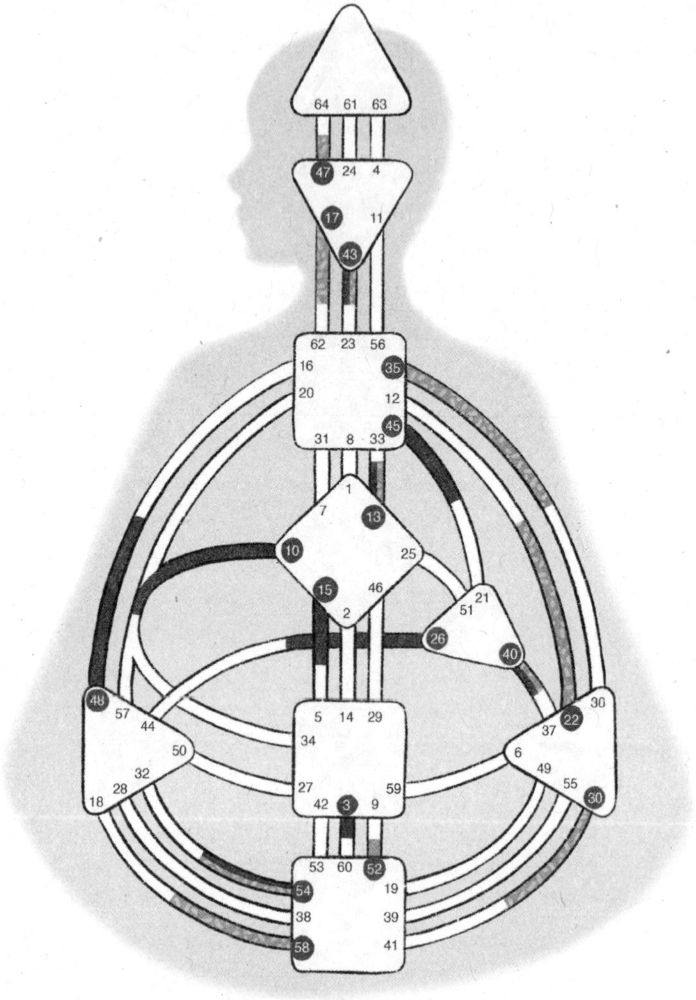

Bodygraph eine:r Reflektor:in

Auf den Umschlagklappen dieses Buches findest Du alle fünf Typen farbig abgebildet.

Wie erkenne ich diesen Typ?

Alle Zentren sind undefiniert.

Welche Energie bringt der oder die Reflektor:in mit?

Wenn du Reflektor:in bist, ist deine Energie nicht konstant und wird nicht aus dir selbst heraus kreiert. Weil du so extrem offen für die Energie anderer bist, dient dir deine Aura als eine Art Schutzschild. Deine Energie ist die des oder der stetigen Beobachter:in in unserer Gesellschaft, was dich zu einer sehr objektiven Person macht. Du nimmst ungefiltert alles wahr, reflektierst das Beobachtete und bewertest es dann.

Da du so viele anderen Energien um dich herum spürst, auch die aus der Natur, ist es für dich besonders wichtig, mit den natürlichen Energien zu schwingen und mit dem Mondzyklus und den Rhythmen der Natur zu leben. Die Abhängigkeit zur Umgebung, in der du dich befindest, wirkt sich extrem auf dich aus.

Frage dich also: „Ist es wirklich meine Energie?", wenn du dich unwohl fühlst. Fühlen sich andere mit dir unwohl, dann achte auf eine einfühlsame Ausdrucksweise. Reflektiere, wenn nötig, selbst noch einmal über die Dinge und sprich es dann an. Erlaub dir unbedingt mehr Raum für Rückzug zum Reflektieren. Das ist absolut notwendig für deine energetische Balance im Leben.

Nun kennst du einen Teil von dir, der dich energetisch zu einem bestimmten Typ macht. Da du aber nicht nur dein Energietyp bist, ist es wichtig, noch konkreter zu werden. Der Typ wird, wie du gelesen hast, unter anderem dadurch bestimmt, welche Energiezentren bei dir definiert sind, und auch, welche Verbindungen diese untereinander über die Kanäle haben. Du hast schon gelesen, dass es Zentren gibt, die wie innere Motoren wirken. Einige von uns haben eben von Geburt an Definitionen, die andere vielleicht nicht mitbringen. Betrachte dies möglichst objektiv. Niemand ist durch eine bestimmte Definition im *Human Design* gut oder schlecht. Es ist einfach nur eine andere Energie.

Ich hoffe, du kannst dadurch schon klarer sehen und annehmen, dass du selbst vielleicht öfter eine Pause einlegen solltest, oder warum andere Typen sich erst so richtig wohlfühlen, wenn sie sich vollkommen auspowern konnten. Am Ende des Tages zählt doch nur, dass du zufrieden ins Bett gehen kannst. Der Blick auf die Energietypen lässt uns doch alle viel toleranter miteinander umgehen. Auch das trägt sehr zu einem friedlicheren Miteinander bei. Ich beispielsweise konnte als Manifestierende Generatorin lange nicht verstehen, warum andere nicht so viel Energie haben oder viel mehr Schlaf brauchen als ich. Jetzt wissen wir darum und können das viel entspannter sehen.

Im Yoga gibt es in der Praxis das Prinzip vom Einfachen hin zum Komplexeren. Dieses Prinzip möchte ich auch in diesem Buch anwenden: Es wird komplexer. Wir schauen uns nun die einzelnen Energiezentren genauer an, damit du deine Energie noch besser für dich greifen kannst. Auch hier gilt: Du bist genau richtig so, wie du bist. Warum du das vielleicht nicht immer so annehmen konntest, wird noch an einer anderen Stelle geklärt. Die Generator:innen und Manifestierenden Generator:innen unter euch dürfen also gleich mal in die Praxis gehen und sich in Geduld üben. Bitte nicht vorblättern. Lies bitte hier weiter.

Die neun Bewusstseinszentren

Alles ist Energie! Das wussten auch schon die Yogis, und so fließt etwas von der Chakrenlehre ins *Human Design* ein. Hier jedoch feiner in neun Zentren unterteilt, die jeweils eine bestimmte Energiefrequenz beinhalten.

Im Bodygraphen sind diese Zentren als geometrische Formen dargestellt, die entweder weiß oder eingefärbt sind. Die Farben im Bodygraphen stim1men nicht mit der Farbenlehre der Chakren überein, falls du aus dem Yoga kommst und dich schon gefragt haben solltest, was es mit der Auswahl der Farben auf sich haben könnte. Verschiedene Bodygraph-Rechner aus dem Internet liefern, je nach Hersteller, durchaus auch mal unterschiedliche Farben. Lass dich davon bitte nicht irritieren. Was aber bei allen gleich zu verstehen ist: Dass ein **weiß dargestelltes Zentrum als offen oder undefiniert** gilt, und ein **eingefärbtes Zentrum als definiert.**

Definiert ist ein Zentrum, wenn es über einen Kanal mit einem anderen Zentrum verbunden ist. Über diesen Kanal fließt dann Energie zwischen diesen beiden Zentren. So können sich die beiden Zentren miteinander austauschen, was wiederum andere Qualitäten mit sich bringt.

Ist in einem Zentrum nur ein Tor eingefärbt und somit aktiv, aber kein Kanal zu einem anderen Zentrum ist entstanden, so spricht man von einem undefinierten Zentrum. Das Zentrum ist zwar weiß dargestellt, hat aber aktive Tore bzw. Merkmale. Ist ein Zentrum hingegen offen, so sind gar keine Tore aktiv.

Zu den Toren gibt es an anderer Stelle mehr. Bleiben wir bei den Zentren. Für die Energielehre laut *Human Design* ist wichtig zu wissen, dass ein definiertes Zentrum Energie aussendet, und dass die offenen Zentren als Empfänger fungieren. Kein Wunder also, dass man sich in einem bestimmten Bereich zu einem bestimmten Menschen hingezogen fühlt, oder umgekehrt Menschen auf einen zugehen. Das kann durchaus themenabhängig sein. Spannend ist diese Erkenntnis sicherlich in allen zwischenmenschlichen Bereichen. Aber das wäre ein Thema für ein weiteres Buch.

Wir bleiben hier vorerst bei dir, aber es ist gut zu wissen, dass du natürlich in jeder Begegnung mit anderen Menschen und auch mit Tieren in einen energetischen Austausch gehst. Wenn du dich energetisch nach einem Treffen ganz leergesaugt fühlst, dann höchstwahrscheinlich, weil du viel Energie aus einem Zentrum gesendet hast. Triffst du auf einen Menschen mit vielen offenen Zentren, dann nimmt dieser oft viel Energie von dir. Vielleicht gestaltest du Treffen mit dieser Person etwas kürzer oder nimmst dir anschließend wieder mehr Zeit für dich.

Somit haben wir an dieser Stelle die Basis für ein Bewusstsein für dieses Thema geschaffen. Und beides ist einer Gesellschaft wichtig. Es gibt Menschen, die brauchen zur Erfüllung ihres Seins, dass sie etwas aus einem Aspekt ihrer Persönlichkeit in die Welt geben; und es braucht genauso Empfänger dafür, die das Empfangene dann wiederum für ihre eigenen Entwicklung nutzen können. Wir sind alle voneinander abhängig. Oder positiver ausgedrückt: Wir sitzen alle im selben Boot.

Wir erkennen an, dass jedes Zentrum eine ganz eigene Sprache spricht und bestimmte Themen beinhaltet, die unsere Persönlichkeit mitgestalten.

Schauen wir uns nun die neun Bewusstseinszentren im Einzelnen an. Es empfiehlt sich, auch hier alles zu lesen. Selbst wenn bei dir ein bestimmtes Zentrum definiert ist, lies auch den Teil über das offene Zentrum, denn so erfährst du auch, wie du *nicht* bist. Aber vielleicht erkennst du auch hier die eine oder andere Person aus deinem Umfeld wieder und wirst somit feinfühliger für die Beobachtung der Energien anderer und der Wechselwirkung zwischen euch.

Ein kurzer Überblick über die neun Zentren und ihre Hauptthemen

Kronenzentrum = Inspiration
Verstandeszentrum = Verstand, Logik, Bewusstsein
Kehlzentrum = Kommunikation, Manifestation, Ausdruck
Selbstzentrum = Identität, Richtung, Selbst
Herzzentrum = Willenskraft
Emotionszentrum = Emotionen
Milzzentrum = Intuition, Instinkt
Sakralzentrum = Lebenskraft
Wurzelzentrum = Antrieb

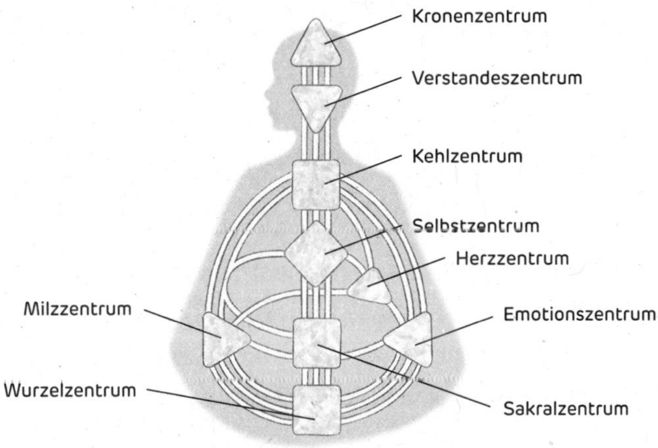

Die neun Zentren im Bodygraphen

Die Hauptfunktionen der neun Zentren

So sind die Zentren ihrer jeweiligen Hauptfunktion eingeteilt:

Motorzentren sind das Herzzentrum, das Wurzelzentrum, das Sakralzentrum und das Emotionszentrum.

Bewusstseinszentren sind das Verstandeszentrum, das Emotionszentrum und das Milzzentrum.

Druckzentren sind das Kronenzentrum und das Wurzelzentrum.

Manifestationszentrum ist das Kehlzentrum.

Energetische Mitte ist das Selbstzentrum.

Das Kronenzentrum

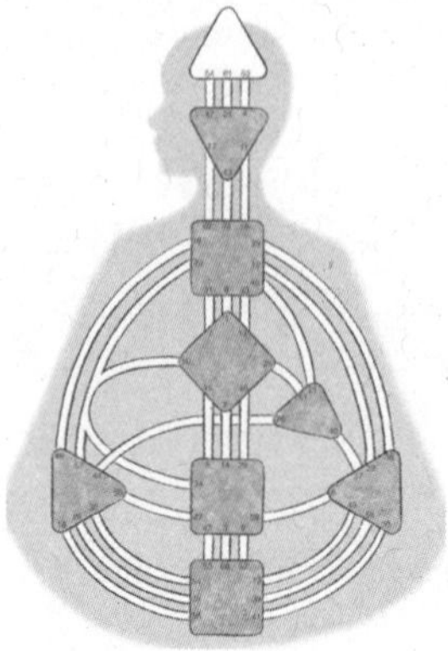

Das Kronenzentrum im Bodygraphen

Das Kronenzentrum sitzt ganz oben am Kopf, wie eine Krone. Dieses Zentrum bekommt Impulse vom Universum, vom Kosmos, die uns mental berühren und somit mit unserer geistigen Energie verbinden. Im Yoga ist es das Zentrum, das sich wie ein tausendblättriger Lotos öffnet, wenn wir in Kontakt treten mit der universellen Energie, die unendlich und rein ist und uns mit einer höheren Bewusstseinsebene verbindet, die meist außerhalb unserer Vorstellungskraft liegt. Der tausendblättrige Lotos weist auf eine Vielzahl von Energiekanälen hin, auch wenn es laut *Human Design* hier eher wenige Merkmale gibt, wie du noch sehen wirst.

Im *Human Design* gilt dieses Zentrum zusammen mit dem Wurzelzentrum als Druckzentrum. In der Krone entsteht der Druck, dass wir einen Sinn im Leben finden wollen, um uns vollkommen erfüllt zu fühlen. Wie senden Gedanken, Impulse, Ideen, Zweifel und unsere Wahrheiten hinaus in die Welt – oder nehmen sie auf.

Dieses Zentrum ist daher das Bewusstseinszentrum für Inspiration.

Definiertes Kronenzentrum

Wenn das Kronenzentrum definiert ist, ist immer auch das Verstandeszentrum definiert. Das ist aus energetischer Sicht auch sehr sinnvoll, denn das Verstandeszentrum übernimmt die Auswertung der Inspirationen, die hier erzeugt werden. Andersherum ist es nicht unbedingt so: Du kannst ein definiertes Verstandeszentrum haben und trotzdem ein offenes Kronenzentrum. Menschen mit einem definierten Kronenzentrum senden also Inspirationen hinaus in die Welt und haben oft Einfälle, die aus dem Nichts zu kommen scheinen. Der Geist scheint ständig hellwach zu sein und überlegt sich ständig neue Dinge. Du hast wahrscheinlich ständig neue Einsichten und Erkenntnisse und einen ausgeprägten Intellekt.

Du bist also mental ganz schön aktiv und regst damit auch bei anderen tiefergehende Gedankengänge an. Ob du damit auf andere faszinierend oder nervig wirkst, hängt von deiner Herangehensweise ab und davon, welche Talente (s. S. 77) du noch mitbringst. Entweder wirst du als besonders gewitzt und geistreich empfunden, oder dein zu starker intellektueller Ausdruck langweilt oder nervt, je nachdem, wer dein Gesprächspartner ist. Du sieht auch hier: Es ist weder gut noch schlecht, ob dein Kronenzentrum definiert ist oder nicht. Ist es definiert, bist du eher eine Quelle der Inspiration für andere. Zudem ist dein Bedürfnis, alles verstehen zu wollen, sehr groß. Obacht also vor mentalem Stress.

Offenes Kronenzentrum

Hier ist nun eher das Gegenteil der Fall: Du bist eher Empfänger:in von Inspirationen, die von außen kommen. Du suchst förmlich danach, dich von anderen inspirieren zu lassen. Wo du auch bist, du findest Anregung. Du solltest jetzt schon wissen, dass die offenen Zentren diejenigen sind, bei denen wir Menschen anfällig für Konditionierungen sind (s. S. 100). Wenn du ein offenes Kronenzentrum hast, dann prüfe aber, welche Anregungen von außen für dich wirklich relevant und dir als Grundlage für weiteres Handeln dienlich sind. Auch wichtig: Zerbrich dir nicht unnötig den Kopf über Probleme anderer (es sei denn, das ist dein Job). Andernfalls könnte es dir zu viel Energie rauben, die du an dieser Stelle nicht kontinuierlich hast.

Das Verstandeszentrum

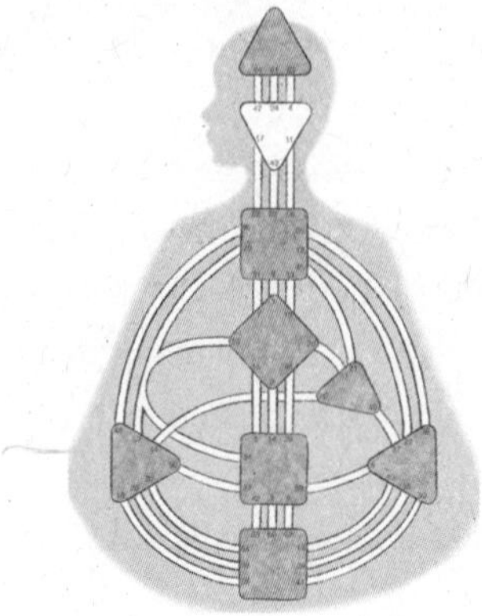

Das Verstandeszentrum im Bodygraphen

Die Yogis kennen das Verstandeszentrum auch als *Ajna,* mit Sitz im Stirnbereich und in Verbindung zu unserem Gehirn. Hier findet sehr viel Analyse dessen statt, was wir mental zu verarbeiten haben. Jeden Tag nehmen wir Außenreize wahr, die wir bewerten, auswerten, verwerfen oder auch in andere Zentren weiterleiten, je nachdem, welche weiteren Fähigkeiten und Talente wir haben.

Laut Yogalehre sind alle Energiezentren zugleich auch Bewusstseinszentren. Anders im *Human Design*: Hier werden sie ja auch noch weiter in Motor- und Druckzentren unterteilt. Aufgrund dieser Unterteilung gilt das Verstandeszentrum im *Human Design* als Bewusstseinszentrum.

Hauptthema dieses Zentrums sind das Denken, das Rationalisieren über den logischen Verstand und die Bewusstseinserweiterung in Hinblick auf persönliches Wachstum durch die Gewinnung von Erkenntnissen auf der mentalen Ebene. Die Inspirationen der Krone wollen interpretiert und begriffen werden.

Definiertes Verstandeszentrum

Wenn das Verstandeszentrum definiert ist, laufen deine Gedankengänge ständig auf Hochtouren. Ein ununterbrochenes Gedankenkarussel aus Verarbeitung von wahrgenommenen Eindrücken entsteht im Kopf und lässt den „Monkey Mind", unseren ständig umherspringenden Geist, kaum stillstehen. Der Geist sucht ständig nach Lösungen oder nach Problemen, je nach Naturell und je nachdem, in welcher Frequenz der Mensch sich gerade befindet.

Menschen mit definiertem Verstandeszentrum wiederholen gerne ständig die gleichen Denkmuster im Kopf. Diese immer wiederkehrenden Gedanken gilt es zu kontrollieren. Meditation kann hier eine große Hilfe sein. Gedulde dich gerne bis zum Praxisteil. Dieses Buch ist genau richtig für dich – und keine Sorge, auch Menschen mit definiertem Verstandeszentrum braucht diese Welt. Vielleicht arbeitest du beim Katastrophenschutz oder als Vermittler:in oder bist im beratenden Bereich tätig. Jeder Mensch hat ein bestimmtes Design, das gebraucht wird.

Offenes Verstandeszentrum

Das offene Verstandeszentrum ermöglicht es, offen für neue Ideen und Ansätze zu sein. Das Denkmuster wird nicht so strikt verfolgt und ist nicht so festgefahren wie bei einem definierten Verstandeszentrum. Wenn das Interesse für eine Sache geweckt wurde, kann man die Dinge schnell aufnehmen. Eine eigene Meinung zu haben ist hier nicht ganz so leicht, und man läuft hin und wieder Gefahr, sich von anderen Meinungen zu sehr vereinnahmen zu lassen. Der offene Geist muss ab und zu Sachen vergessen, um nicht überzuquellen, so dass Menschen mit dieser Veranlagung manchmal Probleme mit Vergesslichkeit haben. Ein offener Geist ist auch nicht immer so fokussiert wie gewünscht und lässt sich eher leicht ablenken.

Wenn du ein offenes Verstandeszentrum hast, dann musst du die Dinge nicht immer und immer wieder überdenken. Du bist eher der Typ „geistige Klarheit", wenn du nicht zu stark von außen beeinflusst bist. Falls doch, dann kommt es anderen so vor, als wärst du geistig nicht ganz da und mit deinen Gedanken ganz woanders.

Eine besondere Stärke kann deine objektive Art sein, mit der du manchmal die Probleme anderer besser lösen kannst, als sie es für sich selbst könnten. Vielleicht hast du schon mal gesagt bekommen: „Kannst du meine Gedanken lesen?", weil du regelrecht hören kannst, was andere denken.

Das Kehlzentrum

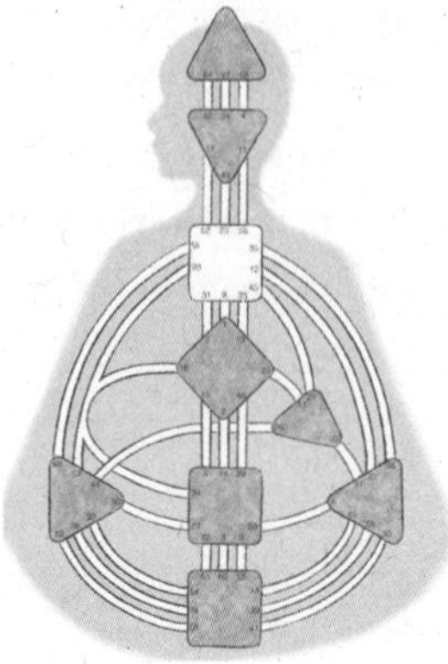

Das Kehlzentrum im Bodygraphen

Das Kehlzentrum ist das, worüber wir uns ausdrücken und uns manifestieren, das heißt, dass unsere Vorhaben im Außen sichtbar werden. Es befindet sich am Hals. Hier formen sich unsere Worte, die wir in die Welt tragen und über die wir mit unserer Umwelt in Kontakt treten. Unsere Gedanken finden den Weg in die Öffentlichkeit, unsere Visionen manifestieren sich. Sprache kann sich nicht nur in Worten ausdrücken. Sie findet ihren Ausdruck ebenso über die Kunst, über Klang, Tanz oder das geschriebene Wort. Die Eigenschaften, die sich hieraus ableiten lassen, sind das Lehren, das Führen und Lenken, wenn uns andere Menschen ihr Gehör schenken. Ein Zitat aus Goethes *Faust*: *„Der Worte sind genug gewechselt, lasst mich auch endlich Taten sehn"* passt auch ganz wunderbar, um die Energie dieses Zentrums zu erklären.

Definiertes Kehlzentrum

Wenn das Kehlzentrum eines Menschen definiert ist, dann spiegelt sich dies durch eine Kraft im Ausdruck wider, ganz gleich, welchen Weg der Kommunikation mit der Umwelt er oder sie auch geht. Das kann eine besondere Art zu sprechen sein, eine sehr klare Stimme, ein Talent zu schreiben oder sich über kraftvolle Kunstwerke zu äußern. Abhängig ist der Weg des Ausdrucks davon, welche anderen

Fähigkeiten noch am Wirken sind und welche Kanäle sich zu anderen Zentren von hier bilden. Ein Indiz (ohne einen Blick auf den Bodygraphen zu werfen), dass dieses Zentrum bei einem Menschen definiert ist, ist eine immer gleich stark bleibende Stimme. Oder sehr viel Selbstsicherheit und die Fähigkeit, vor anderen zu sprechen, denn die Energie steht hier dauerhaft zur Verfügung – es sei denn, sie ist blockiert, was durchaus vorkommen kann. Meist gilt man als redegewandt und verfügt über einen guten Wortschatz. Es sind häufig Menschen, die sich gerne reden hören.

Ein Zuviel davon kann aber auch unangebracht sein, und die Dosis sollte der Situation unbedingt angemessen sein. Vielleicht wurden diese Menschen im Schulunterricht des Öfteren aufgefordert, leise zu sein. Zu viel zu reden kann auch störend auf die Umgebung wirken. Erkennen sollte man, wann Schweigen Gold ist.

Sind andere Zentren ebenfalls definiert, dann wollen diese sich über das Kehlzentrum ausdrücken.

Offenes Kehlzentrum

Menschen mit einem offenen Kehlzentrum sind in ihrem Ausdruck flexibel. Das kann sich so äußern, dass die Stimme nicht immer gleicht klingt, oder dass man nicht immer die gleiche Kraft und Energie hat. Die Energie steht hier nicht dauerhaft zur Verfügung. Zu viel reden kann sich dann auch körperlich zeigen, und man braucht Redepausen. Vielleicht sind diese Menschen dann auch gut im Zuhören, können sich ihrer Umgebung leichter anpassen. Da sie oftmals das Gefühl haben, nicht gehört zu werden, kann es die Tendenz geben, nach Aufmerksamkeit zu suchen. Dann kann es durchaus mal zu einem Redeschwall kommen, der dann doch eher unangenehm auf andere wirkt. Nur Reden um des Redens willens kommt nicht so gut an.

Menschen mit offenem Kehlzentrum fällt es durchaus schwerer, die richtigen Worte zu finden. Wichtig ist oft der richtige Moment, die Stimme zu erheben, um wirklich gehört zu werden, denn es ist ja nicht so, dass Menschen mit offenem Kehlzentrum nichts zu sagen hätten. Entscheidend ist oftmals ein:e gute:r Gesprächspartner:in, der oder die einen auch zu Wort kommen lässt, damit man sich in

Gesprächen wohlfühlt. Um sich auch auf andere Art und Weise, wie z. B. durch Kunst, Tanz oder schriftlich, auszudrücken zu können, muss man sich in der Umgebung wohlfühlen, in der man schöpferisch tätig werden möchte.

Das Selbstzentrum

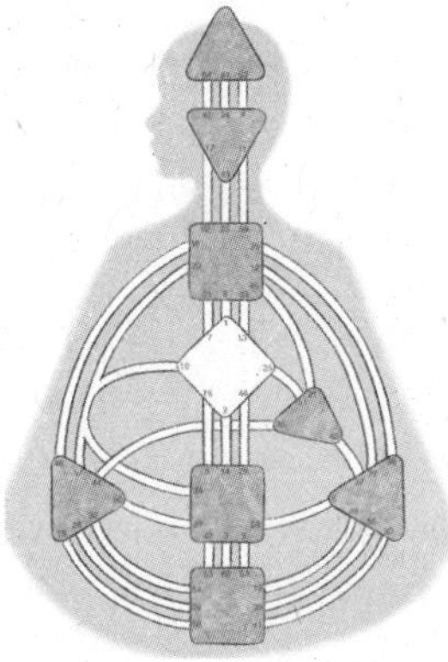

Das Selbstzentrum im Bodygraphen

Hier geht es um deine ursprüngliche Identität. Im spirituellen Sinne sitzt hier der göttliche Funke der universellen Liebe. Viele Human-Design-Expert:innen finden in den Merkmalen des Selbst auch vieles zum Thema Selbstliebe – sich selbst so annehmen können, wie man wirklich ist. Nun sind wir nicht nur dieses Zentrum, sondern sehen bei der Betrachtung des Bodygraphen, dass wir sogar mehr sind als unser Selbst. Dieses Zentrum zeigt uns dennoch immer wieder die Richtung in unserem Leben; es ist ein Wegweiser und innerer Kompass für uns selbst. Eine Hilfe für alle, die ihre Ausrichtung verloren haben, oder auch hilfreich, wenn man das Gefühl hat, nicht man selbst zu sein. Der Ursprung, sich so zu fühlen, liegt nicht hier, aber wir können uns immer wieder auf dieses Zentrum besinnen, um zu unserem wahren Selbst zurückzufinden, um uns erneut zu finden, oder auch, um unsere Grenzen neu zu justieren.

Über dieses Zentrum kannst du in Kontakt treten mit deiner Seele. Die Liebe in ihren vielfältigen Facetten nimmt hier in den Innenräumen deiner Seele ihren Platz ein. Auf die genauen Merkmale werde ich noch zu sprechen kommen.

Definiertes Selbstzentrum

Mit einem definierten Selbstzentrum kennst du meist sehr genau deine Richtung im Leben. Durch deinen Lebenslauf zieht sich ein roter Faden, und dein innerer Kompass ist auf ein bestimmtes Ziel ausgerichtet. Du weißt, wer du bist. Solltest du einmal vom Weg abkommen, wirst du es recht schnell bemerken und die Signale dafür erkennen. Du strebst danach, die bestmögliche Version deiner Selbst in diesem Leben zu verwirklichen.

Menschen mit einem definierten Selbstzentrum haben einen sehr gefestigten Charakter – man würde sie vielleicht als sehr charakterstark einstufen. Verfolgst du ein bestimmtes Ziel, bringt dich nichts so schnell davon ab, und es scheint, als könne dich nichts aufhalten – außer vielleicht du selbst, wenn du dich dafür entscheidest; aber nicht, weil jemand anderes sich dir in den Weg stellt.

Offenes Selbstzentrum

Bei einem offenen Selbstzentrum gibt es Unsicherheiten, was die Themen des Selbst betrifft; eine Unsicherheit, die sich auf alle möglichen Themen ausdehnen kann. Der berufliche Lebenslauf ist vielleicht nicht so strikt, und die Richtung dessen, was man verfolgt, scheint nicht so gefestigt. Die Frage: „Wer bin ich?" lässt sich nicht so leicht beantworten, und man ist viel häufiger dabei, seine Ziele neu zu stecken. Die eigene Identität passt sich gerne mal der Umgebung oder den Menschen an, mit denen man sich gerade umgibt. Auf eine Art und Weise kann das auch schön sein oder anstrengend, wenn man den Konditionierungen von außen erliegt und es selbst nicht sehen will.

Beständigkeit ist nicht gerade eine starke Seite von dir, wenn du ein offenes Selbstzentrum hast. Wenn du dich zu diesen Themen beraten lässt, solltest du der Person, von der du dir Rat holst, unbedingt vertrauen können. Also Augen auf, wem du folgst.

Es ist schön, dass du oft flexibel bist. Aber finde das richtige Maß für dich, damit sich deine Unsicherheiten in Wohlgefallen auflösen und es dir gutgeht. Eine gewisse Stabilität brauchst auch du, um dich sicher zu fühlen.

Das Herzzentrum

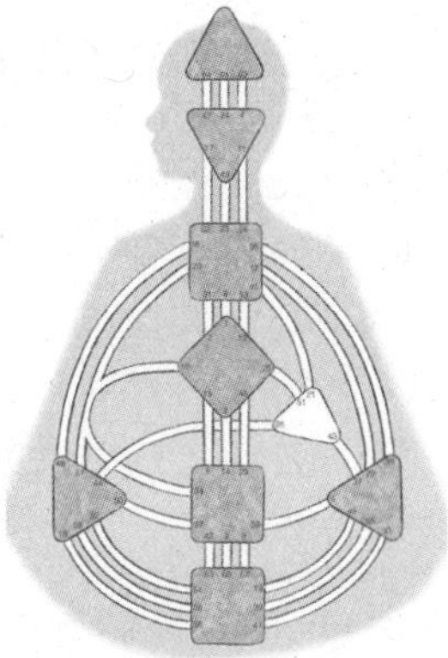

Das Herzzentrum im Bodygraphen

Das übergeordnete Thema des Herzzentrums sind Willensstärke und der Wunsch nach Freiheit. Aus diesem Zentrum entspringen deine Herzenswünsche und die Frage: „Was ist wichtig für mich?" Das sind starke Themen, und das Herzzentrum ist deshalb eines der Motorzentren.

Wie viel Durchsetzungskraft hast du auf dem Weg zur Erfüllung deiner Wünsche? Wenn es dir wirklich wichtig ist, bestimmt mehr. Dann ist die intrinsische Motivation, die dich antreibt, umso größer. Wie entschlossen gehst du bei der Umsetzung vor? Die Stärke dabei hängt jedoch auch davon ab, ob dieses Zentrum bei dir definiert ist oder eben nicht – steht dir hier dauerhaft Energie zur Verfügung, oder musst du vielleicht auf den passenden Moment warten, wenn die Planeten für dich günstig stehen?

Die tagesaktuellen Planetenstände können temporär Einfluss auf uns nehmen. Viele Menschen haben das mit der Sonnen- und Mondenergie schon für sich annehmen können. Ich erwähne das gerne jetzt schon mal, damit du weißt, dass es auch kraftvolle Tage für dich gibt, wenn das eine oder andere Zentrum dir nicht dauerhaft seine Energie zur Verfügung stellt.

Das Herzzentrum ist Sitz unseres Egos und lässt uns das eine oder andere Mal ins Konkurrenzdenken rutschen. Ich möchte auch hier kurz erwähnen, dass dies immer weniger dem Zeitgeist des neuen Luftzeitalters entspricht und wir als Gesellschaft und als Einzelperson achtsam mit diesem Thema umgehen dürfen. Wir dürfen lernen, das Wohl aller in den Fokus zu stellen.

Auch alle Geldthemen werden in diesem Zentrum „verstoffwechselt", denn Freiheit meint eben auch finanzielle Freiheit. Es ist ja nicht so, dass es auf der Erde nicht genügend Geld gibt, es ist nur noch ungerecht verteilt. Letztendlich ist Geld auch nur eine Form von Energie. Wir dürfen alle daran arbeiten, dass es gerechter verteilt wird.

Definiertes Herzzentrum

Wenn dein Herzzentrum definiert ist, verfügst du über eine angeborene Willensstärke. Wahrscheinlich wolltest du auch als Kind gerne deinen Willen durchsetzen und hast es bestimmt auch oft geschafft. Diese Kraft ist eine Gabe, eine Superkraft – denn sie bringt dich sehr gut in die Umsetzung bei allen Dingen des Alltags, bei der Umsetzung deiner Ziele und Visionen, und sie ist noch größer, wenn du mit vollem Herzen dabei bist.

Du bist sehr Leistungsstark und wirkst im Außen als eindrucksvolle Persönlichkeit, die auch anderen Sicherheit schenkt. Deine Herzenskraft setzt du auch für deine Werte ein. Inkompetentes Verhalten anderer kann dich ärgern. Dann ist vielleicht auch mal Zeit für eine Pause, um deinem Ärger Luft zu machen. Wisse darum, dass nicht jede:r diese Energie dauerhaft zur Verfügung hat, und sei etwas milder.

Offenes Herzzentrum

Wenn du häufig das Gefühl hast, nicht gut genug zu sein, dann könnte das an deinem offenen Herzzentrum liegen. Denn das Selbstwertgefühl ist bei dir meist nicht das Beste. Prozentual gesehen, betrifft das mehr Menschen, denn die meisten von uns haben eher ein offenes Herzzentrum als ein definiertes.

Die mangelnde Energie hier lässt dich schneller aufgeben. Zudem raubst du dir zusätzlich Energie, wenn du dich ständig mit anderen vergleichst oder sogar übertrieben in den Konkurrenzkampf gehst. Ständig muss der Selbstwert auf diese ungesunde Art überprüft werden. Mangelndes Selbstbewusstsein treibt dich da leider immer wieder hin, wenn du dir nicht immer wieder bewusst machst, woher das kommt. Werde dir bewusst, dass du niemandem irgendetwas beweisen musst.

Das Emotionszentrum

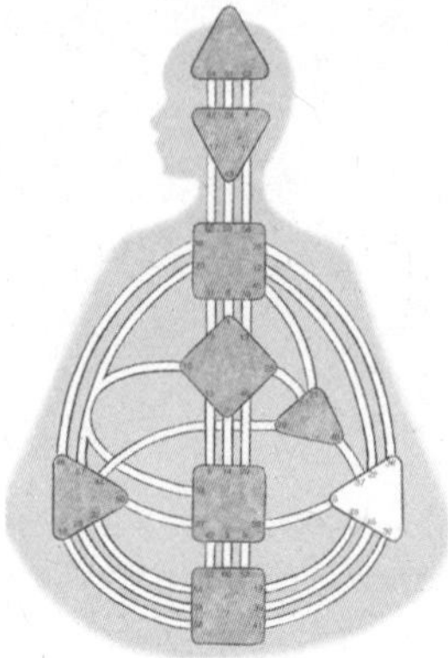

Das Emotionszentrum im Bodygraphen

Das Emotionszentrum ist auch als Solarplexus-Zentrum bekannt. Es ist der Sitz unserer Gefühle und Emotionen und unserer Bedürfnisse. Auch dieses Zentrum ist ein Motorzentrum, und jede:r hat bestimmt schon einmal erfahren, wie stark die Kräfte der Leidenschaft, der Lust, des Verlangens in uns wirken können. Es ist aber auch ein Bewusstseinszentrum, und wie schön ist es, wenn wir Freude erleben. Aber auch Trauer und emotionale Schmerzen bleiben uns meist im Leben nicht erspart. Und so sollten wir wohl lieber alle Emotionen willkommen heißen, die uns als Mensch auszeichnen. Es kann sehr aufwühlend sein, und wir müssen uns auch hier bewusst sein: Wir sind nicht nur unsere Emotionen, vor allem dann, wenn sie uns mal aus unserer Mitte schubsen oder wir den Druck verspüren, vorschnell aus Emotionen heraus unbesonnen zu handeln.

Die emotionale Gesundheit bedingt unser physisches Wohlbefinden und oftmals auch unser Essverhalten oder den Gebrauch von Genussmitteln aller Art. Dieses Zentrum steuert auch unser Suchtverhalten, und beeinflusst, ob wir für Süchte anfälliger sind als andere.

In diesem Zentrum dreht sich alles um die emotionale Bewusstheit und darum, wie wir damit umgehen.

Definiertes Emotionszentrum

Mit einem definierten Emotionszentrum bist du ein wahrer Gefühlsmensch, der oder die Emotionen sehr stark wahrnimmt. Das kann dich oftmals ganz schön stark erschüttern, aber auch in höchste Freude versetzen. Du bist anfällig für emotionalen Schmerz und spürst diesen bestimmt auch auf der Körperebene. Vielleicht macht sich das in einem nervösen Darm bemerkbar, oder du bist nervlich angespannt. In ungesundem Ausmaß kann es dich auch anfällig für Depressionen oder andere psychische Erkrankungen machen. Du wirst von emotionalen Wellen durchflutet und spürst alles sehr intensiv, und damit tangierst du auch dein Umfeld. Deine Emotionen wirken sich auf andere Menschen aus. Das kann mal gut und mal schlecht sein.

Du darfst lernen, dich nicht zu stark an eine bestimmte Emotion zu klammern, sondern sie durchfließen und die emotionalen Wellen abklingen zu lassen, bevor du handelst.

Offenes Emotionszentrum

Du reitest oftmals auf den emotionalen Wellen der anderen, wenn dein Emotionszentrum offen ist. Du lachst mit anderen, aber du weinst auch mit anderen, wenn sie ihre Tränen vergießen. Du bist auf jeden Fall sehr mitfühlend. Werde dir nur bewusst, dass es eben nicht immer deine eigenen Emotionen sind. Wenn dich andere erschüttern, werde dir dessen bewusst und finde wieder in deine gleichmütige Mitte zurück, die dein eigentliches Naturell widerspiegelt. Du bist nämlich emotional eher stabil, wenn dich nicht gerade andere Emotionen beeinflussen. Manchmal kann es für dich sogar eher schwierig sein, deine eigenen Emotionen zuzulassen.

Anstatt dich zu sehr von den Emotionen anderer mitreißen zu lassen, werde dir deiner eigenen Emotionen bewusst. Du bist eher von der coolen Sorte. Das wird dringend in Situationen gebraucht, wenn alle um dich herum am Durchdrehen sind.

Das Milzzentrum

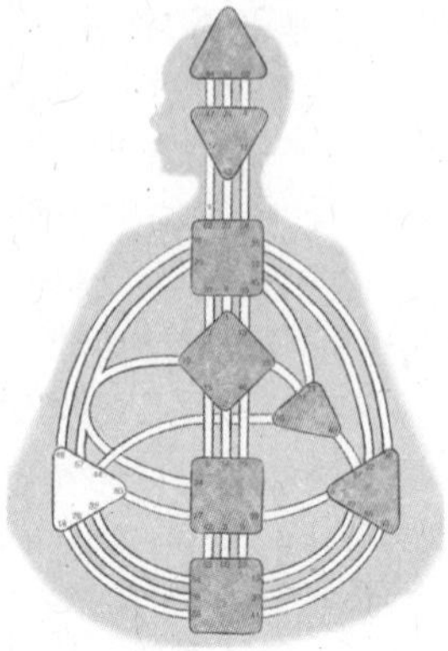

Das Milzzentrum im Bodygraphen

Auch das Milzzentrum gehört zu den Bewusstseinszentren und ist Sitz unserer Intuition und unseres Instinkts. Es zeigt uns, ob wir eher zur spontanen Sorte Mensch gehören, je nachdem, ob dieses Zentrum bei dir offen oder definiert ist. Vielleicht magst du dich an dieser Stelle kurz selbst einschätzen und erfährst dann, ob du mit deiner Einschätzung richtig liegst.

Das Milzzentrum sichert uns unseren Überlebenswillen und steht auch in tiefer Verbindung damit, ob wir uns wohlfühlen oder eher nicht. Das kann zum Beispiel bei der Partner:innenwahl wichtig sein, oder bei der Frage, ob wir mit Tempo 200 über die Autobahn rasen oder lieber nicht. Das Zentrum warnt uns vor möglichen Gefahren, auch wenn wir sie mit unserem Verstand nicht sehen können. Es verarbeitet deshalb unglaublich schnell Informationen, die von außen kommen, und wirkt wie ein inneres Radar. Es könnte den Untertitel tragen: Achtung, Radarkontrolle!

In diesem Zentrum sitzt auch ein Großteil unserer Ängste. Und obwohl es keine Ohren hat, so hören wir mit dem Milzzentrum auch, ob jemand die Wahrheit sagt oder uns für dumm verkaufen möchte.

Auf der Körperebene steht dieses Zentrum in Verbindung mit unserem Immunsystem.

Definiertes Milzzentrum

Hier kommt sogleich die Auflösung, ob du eher spontan bist oder nicht: Du bist spontaner als andere, wenn deine Milz definiert ist. Außerdem bist du mit einer sehr guten Intuition und einem sehr guten Instinkt ausgestattet. Es kann auch sein, dass sich Menschen in deiner Nähe einfach wohlfühlen, weil du viel Wärme ausstrahlst. Du wirkst ein wenig wie ein Bodyguard auf andere, und die Menschen vertrauen dir ihr Leben an, weil du dafür sorgst, dass Gefahrenquellen schnell aufgespürt werden.

Oftmals zeichnen sich Menschen mit einem definierten Milzzentrum durch einen guten Humor aus. Humor ist ja oft die Geheimwaffe, wenn sonst nichts mehr geht.

Ab und zu kann es aber auch passieren, dass du zu misstrauisch bist – je nachdem, welche Erfahrungen du in deinem Leben bereits gemacht hast. Dann können Ängste hochkommen, die unnötig sind. Schaff ein gesundes Gleichgewicht zwischen „zu Recht alarmiert sein" und Ängsten, die nur aus schlechten Erfahrungen resultieren und dich triggern.

Menschen mit einem definierten Milzzentrum haben meistens gute Reflexe und riechen den Braten, wenn ihnen Lügen aufgetischt werden.

Offenes Milzzentrum

Menschen mit einem offenen Milzzentrum sind von Natur aus gutgläubiger. Sie wollen zunächst an das Gute glauben, sollten aber wirklich aufpassen, dass sie nicht manipuliert werden. Wenn du selbst nicht so scharfsinnig bist, dann achte verstärkt darauf, wie sich die anderen Menschen verhalten. Besonders dann, wenn ein Alarm losgegangen ist oder wenn einen eine andere Person auf eine Gefahr aufmerksam macht. Auch du kommst nicht um die Ängste im Milzzentrum herum. Auch du wirst hin und wieder davon getriggert.

Du darfst dich in der Umgebung mit anderen Menschen jedoch fragen, ob es wirklich deine eigenen Ängste sind. Denn wie bei Menschen mit offenem Emotionszentrum verstärken sich hier manchmal die Ängste der anderen in dir. Lass dich nicht von Ängsten blockieren, für die es gar keinen Grund gibt. Wenn du ein offenes Milzzentrum hast, kann es oftmals eine Herausforderung für dich sein, zu erkennen, was dir wirklich guttut – erkennst es aber bei anderen eher. Des Weiteren bist du offen für die Befindlichkeiten anderer. Widerstehe aber dem Irrglauben, dass du es anderen immer recht machen musst.

Das Sakralzentrum

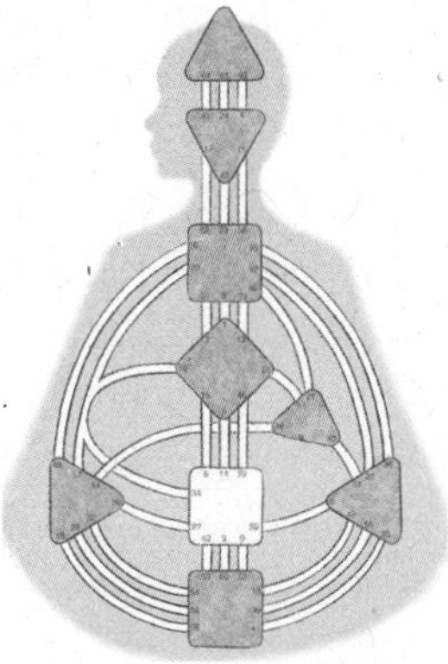

Das Sakralzentrum im Bodygraphen

Auch das Sakralzentrum ist ein Motorzentrum. Menschen, bei denen es definiert ist, liefert es eine unglaubliche Schaffensenergie. Aber auch alle anderen schöpfen hier Energie, die man für die Dinge des täglichen Lebens braucht. Es ist Sitz unserer Lebenskraft. Gut, dass ca. 70 Prozent der Menschen dieses Zentrum definiert haben. Es gibt ja so viel zu tun auf dieser Welt! Ist es aktiviert, dann bist du entweder der reine Generator:innen-Typ oder der Mischtyp Manifestierende:r Generator:in.

Die Hauptthemen dieses Zentrums sind die Lebenskraft und das Durchhaltevermögen, und es wirkt im Human-Design-System als zentrales Kraftzentrum. Viele Merkmale in diesem Zentrum haben auch einen sexuellen Hintergrund und stellen eine Verbindung zu unseren Trieben her. Es ist eine rohe Energie, die stark auf der körperlichen Ebene wirkt. Je nachdem, welche Merkmale hier bei dir außerdem noch aktiviert sind, zeigt sich, wie du mit dem Thema Intimität umgehst.

Definiertes Sakralzentrum

Wie schon gesagt, haben Menschen, die das Sakralzentrum definiert haben, ein sehr hohes Energieniveau an Lebenskraft und ein sehr gutes Durchhaltevermögen. Sei milder mit denen, die mehr Pausen brauchen als du selbst. Wenn du für etwas gehst, dann gibt es kaum ein Zurück, da du in Gang bleiben musst. Wohin sonst mit all dieser Energie? Dennoch frage dich, ob du deine Energie sinnvoll einsetzt. Wie du das am besten entscheidest, wirst du noch erfahren, damit keine Langeweile, Frust oder Überempfindlichkeit entsteht, was durchaus passieren kann, wenn man seine Energie für Dinge verschleudert, die einem keine Freude machen. Es ist nämlich klug, seine Projekte gut auszuwählen und die eigenen Bedürfnisse nicht außer Acht zu lassen. Denn auch wenn hier schier endlose Energie vorhanden ist, so kann es doch deprimierend sein, wenn man sich von etwas zu viel versprochen hat.

Offenes Sakralzentrum

Wenn du oft das Gefühl hast, nicht mithalten zu können, dann kann es einfach daran liegen, dass dein Sakralzentrum nicht genug Energie für deine Vorhaben liefert. Schwierig kann es bei Teamwork sein, wenn alle aus dem Team ein definiertes Zentrum haben. Dann ist es sinnvoll, auf das schwächste Glied im Team Rücksicht zu nehmen, damit sich alle wohlfühlen.

Es kann sein, dass du dich gerne in der kraftvollen Energie von Menschen mit definiertem Sakralzentrum aufhältst und deren Nähe suchst, denn dann fühlst auch du dich kraftvoller. Verlassen diese Menschen dann dein Umfeld, bleibst du vielleicht völlig erschöpft liegen. Nimm dir unbedingt deine Pausen und beachte die Energie, die dir wirklich zur Verfügung steht, um dich nicht zu übernehmen. Teil dir deine Kraft ein.

Vielleicht sind auch dein Sexualtrieb sowie andere Triebe eher schwächer. Es ist vollkommen in Ordnung. Du bestimmst, wie oft du Sex haben möchtest. Wer bestimmt schon, wie oft das in der Woche als normal gilt? Denn wie wir nun wissen, kann es sehr unterschiedlich stark ausgeprägt sein.

Das Wurzelzentrum

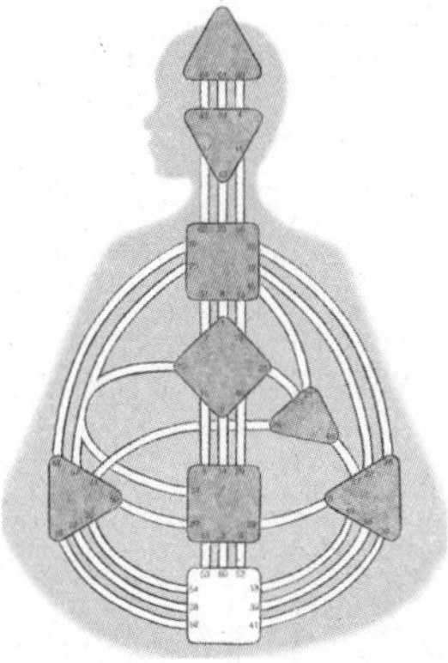

Das Wurzelzentrum im Bodygraphen

Im Wurzelzentrum geht es um die Themen des Antriebs. Auch dieses Zentrum ist ein Motorzentrum und, wie beim Verstandeszentrum schon erwähnt, zusammen mit diesem auch ein Druckzentrum, da es in Verbindung mit Merkmalen steht, die uns stressen können. Vielleicht kannst du dir gut merken, dass du dich mit Hilfe dieses Zentrums gut erden kannst, da seine Energie uns am stärksten mit der Erdenergie verbindet. Wir wünschen uns eine stabile Basis, auf die wir unser Handeln gründen können.

Druck entsteht aus dem Wunsch nach Existenzsicherung heraus, die das Fundament unserer Weiterentwicklung ist. Druck entsteht auch durch den Anspruch, im Leben etwas leisten zu wollen. Dieser Anspruch ist oftmals tief in uns verwurzelt, aber auch in einer Gesellschaft wird hoch angesehen, wer etwas geleistet hat. Ehrgeiz ist nur eines der Merkmale, das dich diesen Antrieb spüren lässt. Andere schauen wir uns im Buch noch an.

Definiertes Wurzelzentrum

Wenn dein Wurzelzentrum definiert ist, dann bringst du gute Voraussetzungen mit, um mit Stress recht gut umgehen zu können. Das heißt nicht, dass du hin und wieder nicht auch mal Stress abbauen musst. Du bist aber von deinem *Human Design* her resilienter als Menschen mit offenem Wurzelzentrum. Anderseits gehörst du zu den Menschen, die selbst Druck erzeugen und andere stressen können, wenn sie von diesem Zentrum zu viel Energie aussenden. Achte darauf – es ist zwar toll, dass es Menschen wie dich gibt, die ein Fels in der Brandung sind, aber achte darauf, dass du sensibel bist, wenn es darum geht, Druck auf andere auszuüben, der vielleicht unnötig ist. Bekanntlich macht die Dosis das Gift: In Maßen kannst du natürlich auch den einen oder anderen Menschen in deinem Umfeld dazu bewegen, endlich mit etwas anzufangen, und diesen einen kleinen Anschwung geben, um sein oder ihr Vorhaben endlich anzugehen.

Offenes Wurzelzentrum

Wenn dein Wurzelzentrum offen ist, dann bist du von Natur aus eher ruhig und entspannt. Allerdings nimmst du den Druck und den Stress aus deiner Umgehung auf und darfst dich nicht zu sehr von äußeren Einflüssen stressen lassen. Ein Arbeitsklima, das ständig Druck oder Stress an dich weitergibt, ist auf Dauer ungesund, oder du musst lernen, dich sehr gut davor zu schützen. Auch du kannst gut Dinge erreichen, allerdings eher zu deinen Bedingungen. Du schiebst auch gerne Dinge auf, bis der Druck groß genug ist, um es dann erst anzupacken. Eine Runde Meditation kann nie schaden, wenn du Stress von außen abbauen musst. Dazu findest du hier im Buch auch noch Anregungen im Praxisteil (ab S. 175).

Dein Profil und die sechs Linien

Die Profillinien aus dem I-Ging bilden die Grundlage für dein Profil. Es beschreibt, wie du dich selbst als Persönlichkeit wahrnimmst, aber auch, wie andere dich wahrnehmen, was dir meist weniger bewusst ist. Hierbei geht es um bestimmte Charakteristika und Wesenszüge, die meist nicht veränderbar sind und nicht wirklich von uns kontrolliert werden können.

Das Profil ergänzt deinen Energietyp und zeigt auf, wie du dich anderen und dir selbst gegenüber ausdrückst und verhältst. Ein wichtiger Bestandteil ist es unter anderem, den Teil im Laufe deines Lebens über dich selbst kennenzulernen, der im Unbewussten liegt und dennoch existiert und sogar einen großen Anteil deiner Persönlichkeit ausmacht.

Aus dem I-Ging leiten sich sechs Profillinien ab:

- **Linie 1:** Forscher:in
- **Linie 2:** Naturtalent
- **Linie 3:** Abenteurer:in
- **Linie 4:** Netzwerker:in
- **Linie 5:** Held:in und Retter:in
- **Linie 6:** Visionär:in und Vorbild

Ein Kurzüberblick

Linie 1: der oder die Forscher:in

Diese Linie steht symbolisch für das Fundament und den Drang, alles wissen zu wollen und die Dinge in ihrer Tiefe und Komplexität verstehen zu wollen. Darum gilt es durch das Forschen immer mehr in die Tiefe zu gehen und der Sache auf den Grund zu gehen.

Linie 2: das Naturtalent

Diese Linie braucht den Rückzug, um zu reflektieren, für Innenschau und Zeit für sich. Dies sollten Personen im Umfeld respektieren und den Menschen mit einer Zweierlinie im Profil die Zeit geben, die sie brauchen. Die Zweierlinie wird zu angemessener Zeit von selbst wieder aus dem Rückzug zurückkehren.

Linie 3: der oder die Abenteurer:in

Diese Linie liebt das Abenteuer und das Experimentieren und steht für Innovation. Personen mit dieser Profillinie lernen durch die Erfahrungen im Leben und durch die eigenen Fehler, die dabei passieren.

Linie 4: der oder die Netzwerker:in

Mit der Linie 4 in deinem Profil setzt du eher auf das „Wir-Gefühl". Du bist selbst gerne Teil einer Gruppe und hast gerne deine Lieblingsmenschen um dich. Zurückweisung und Einsamkeit kränken dein Herz.

Linie 5: die oder der Held:in und Retter:in

Die Fünferlinie ist die der Held:innen, Retter:innen und Lehrer:innen, aber auch die der Illusion. Menschen mit dieser Linie geht es darum, Lösungen zu finden, wo andere nur Probleme sehen. Sie werden oft um Rat gefragt. Mit der 5 im Profil solltest du aber auch lernen, klare Grenzen zu setzen. Du stehst oft im Mittelpunkt der Aufmerksamkeit.

Linie 6: Visionär:in und Vorbild

Die Linie 6 ist eine hochentwickelte Linie, die den anderen oft als Vorbild dient. Wichtig zu wissen ist, dass bis zur eigenen Saturnrückkehr (ca. bis zum 30. Lebensjahr) die Sechserlinie wie eine Dreierlinie gelebt wird. Bis dahin wird viel ausprobiert, um das innere Wissen anzuzapfen. Ab fünfzig ist man dann in das Rollenvorbild hineingewachsen.

Ich bin hier ganz bewusst nur kurz auf die einzelnen Linien eingegangen. Denn man ist immer ein Mischtyp aus zwei Linien.

Aus jeweils zwei Linien setzen sich wiederum insgesamt zwölf Profile zusammen. Wie du nun dein Profil in deinem Bodygraphen ablesen kannst, erkläre ich dir jetzt.

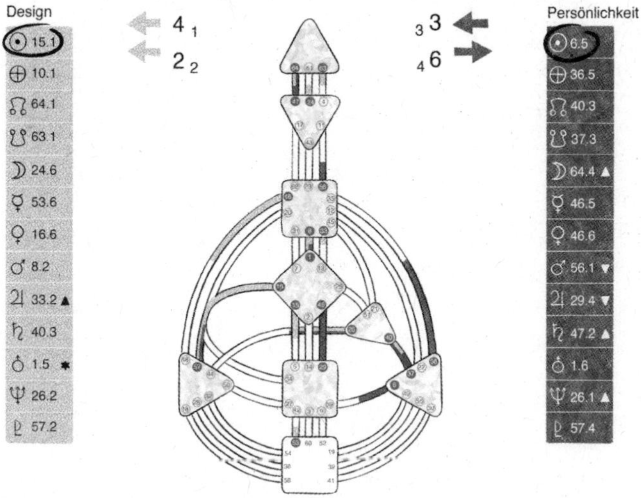

So wird dein Profil im Bodygraphen ausgewertet

Neben dem Bodygraphen siehst du links und rechts davon die Planetenstände in den Toren zum Zeitpunkt deiner Geburt (rechte Seite, bewusste Seite, deine Persönlichkeitsseite) und zum Zeitpunkt ca. drei Monate vor deiner Geburt (linke Seite, unbewusste Seite, deine *Design*-Seite). In der ersten Zeile siehst du, in welchem Tor und in welcher Profillinie die Sonne stand.

Die erste Ziffer zeigt das jeweilige Tor an, und die zweite Ziffer zeigt die Profillinie an. Die Tore sind bestimmte Merkmale deiner Persönlichkeit, die den neun Zentren zugeordnet sind. Diese Zuordnung ist in jedem Bodygraphen gleich, wird aber später genauer erklärt. Zur Bestimmung deines Profils brauchst du zunächst nur den Stand der Sonne in den Profillinien.

Dein Profil setzt sich aus zwei Linien zusammen: die Linie deiner bewussten Sonne und die der unbewussten Sonne (s. Markierungen in der Grafik). Die Linie der bewussten Sonne rückt in der Zusammenstellung deines Profils an die erste Stelle, und die der unbewussten Sonne rückt an die zweite Stelle. Hier im Beispiel ist das 5/1.

Aus den sechs Linien, die ich dir kurz vorgestellt habe, können zwölf Profile abgeleitet werden, die wiederum in drei Grundprofile unterteilt werden:

Sieben persönliche Profile, deren Schwerpunkt ichbezogen ist und auf der individuellen Bestimmung liegt: 1/3, 1/4, 2/4, 2/5, 3/5, 3/6, 4/6 (betrifft ca. 60 % der Menschen).

Ein fixiertes Profil, bei dem sich alles um neue Erkenntnisse dreht und Theorien, mit der Welt zu teilen: 4/1 (betrifft ca. 5 % der Menschen).

Vier transpersonale Profile, bei denen es mehr um das Wirken in der Gemeinschaft geht: 5/1, 5/2, 6/2, 6/3 (betrifft ca. 35 % der Menschen).

Zu welchem der zwölf Profile gehörst du?

Profil 1/3: der/die experimentierende Forscher:in

Profil 1/4: der/die kontaktfreudige Forscher:in

Profil 2/4: der/die kontaktfreudige Macher:in

Profil 2/5: der/die zurückgezogene Rebell:in

Profil 3/5: der/die abenteuerlustige Rebell:in

Profil 3/6: der/die abenteuerlustige Optimist:in

Profil 4/1: die natürliche Autorität

Profil 4/6: der/die Berater:in

Profil 5/1: der/die Impulsgeber:in

Profil 5/2: der/die stille Gestalter:in

Profil 6/2: das unnahbare Rollenvorbild

Profil 6/3: das nahbare Rollenvorbild

Im Folgenden findest du den für dich bestimmten Text, in dem du erfährst, um welches Profil dein Energietyp ergänzt wird.

Profil 1/3 – der oder die experimentierende Forscher:in

Ca. 14 % der Weltbevölkerung. Die bewusste erste Linie macht dich zu eine:r Forscher:in. Du möchtest immer noch mehr lernen und noch mehr wissen und gehst dabei gerne in die Tiefe. Auch auf anderen Gebieten magst du es, die Dinge an die Oberfläche zu holen, und stellst dafür mitunter sehr viele Fragen, oder hast diese zumindest im Kopf und findest dann Wege zu ihrer Klärung.

Die Abenteuerlust deiner unbewussten dritten Linie lässt dich dazu viele Experimente machen. All dies tust du, um dich sicherer zu fühlen. Du weißt gerne, woran du bist, und magst es nicht, wenn andere Geheimnisse vor dir haben. Denn das Ungewisse macht dir Angst. Manchmal überkommt dich der Gedanke, noch nicht genug zu wissen, was dich in der Umsetzung deiner Pläne zurückhaltend macht. Doch dieses „innere Stopp" mag deine Dreierlinie gar nicht, und es findet ein inneres Abwägen statt. Denn deine Abenteuerlust will die Dinge unbedingt ausprobieren.

Und so liegt es an dir, den Mut zum Handeln zu finden. Wenn du Lösungen findest, stärkst du dein Selbstbewusstsein und wirkst auch im Außen sicherer. Du bekommst dann auch die Anerkennung, wenn du dein Potenzial und deine Fähigkeiten nutzt. Du gibst dich ungern mit minderer Qualität zufrieden, was sich in allen möglichen Dingen oder Situationen widerspiegeln kann. Du liebst schöne Dinge und hast ein gutes Gespür dafür, was wirklich gut funktionieren kann. Du äußerst dich konstruktiv kritisch und sagst ohne Angst auch Vorgesetzten deine Meinung.

Auf dem Weg hin zum Erfolg hast du wahrscheinlich oft mit Gegenwind zu rechnen. Aber das ist es, wodurch du dich durch dein Leben navigieren kannst. Du musst nur lernen, die Segel richtig zu setzen. Dir liegt es, deine Ansichten auch anderen gut zu vermitteln und deutlich zu machen. Bist du mit einer Sache nicht einverstanden, dann beendest du sie, ohne es zu bereuen.

Du lässt dich selbst gar nicht gern von anderen festhalten und magst das Gefühl von Freiheit. Wenn dich jemand einengt, wendest du dich ab, und dennoch bist du stets auf der Suche nach Stabilität im Leben und wünschst dir Anerkennung.

Shadow-Work (die tiefgehende Auseinandersetzung mit unseren negativen Persönlichkeitsmerkmalen) lohnt sich für dich mit dem Blick darauf, nicht zu selbstsüchtig zu sein.

Deine Motivation ist ganz klar deine große Abenteuerlust.

Bekannte Persönlichkeiten mit diesem Profil:
Loriot (Vicco von Bülow), Steffi Graf, Karl Marx, Jon Bon Jovi, Charlie Chaplin, Pablo Picasso, Paramahansa Yogananda, Heinrich Böll, Günther Jauch, Roland Kaiser, Immanuel Kant, Hape Kerkeling, Käthe Kollwitz, James Last, Joachim Löw, Franz Marc, Ina Müller, Nena, Helmut Newton, Uwe Ochsenknecht, Richard Wagner, Josefine Baker, Nick Carter (Sänger), Tracy Chapman, Michael Jackson, Katy Perry, Scarlett Johansson, Grace Kelly, Nicole Kidman, Sarah Jessica Parker

Profil 1/4 – die/der kontaktfreudige Forscher:in

Ca. 2 % der Weltbevölkerung. Auch dieses Profil hat die bewusste Einserlinie, die einen großen Wissensdurst generiert. Auf der unbewussten Seite schwingt die Viererlinie des oder der Netzwerker:in mit, die oder der sich gerne mit anderen Menschen austauscht und Verbindungen knüpft. Mit ausgewählten Leuten des „inner Circle" möchtest du dein Wissen teilen – als angesehenes Mitglied einer Gemeinschaft.

Du erforschst die Dinge, Situationen und Menschen sehr gründlich und verstehst es dadurch, die zwischenmenschlichen Beziehungen zu lenken. Du tust dies in positiver Absicht und aus dem Herzen heraus, damit es allen in der Gruppe gutgeht, und agierst auch gerne als Vermittler:in zwischen zwei Konfliktparteien.

Du wünschst dir auch für deine persönlicheren Beziehungen eine sichere Basis, ob privat oder beruflich. Du kommunizierst auf eine natürliche Art und Weise. Kleinere Fehler verzeihst du dir und anderen, weil du es für wichtiger hältst, dass deine Ideen den Weg in die Welt finden. Du bist jemand, der oder die als zuverlässig wahrgenommen wird. Du verfügst über eine ausgeprägte soziale Kompetenz. Du äußerst dich meist erst dann, wenn du dir deiner Sache absolut sicher bist. Schließlich hast du die Dinge vorher ja bis auf den Grund erforscht. Dein Wissen gibt dir ein Gefühl von Sicherheit. Der Kontakt zu anderen ist dir besonders wichtig.

Shadow-Work lohnt sich im Hinblick darauf, noch mutiger sein zu dürfen.

Deine Motivation ist es, interessante Leute kennenzulernen und die Dinge zu erforschen, die dein Interesse geweckt haben.

Bekannte Persönlichkeiten mit diesem Profil:
Albert Einstein, Muhammad Ali, Fidel Castro, Hans Albers, Joachim Gauck, Patrick Lindner, Tanja Szewczenko, David Copperfield, Emily Dickinson, Anjelica Huston, John Malkovich, Henry Miller, Tori Spelling, Donna Summer

Profil 2/4 – der oder die natürliche Macher:in

Ca. 14 % der Weltbevölkerung. Im Bewusstsein steht die Zweierlinie des Naturtalents im Vordergrund, die sich gerne mal zurückzieht. Das führt hin und wieder zu Spannungen mit der unbewussten Viererlinie, die sich nach Kontakt sehnt. Diesen inneren Konflikt kann man beheben, wenn man sich eine Umgebung schafft oder aussucht, in der es sicher und liebevoll zugeht. Denn dort kann man seine Wünsche offen ansprechen.

Für dich ist es wichtig, dass dein Umfeld dir hin und wieder Raum gibt. Du kommst dann wieder von alleine zurück, wenn dir wieder nach mehr Austausch und Miteinander ist. Du brauchst den Rückzug, um die Erkenntnisse, die du innerhalb der Gemeinschaft gewonnen hast, für dich zu verarbeiten. Dir ist es wichtig, dem inneren Ruf zu folgen, und dabei brauchst du den Rückhalt deines Umfelds. Durch die Reaktionen der anderen nimmst du dich selbst besser wahr. Wenn du in eine Arbeit vertieft bist oder dich gerade konzentriert mit etwas Bestimmtem beschäftigst, dann möchtest du lieber nicht gestört werden.

Die anderen erleben dich als Menschen, der oder die eine fröhliche Art hat und mit dem oder der man einfach gut quatschen kann – auch wenn du manchmal forsch wirkst, wenn du gerade aus deiner

Versenkung wieder auftauchst. Andere sehen in dir eine:n gute:n Berater:in und trauen dir mehr zu, als du dir oftmals selbst. Auch wenn du gerne in einer Gruppe bist, führst du lieber Gespräche unter vier Augen. Informationen, die für dich nicht wichtig sind oder die du als unwichtig für dich einstufst, vergisst du schnell wieder, was andere nicht immer so lustig finden.

Shadow-Work lohnt sich im Hinblick darauf, das Nein-Sagen zu lernen.

Deine Motivation ist Begeisterung. Wenn die da ist, bist du kreativ und voll entschlossen in der Umsetzung deiner Ziele.

Bekannte Persönlichkeiten mit diesem Profil:
Osho (Chandra Mohan Jain), Sandra Bullock, Johnny Depp, Carl Gustav Jung, Franz Kafka, John Lennon, Uma Thurman, Sean Connery, Cameron Diaz, Liz Taylor, Bill Clinton, Fred Astaire, Johann Sebastian Bach, Marlene Dietrich, Joschka Fischer, Caspar David Friedrich, Günter Grass, Werner Heisenberg, Eckart von Hirschhausen, Ottmar Hitzfeld, Wolfgang Joop, Oliver Kahn, Udo Lindenberg, Karl May, Lena Meyer-Landrut, Friedrich Nietzsche, Max Planck, Nina Ruge, Bärbel Schäfer, Mehmet Scholl, Ingrid Steeger, Sebastian Vettel, Otto von Bismarck, Tyra Banks, Jessica Biel, Nicolas Cage, Richard Chamberlain, Kurt Cobain, Jane Fonda, Whoopi Goldberg, Anne Hathaway, Janet Jackson, Gwyneth Paltrow, Shiva Rea, Robert Redford, John D. Rockefeller, Swami Rudrananda, Gwen Stefanie, Barbra Streisand, Patrick Swayze, Marianne Williamson, Oprah Winfrey

Profil 2/5 – der oder die zurückgezogene Rebell:in

Ca. 2 % der Weltbevölkerung. Du musst dir vor einer Entscheidung immer absolut sicher sein, wofür du deine Energie verbrauchen möchtest, denn deine bewusste Zweierlinie braucht sehr viel Zeit für sich selbst. Eine Vier-Tage-Woche wäre wohl ideal für dich, damit du genug Zeit für Selfcare hast. Dein Umfeld findet das vielleicht nicht immer so gut, denn sie haben dich gerne um sich beim Beseitigen ihrer Sorgen und Nöte. Denn deine unbewusste Fünferlinie der Held:innen und Retter:innen zieht diese Menschen an. Sie erkennen in dir jemanden, der oder die ihnen helfen kann.

In der Zeit, in der du dich zurückziehst, darfst du dich also fragen, wem du deine Aufmerksamkeit schenkst. Vielleicht musst du ein paar Leuten eine Absage erteilen, auch wenn es dir schwerfällt, dass du nicht für jede:n da sein kannst, denn sonst würde es dir irgendwann nicht mehr gutgehen. Nur aus einem vollen Gefäß kannst du auch für andere schöpfen. Alles andere überfordert deinen Energiehaushalt.

Du bist niemand, der oder die gerne im Mittelpunkt steht, aber dir ist auch wichtig, dass du einen guten Ruf hast. Tief in deinem Inneren hast du oft das Gefühl, dass du nur für das geschätzt wirst, was andere in dir sehen wollen, und glaubst, nicht wirklich für das geschätzt zu werden, was du bist. Allerdings zeigst du auch nicht unbedingt dein wahres Ich und ziehst dich eher zurück, wenn es aufgedeckt wird. Du darfst dir gerne deiner besonderen Fähigkeiten und Talente mit Hilfe dieses Buches bewusst werden, da du dazu neigst, dich selbst zu unterschätzen.

Shadow-Work lohnt sich im Hinblick darauf, deine Maske fallen zu lassen.

Deine Motivation gründet darauf, dass du gerne deine eigenen Regeln aufstellst.

Bekannte Persönlichkeiten mit diesem Profil:
Coco Chanel, Prinz William, Kevin Costner, Richard Gere, Shirley Temple, Mark Twain, Herbert Grönemeyer, Nastassja Kinski, Carl Zeiss, Miley Cyrus, Patrick Dempsey

Profil 3/5 – der oder die abenteuerlustige Rebell:in

Ca. 14 % der Weltbevölkerung. Du bist eine Person, die ganz schön für Wirbel sorgen kann. In dir vereinen sich sehr aktive Linien. Deine bewusste Linie steht total darauf, dass Abenteuer zu suchen, und muss alles selbst ausprobieren, um es als richtig oder falsch einordnen zu können. Wenn dir jemand etwas sagt, reicht es dir nicht. Du musst es einfach selbst erleben. Das ist besonders in jungen Jahren wichtig, in denen du zu deinen erlebten Erkenntnissen gelangst, die du später beim Ausleben deiner Fünferlinie weitergeben kannst, wenn deine Hilfe gefragt ist. Da du viel ausprobierst, bringst du viel Erfahrung mit, was dich für dein Umfeld attraktiv macht. Wenn du jedoch vor anderen scheiterst, dann fühlst du dich sehr verletzlich. Das gehört aber zu deinem Profil dazu. Bei einem Leben auf der Überholspur musst du manchmal ausgebremst werden, um zu erkennen, was nicht funktioniert.

Du hast ein offenes Wesen und bist bereit für Außergewöhnliches. Langeweile liegt dir eben nicht. Menschen mit diesem Profil gelten oft als humorvoll. Menschen schmücken sich gerne mit deiner Bekanntschaft, um ihren eigenen Stand zu verbessern. Du bist eher unverbindlich und suchst die Abwechslung. Leute mit eher schwachem Charakter werden von dir leicht untergebuttert. Am Ende deines Lebens blickst du wahrscheinlich auf sehr viel Lebenserfahrung zurück. Kein Abenteuer wurde ausgelassen. Du bist ein:e Grenzgänger:in.

Shadow-Work lohnt sich im Hinblick darauf, das innere Chaos aufzuräumen.

Deine Motivation ist deine große Neugier.

Bekannte Persönlichkeiten mit diesem Profil:
Elvis Presley, Liz Hurley, Dolly Parton, Jodie Foster, Angelina Jolie, John F. Kennedy, Gunter Sachs, Romy Schneider, Diana Ross, Dagmar Berghoff, Heidi Brühl, Albrecht Dürer, Ludwig Erhard, Thomas Gottschalk, Harald Juhnke, Jürgen Klopp, Hildegard Knef, Gottfried Leibniz, Otto Lilienthal, Inge Meysel, Wolfgang Amadeus Mozart, George Clooney, Alice Cooper, Kirsten Dunst, Jennifer Grey, Ernest Hemingway, Katharine Hepburn, Kim Kardashian, Arthur Miller, Edgar Allan Poe, Tupac Shakur, Alicia Silverstone, Frank Sinatra, Bruce Springsteen, Meryl Streep, Garri Kasparow, Alexei Nawalny

Profil 3/6 – der oder die abenteuerlustige Optimist:in

Ca. 2 % der Weltbevölkerung. Bis zum Ende der Saturnrückkehr um das 30. Lebensjahr herum benimmt sich dieses Profil wie ein:e reine:r Abenteurer:in. Denn erst werden jede Menge Lebenserfahrungen gemacht, und dann geht es mehr ins Reflektieren. Dann wird öfter mal der Wellnessurlaub gebucht statt der Abenteuerreise. Durch die vielen Abenteuer entdeckst du deine Fähigkeiten. Deine reifere Seite braucht die Zeit.

Dein inneres Kind, das sich nach Abenteuern sehnt, bleibt dir bis ins hohe Alter erhalten. Du bist wahrscheinlich eine Person, die nicht gerne erwachsen wird, auch wenn das Leben es von dir fordert. Du bist häufig unsicher, was daran liegt, dass du dir nicht so oft den Rückzug zum Nachdenken gönnst. Du bist ja ständig auf das nächste Abenteuer aus, da bleibt kaum Raum dafür.

Ab fünfzig wächst du dann eher in das Vorbild hinein, für das dich die anderen aufgrund deiner großen Lebenserfahrung halten. Du bist wie guter Wein, der im Alter seine volle Schönheit entfaltet. Du bist fähig, das große Ganze zu erblicken, und findest immer Wege für dich. Deine Risikobereitschaft, dabei neue Trampelpfade oder Kletterrouten auszumachen, wird nie ganz abreißen. Du bist ein Freigeist durch und durch, und ständig fragst du dich, ob sich das alles lohnt und wozu es gut sein soll. Das wirst du dir durch deine Abenteuer nur selbst beantworten können.

Für dich gibt es drei besondere Reifephasen. Eine davon habe ich schon zu Beginn erwähnt. Um es komplett zu machen, sind deine besonderen Reifezeitpunkte im Alter von 18, 30 und 50. Sicherlich gilt das auch für alle anderen Menschen, aber für dein Profil sind diese Abschnitte von noch größerer Wichtigkeit. Vielleicht kannst du schon zurückblicken, ob du es zu besonderen Abenteuern in deinem Leben in Bezug setzen kannst.

Shadow-Work lohnt sich im Hinblick darauf, keine Anerkennung von außen nötig zu haben, um sich wertvoll zu fühlen.

Deine Motivation ist es, aus eigenen Erfahrungen zu lernen.

Bekannte Persönlichkeiten mit diesem Profil:
Ben Stiller, Erich von Däniken, Dustin Hoffman, Gerhard Schröder, Nikola Tesla, Florence Nightingale, Yvonne de Bark, Thomas Hermanns, Carl Zuckmayer (Schriftsteller), Drew Barrymore, Kate Hudson, Caitlyn Jenner, Mark Wahlberg

Profil 4/1 – die natürliche Autorität

Ca. 2 % der Weltbevölkerung. Dieses Profil ist das einzige fixierte Profil. Das bedeutet, Menschen mit diesem Profil sind sich sehr bewusst, wer und was sie sind. Ihr Schicksal ist vorgezeichnet, und sie müssen den Weg ihres Herzens gehen. Das spüren sie auch ganz tief in ihrem Inneren.

Du lebst dein Leben auf eine ganz bestimmte Art und Weise und weißt sehr genau, was richtig für dich ist. Auf eine gewisse Art bist du dadurch eher unflexibel und wirkst auch auf deine Mitmenschen kompromisslos. Aber all das hat einen Sinn für dich, auch wenn andere es nicht so sehen. Dein Profil markiert in deiner Gesellschaft den Weg weg vom Ich-Bewusstsein hin zum „Ihr". Für diese Besonderheit brauchst du eine stabile Basis. Für dich ist es besonders wichtig, deiner Lebensaufgabe Folge zu leisten. Das Lebensthema laut *Human Design* ist nicht Bestandteil dieses Buches, aber du findest es in dem Tor, in dem deine bewusste Sonne steht. Sicherlich ist das auch für alle anderen wichtig, aber für dich noch mehr, denn dieses Thema zieht sich wie ein Roter Faden durch dein Leben.

Ratschläge von anderen brauchst du nicht, denn sie würden dich – als fixiertes Profil – sowieso nicht wirklich ändern, und so wirken Ratschläge auf dein gutes Herz wie Schläge ein, die dich einfach nur verletzen würden. Nach außen mag es so wirken, als seist du stur, aber es ist einfach nur ein Schutzschild.

In deinem Leben zeichnet sich ab, dass es auch einen Weg weg von zu wenig Selbstvertrauen und hin zu mehr Selbstsicherheit gibt. Du arbeitest lieber für dich alleine als in einer Gruppe, obwohl dir das Wohl der Gemeinschaft wichtig ist. Du leistet dazu aber eher einen Einzelbeitrag. Damit fühlst du dich wohler. Ich muss wohl kaum erwähnen, dass du Leute, die dich ändern wollen, nicht leiden kannst. Du darfst dein Leben und dich an die erste Stelle stellen.

Shadow-Work lohnt sich im Hinblick auf Themen, bei denen du das Gefühl hast, dir nicht selbst treu zu sein.

Deine Motivation ist es, deinem Herzen zu folgen.

Bekannte Persönlichkeiten mit diesem Profil:

Bette Midler, Albert Schweitzer, Maria Stuart, Stevie Wonder, Gianni Versace, Dieter Thomas Heck, Klaus Wowereit, Roseanne Barr, Chuck Berry, Tom Brady

Profil 4/6 – der oder die Berater:in

Ca. 14 % der Weltbevölkerung. Deine unbewusste Sechserlinie wirkt ca. bis zum 30. Lebensjahr wie die abenteuerlustige dritte Linie in deinem Design. Deine Abenteuerlust bezieht sich auf den sozialen Bereich und spiegelt sich in Freundschaften und Beziehungen wider, da sich deine bewusste Viererlinie zu den Menschen hingezogen fühlt. Du kannst ganz gut mit Menschen umgehen und bringst eine ausgeprägte soziale Kompetenz mit. Wenn die Sechserlinie mehr und mehr aktiv wirkt, suchst du in dieser Phase auch nach Ruhe, um den Wandel für dich zu verarbeiten. Durch deine sensible Art spürst du das sehr gut. Die Gemeinschaft ist dir dennoch sehr wichtig, denn dort kannst du deine Talente und Fähigkeiten wirken lassen.

Ein Dauerthema in deinem Leben ist der ewige Konflikt zwischen Kopf und Herz, also die Frage, zwischen Verstand und Gefühl zu wählen. Auf wen sollst du hören?, wirst du dich oftmals fragen. In diesem Buch findest du Unterstützung, wenn es darum geht, für dich passende Entscheidungen zu treffen. Deine unbewusste Sechserlinie wird von den anderen viel stärker wahrgenommen als von dir selbst, weshalb die Erwartungen an dich oftmals sehr hoch sind.

Dir liegt es, auf einer Bühne zu stehen, und du sorgst für lehrreiche Unterhaltung. Du kannst ein:e hervorragende:r Berater:in sein, da dir das Wohl der Menschen am Herzen liegt und du ein Talent dafür hast, Konflikte zu lösen. Du erkennst dafür sehr gut die Zusammenhänge und bist im Geist völlig klar. Du bist gut darin, Verantwortung zu übernehmen.

Shadow-Work lohnt sich im Hinblick darauf, darauf zu achten, warum du manchmal einfach recht haben möchtest oder Menschen vorschnell ablehnst.

Deine Motivation sind die Zuneigung zu den Menschen und dein großes Herz.

Bekannte Persönlichkeiten mit diesem Profil:

Brad Pitt, Prince Charles, Mutter Teresa, Michael Schumacher, Tenzin Gyatso (14. Dalai Lama), Bob Dylan, Oliver Bierhoff, Roy Black, Johannes Brahms, Willy Brandt, Wilhelm Busch, Bülent Ceylan, Gottlieb

Daimler, Jürgen Drews, Rainer Werner Fassbinder, Jan Fedder, Joachim Fuchsberger, Gunter Gabriel, Nina Hagen, Wolke Hegenbarth, Heino, Hannah Herzsprung, Bill und Tom Kaulitz, Anja Kling, Robert Koch, Helmut Kohl, August Macke, Heinrich Mann, Matthias Reim, Richard Strauss, Adel Tawil, Sophia Thomalla, Mariae Gloria von Thurn und Taxis, Rudi Völler, Otto Waalkes, Christina Applegate, Sheryl Crow, Bill Gates, Mel Gibson, Jennifer Love Hewitt, Whitney Houston, Michael Kors, LL Cool J (James Todd Smith), Iggy Pop, Priscilla Presley, Martha Stewart, Renée Zellweger, Peter Tschaikowsky

Profil 5/1 – der oder die Impulsgeber:in

Ca. 14 % der Weltbevölkerung. Deine bewusste Fünferlinie in dir ist dazu gedacht, zu helfen und Probleme zu lösen. Darum sehen viele Menschen in dir den oder die Held:in, und du ziehst die Menschen magisch an. Du selbst liebst es, Neues zu lernen, und stellst dich mutig neuen Herausforderungen. Du bist gut darin, anderen Menschen Führung zu bieten, und bist ein:e gute:r Lehrer:in. Du verfügst über einen guten Weitblick, den du zum Lösen von Herausforderungen einsetzt.

Andere Menschen zapfen gerne dein Wissen an, du solltest aber bewusst Grenzen setzen, damit es dir damit gutgeht. Dein Fundament, um Lösungen anbieten zu können, ist dein umfangreiches Wissen, das du dir mit Hilfe deiner unbewussten Einserlinie angeeignet hast, die es liebt, bis in die Tiefe zu forschen und den Dingen auf den Grund zu gehen. Diese Kombination schenkt dir Selbstvertrauen, und auch andere zählen auf dich. Es fällt dir leicht, Verantwortung zu übernehmen.

Das spiegelt sich auch in deiner Arbeit wider, aus der du deinen Selbstwert beziehst. Du strebst danach, beruflich erfolgreich zu sein. Gruppenarbeit ist nicht dein Ding, da du gerne selbstständig Herausforderungen angehst.

Du verfügst über genug Empathie, um zu erkennen, was andere gerade brauchen; meist sogar besser, als für dich selbst die gleichen Erkenntnisse zu gewinnen. Die Menschen habe eine große Erwartungshaltung dir gegenüber. Aus Schutz bist du eher unnahbar und zeigst nicht jede:m dein wahres Ich. Das liegt daran, dass auch du

Unsicherheiten hast, die du aber vor den anderen verbirgst, wobei du dann zu Ablenkungsmanövern neigst.

Shadow-Work lohnt sich im Hinblick darauf, darauf zu achten, wie du authentisch sein kannst.

Deine Motivation ist es, deine Version von Unabhängigkeit, Freiheit und Sicherheit zu leben, und dabei ganz du selbst zu sein.

Bekannte Persönlichkeiten mit diesem Profil:
Richards Branson, Angela Merkel, Madonna, Martin Luther King, Arnold Schwarzenegger, Königin Elisabeth II., Nelson Mandela, Wayne Carpendale, Karl Dall, Otto Dix, Theodor Fontane, Anne Frank, Gregor Gysi, Erich Kästner, Daniela Katzenberger, Heinrich von Kleist, Toni Kroos, Thomas Mann, Sandra Nasić, Heinz Rühmann, Jil Sander, Andrea Sawatzki, Johann Friedrich Schiller, Til Schweiger, Heinrich Steinway, Bettina Tietjen, Alexander Zverev, Ben Affleck, Christina Aguilera, Jennifer Aniston, Doris Day, David Hasselhoff, Goldie Hawn, Anne Heche, Katie Holmes, 50 Cent (Curtis James Jackson), Michael Jordan, Lady Gaga, Eddie Murphy, Kristen Stewart, Britney Spears, Justin Timberlake, Tina Turner, Mike Tyson

Profil 5/2 – die oder der stille Gestalter:in

Ca. 2 % der Weltbevölkerung. In dir vereinen sich zwei gegensätzliche Linien, die für ordentlich Widerspruch in dir selbst sorgen. Zum einen möchte deine bewusste Fünferlinie der oder die Held:in für andere sein, andererseits ist deiner Zweierlinie nach Rückzug, und du möchtest möglichst viel alleine sein und Raum für dich selbst haben. Deine Mitmenschen erkennen dich deshalb nicht gleich als ihre:n Retter:in an, den oder die sie sofort um Rat fragen oder um Unterstützung beim Lösen ihrer Probleme bitten. Das lässt dir Raum zum Abwägen, und so kommst du vielleicht später mit einer objektiven Lösung um die Ecke. Aber nur dann, wenn du dich von deinem Umfeld vollkommen angenommen fühlst. Ansonsten meidest du eher den Kontakt zu anderen. Innerlich dürstet es dich danach, deinem Wirken Ausdruck zu verleihen, du weißt aber meist erst einmal nicht genau, wie.

Deine Aufgabe ist es, dich auch selbst als Held:in anzunehmen. Erst dann werden auch andere diese Seite in dir erkennen. Du trägst eine kreative Ader in dir und kannst sie in allen Lebensbereichen nutzen. Du bringst auf jeden Fall die Gabe mit, andere Menschen zu begeistern, und hast eine starke Präsenz, auch wenn du dich gerne zurückziehst. Bei dir könnte der Spruch passen: „Willst du gelten, mach dich selten." Du musst gar nicht immer für andere verfügbar sein. Bereitschaftsdienst wäre gar nicht gut für dich. Du magst die Abwechslung, hast Spaß am Leben, aber ein Wellnessurlaub wäre auch fein.

Shadow-Work lohnt sich im Hinblick darauf, nicht zu selbstkritisch zu sein.

Deine Motivation kann nur aus dir selbst herauskommen.

Bekannte Persönlichkeiten mit diesem Profil:
Robert De Niro, Tom Jones, Franz Schubert, Richard von Weizsäcker, Marlon Brando, Thomas Anders, Alexander Klaws, Michael Stich, Jan Ullrich, Tommy Hilfiger, Lisa Kudrow, Christina Ricci, Justin Bieber, Michel Trudeau, Anna Kounikowa, Paco Rabanne

Profil 6/2 – das unnahbare Rollenvorbild

Ca. 14 % der Weltbevölkerung. Alle Sechserlinien wirken vor dem 30. Lebensjahr, und die Saturnrückkehr wirkt dann wie eine Dreierlinie. Das Abenteuer steht also zunächst im Vordergrund und wirkt anziehend auf dich. Bis dahin wird jede Menge experimentiert, um genug Lebenserfahrung zu sammeln – ganz nach dem Motto „Versuch und Irrtum".

Wenn deine Sechserlinie mehr und mehr in die Wirksamkeit kommt, ziehst du dich zurück, um dir, nun gereifter, nochmals alles mit etwas Abstand anzuschauen. Durch diese nochmalige Reflexion erkennst du dein wahres Selbst am besten. Dann wirst du zu der weisen Persönlichkeit, die dann auch die anderen in dir sehen können. Erst dann werden sie von deiner natürlichen Weisheit angezogen, und du wirst zum weisen Rollenvorbild.

Du strahlst eine sanfte Autorität aus, die anderen Menschen Sicherheit schenkt. Deine humorvolle Seite bringt Freude in die Welt. Ab 30 kannst du auch sehr gut alleine sein, und ab 50 bist du eine sehr einflussreiche Persönlichkeit, die ihre Macht weise einsetzen sollte.

Shadow-Work lohnt sich im Hinblick darauf, zu hinterfragen, ob du deine eigene Leistungsfähigkeit zu stark forderst. Du musst nicht immer alles selbst machen.

Deine Motivation ist es, für deine Zeit und deinen hohen Einsatz entlohnt zu werden.

Bekannte Persönlichkeiten mit diesem Profil:
Alice Schwarzer, Marilyn Monroe, Konrad Adenauer, Johann Wolfgang von Goethe, Jimi Hendrix, Elton John, Michael Ballack, Ben Becker, Boris Becker, Carl Benz, Claudius Dornier, Heinrich Heine, Jürgen Klinsmann, Heidi Klum, Mike Krüger, Philipp Lahm, Heiner Lauterbach, Tim Mälzer, Eva Padberg, Joseph Pilates, Judith Rakers, Uwe Seeler, Hella von Sinnen, Franziska van Almsick, Maya Angelou, Kim Basinger, Lisa Bonet, Kobe Bryant, John Carpenter, George Foreman, Diane Keaton, Ashton Kutcher, Bruce Lee, Matt LeBlanc, Jennifer Lopez, Michelle Obama, Ashley Olsen, Mary-Kate Olsen, Barack Obama, Ellen Pompeo, Prince, Busta Rhymes, Chris Rock, Adam Sandler, Sylvester Stallone, Neale Donald Walsch

Profil 6/3 – das nahbare Rollenvorbild

Ca. 2 % der Weltbevölkerung. In dir steckt eine weise alte Seele. Bis zur Saturnrückkehr um das 30. Lebensjahr lebst du deine unbewusste Dreierlinie voll und ganz aus. Du machst viele Selbstexperimente, und das wird auch bis ins höhere Alter nicht ganz aufhören. Vielleicht wird es etwas ruhiger, aber die Lust auf ein Abenteuer bleibt.

Es kann sein, dass es in dir drin oft unruhig ist, obwohl du so eine alte Seele bist. Es ist der Drang, dich immer noch weiter verbessern zu wollen. Du wünschst dir ein Leben, das außergewöhnlich ist – nur 08/15 willst du nicht sein. Das Mittelmaß, das oft Ruhe ins Leben bringt, liegt dir nicht. Du fühlst dich zu Höherem berufen. Um deinem Profil gerecht zu werden, bring bis zum 30. Lebensjahr Geduld auf. Denn es braucht den Prozess der natürlichen Reifung, bis es sich voll und ganz entfalten kann und sich deine Weisheit zeigt. Auf dem Weg dahin suchst du auch in deinem Umfeld nach Menschen, die geistreich sind und deinen hohen Ansprüchen genügen.

Du liebst Innovationen und hast einen Humor, der gerne andere provoziert. Vielleicht prüfst du auf diese Art und Weise die Intelligenz der Menschen, die dir wichtig sind. Du greifst nach den Sternen und gibst dich nicht mit weniger zufrieden. Du bist humorvoll, intelligent und aufmerksam, allerdings mit einem Hang zur Überheblichkeit.

Im letzteren Punkt darfst du gerne Shadow-Work machen, um dies zu überwinden und wahren inneren Frieden zu finden.

Deine Motivation ist der Nervenkitzel nach Abenteuer. Dir ist auch wichtig, als außergewöhnliche Persönlichkeit wahrgenommen zu werden.

Vielleicht bist du überrascht, dass dein Profil so zutreffend ist, vielleicht kannst du noch nicht alles davon für dich annehmen. Kann sein, dass es einfach noch mehrere Jahre Erfahrung und Selbsterkenntnis braucht. Achte besonders auf die Aussagen in deinem Profil, die du nicht annehmen kannst. Frag dich gerne, warum das so ist. Wir sind alle Menschen und nicht perfekt. Wie fade wäre das Menschsein, wenn wir uns nicht gegenseitig auch an unseren unangenehmen Seiten reiben dürften! Wie sollten wir ohne dies unsere Talente zum Einsatz bringen? Ohne diese Seiten gäbe es keine Weiterentwicklung unserer Gaben. Wir brauchen dies und alle Facetten davon für unsere Potenzialentfaltung. Erkennen wir dies, dann sind auch unsere dunkleren Seiten in uns annehmbar und werden zu wahren Schätzen, so dass wir uns auch zusammen als Gemeinschaft weiterentwickeln können. Vielleicht klärt dies die Frage, warum es auch die dunkle Seite in uns geben darf. Ich hoffe sehr, dass du im Laufe deines Lebens alles annehmen kannst und sich die Schönheit in deiner Einzigartigkeit vollkommen zeigt, ohne dass du je vollkommen perfekt bist.

Bekannte Persönlichkeiten mit diesem Profil:

Maria Callas, Humphrey Bogart, Matt Damon, Jules Verne, Harrison Ford, Juliane Werding, Mathilde von Rothschild, Farrah Fawcett, Vanilla Ice, Steve Jobs, Serena Williams, Joanne K. Rowling, Penelope Cruz, Paulo Coelho, Henning Mankell, Marc Chagall, Leo Tolstoi

Deine Talente – dein Potenzial

Ich hoffe, du hast mit deinem Energietyp und deinem Profil nun schon einige Aspekte deines Potenzials erkannt. Nun wird es noch ein Stück komplexer, und du bekommst einen Blick auf deine Talente.

Ein Talent ist eine natürliche Begabung, die du einfach von Geburt an mitbekommen hast. Auch hier gilt wahrscheinlich, dass du dir schon einiger Talente bewusst bist, weil du dich ausprobiert und sie in dir entdeckt hast. Da werde ich dir vielleicht bei dem einen oder anderen Talent auch nichts Neues erzählen. Aber es kann eine zusätzliche Bestätigung sein. Spannend wird es, die Talente zu entdecken, die du bisher nicht kanntest. Vielleicht gab es bisher keine Gelegenheit, bei der du sie hättest anwenden können, und so schlummern sie noch im Verborgenen. Lass uns diese nun sichtbar machen.

Wirf dafür wieder einen Blick in deinen Bodygraphen. Dort siehst du an den Energiezentren Ziffern – das sind die Tore, die auch schon namentlich erwähnt wurden. Zwischen einigen Zentren bilden sich Kanäle, über die die Tore miteinander verbunden werden. Das passiert, wenn zwei gegenüberliegende Tore aktiviert werden. 13 Planeten haben zum Zeitpunkt deiner Geburt bestimmte Tore auf der bewussten Seite aktiviert, und auch der Stand der Planeten ca. drei Monate vor deiner Geburt auf der unbewussten Seite hat Tore aktiviert. Wurde ein ganzer Kanal aktiviert, weil die gegenüberliegenden Tore aktiviert sind, dann bildet sich hier ein Talent.

Ein Talent geht also auf deine aktiven Kanäle zurück. Über die Kanäle entsteht eine Energieaustausch zwischen den Energiezentren. Darüber werden Informationen ausgetauscht. Zwei Fähigkeiten bilden ein neues Talent. Ist ein Kanal zwischen den Energiezentren aktiviert, dann definieren sich dadurch die Energiezentren.

Welche Kanäle sind in deinem Bodygraphen aktiviert? Welche Talente hast du? Insgesamt gibt es 36 mögliche Talente. Jeder

Mensch hat zwischen zwei und sechs davon. Außer du bist Reflektor:in – dein Talent des Reflektierens ist so großartig, dass es für dich und deine Aufgabe an dieser Stelle nichts weiter braucht, um deine Aufgaben zu meistern. Wir sind alle aus einem bestimmten Grund hier, und mit den Talenten hast du das Potenzial, dich deinen Aufgaben zu stellen und alle Herausforderungen des Lebens zu meistern; oder ein Teil der Lösung zu sein.

Ich hoffe, du erkennst, wie sehr du in dieser Welt gebraucht wirst. Es mag nicht immer einfach sein, im Job, in den Beziehungen – aber alles hat einen Sinn.

Entdecke nun dein Potenzial. Schreib dir gerne ins Workbook, welche deine aktiven Kanäle sind. **Die schwarz eingefärbten Kanäle sind deine bewussten Talente, und die rot eingefärbten sind deine unbewussten Talente,** die meist noch unentdeckt sind. Die schwarzrot eingefärbten Kanäle sind dir nur teilweise bewusst. Ich liste dir nun hier einen Überblick über alle Talente auf, die von dir zum Leben erweckt werden wollen:

Überblick über die Talente

01-08 Talent der Kreativität, der Inspiration; Talent, schöpferisch zu wirken und den eigenen Weg zu gehen.

02-14 Talent der Gestaltung und Transformation, um die Dinge auf den Weg zu bringen.

03-60 Talent der Neuordnung, Talent, sich zu entwickeln, Talent für spontane Richtungswechsel.

04-63 Talent der kritischen Wahrnehmung, um sich auf die Zukunft auszurichten. Talent, die Dinge zu bewerten, als Abschätzen der Zweifel und Teil des logischen Denkens.

05-15 Talent des richtigen Timings. Gutes Gespür für den eigenen Rhythmus.

06-59 Talent der Konfliktlösung und der Verbindung. Sexuelle Ausstrahlung; Talent für Nähe und Intimität sowie für die Förderung der Zusammenarbeit.

07-31 Talent für Leadership. Gespür für Trends, gute:r Strateg:in.

09-52 Talent der Konzentration. Gute Ausdauer, die auch auf die Umgebung abfärbt.

10-20 Talent, Zusammenhänge zu sehen. Spirituelle Offenheit; möchte das Wohl aller.

10-34 Talent der eigenen Meinung, lebt nach den eigenen Überzeugungen.

10-57 Talent, zu überleben. Nutzt den gesunden Menschenverstand, gute Intuition, erkennt Gefahren.

11-56 Talent, Geschichten zu erzählen. Offen für neue Ideen und Ansichten.

12-22 Talent der Anpassung. Kreativ, anmutig, gesellig; charmantes und aufgeschlossenes Wesen.

13-33 Talent des oder der Berater:in. Gute:r Beobachter:in. Speaker; kann Wissen gut vermitteln.

16-48 Talent der Geschicklichkeit in vielen Dingen.

17-65 Talent für Organisation, Weitblick, um die Dinge gut miteinander zu verweben, zu planen und zu sortieren.

18-58 Talent der Optimierung. Hinterfragt, bewertet und löst damit Probleme.

19-49 Talent der Empathie. Spürt die Bedürfnisse anderer sehr gut und kann sich gut in die Emotionen anderer einfühlen.

20-34 Talent für Selbstverwirklichung. Schnell in der Umsetzung, gutes Charisma.

20-57 Talent der Improvisation. Kreative Lösungen, ist schlagfertig; Fähigkeit, aufmerksam zu sein.

21-45 Talent für Geld. Kann gut mit Geld umgehen, baut Vermögen auf.

23-43 Talent der Überzeugung. Gute:r Strateg:in und Interpret:in.

24-61 Talent der Denker:innen. Inneres Wissen, guter Verstand, viel geistige Bewusstheit.

25-51 Talent der Instruktion. Gute:r Antreiber:in. Mutig, große Willenskraft.

26-44 Talent für Gemeinschaftssinn, setzt die Interessen der Gemeinschaft durch. Gute:r Vermittler:in, Streitschlichter:in; gute Menschenkenntnis.

27-50 Talent der Fürsorglichkeit. Sehr vertrauenswürdig, gute:r Beschützer:in.

28-37 Talent für Gerechtigkeitssinn. Erkennt gut richtig und falsch, nimmt Herausforderung im Sinne für Recht und Ordnung an.

29-46 Talent für Verantwortung. Loyal; gutes Durchhaltevermögen.

30-41 Talent für Visionen und Abenteuer. Neugierig, experimentierfreudig, begeisterungsfähig.

32-54 Talent des Erfolgs. Ehrgeizig, kann Dinge gut einschätzen, ist zielorientiert.

34-57 Talent für Krisenmanagement. Kraftvoll, sehr gute Intuition, abwechslungsreich.

35-36 Talent der Vielseitigkeit. Abenteuerlustig.

37-40 Talent für Familiensinn: Gutes Bewusstsein für das Kollektiv und für gemeinschaftliche Werte.

39-55 Talent der Durchsetzungskraft. Sehr emotionsstark im Ausdruck.

42-53 Talent der Weisheit. Nimmt Zeit zyklisch war. Verbundenheit mit der Natur.

47-64 Talent des Sinnfindens. Klar in seinen oder ihren Antworten; jemand, der oder die inspiriert.

Das Potenzial, das du mitbringst, wird durch das Erkennen deiner einzigartigen Talente immer komplexer. Einiges mag sich an einigen Stellen ähnlich anhören, aber doch kommen immer mehr feine Nuancen dazu, die das Bild über dich mehr und mehr komplett machen. Nur weil du jetzt einiges über einige Talente über dich gelesen hast, heißt das nicht, dass du sie schon im Leben erfahren hast. Ich wünsche dir Momente, in denen sich alle deine Talente für dich offenbaren werden. Denn was sind die Talente in der Theorie, wenn sie nicht zur Anwendung gebracht werden? Es ist Energie, die ins Leere läuft. Das wäre zu schade, meist du nicht auch? Möge dir das Leben das ganze Spektrum an Erfahrungen zur Verfügung stellen, damit du dein Potenzial leben kannst.

Deine weiteren Fähigkeiten

Ich habe dir versprochen, dass wir vom Einfachen zum Komplexen voranschreiten werden, um deine Potenziale bis in die tieferen Schichten aufzudecken. Deine Talente bilden sich aus einzelnen Fähigkeiten. Es sind Charakteristika, die dich als Mensch ausmachen. Du bist die Summe verschiedener Merkmale und Energien, die in dir wirken. Aktiviert wurde das durch die Planetenstände zum Zeitpunkt deiner Geburt (die bewusste Seite) und ca. drei Monate vor deiner Geburt (die unbewusste Seite). Jeder Planet steht übergeordnet für ein bestimmtes Themengebiet. Um dies mit deinen Fähigkeiten in Zusammenhang zu bringen, gehen wir nun durch, welche Bedeutung die Planeten haben.

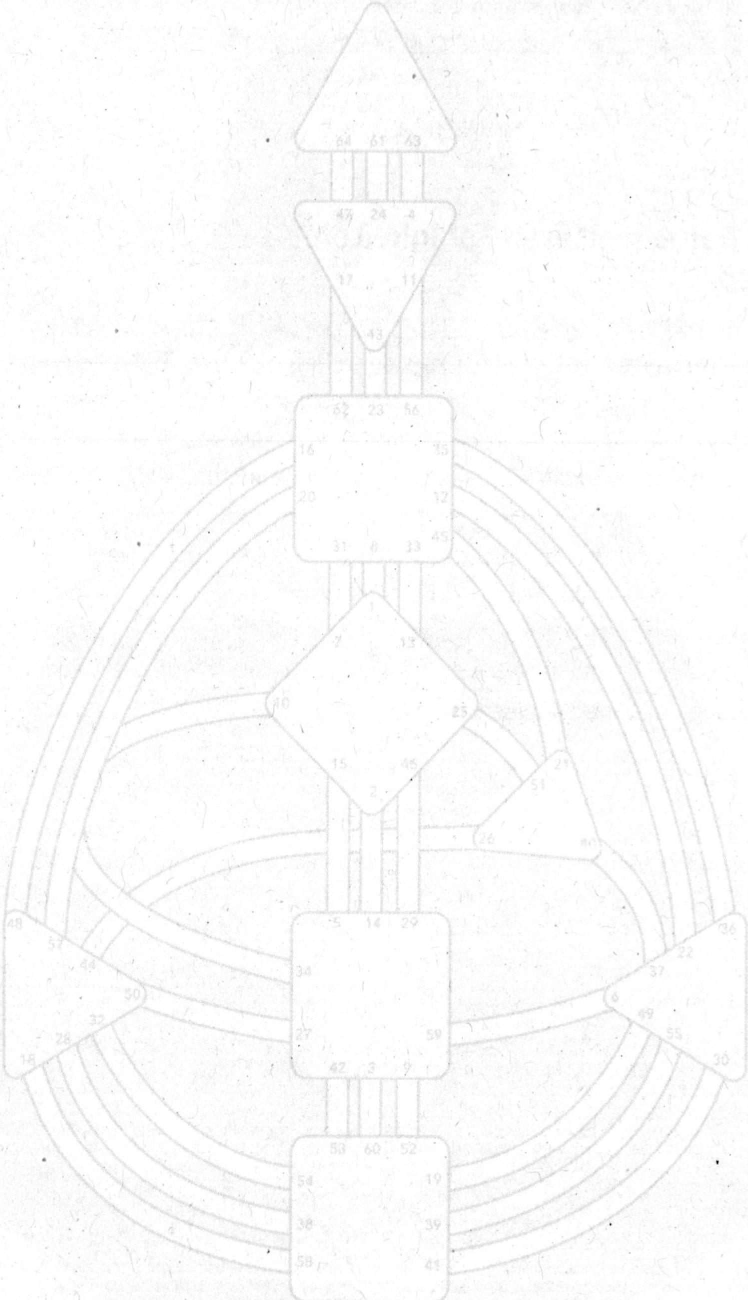
64 61 63
47 24 4
17 11
43
62 23 56
16 35
20 12
31 8 33 45
1
7 13
10 25
15 46
2
21
51
26 40
5 14 29
34
27 59
42 3 9
53 60 52
54 19
38 39
58 41
48 57 44 50 32 28 18
36 22 37 6 49 55 30

Bedeutung der Planeten im Human Design

In deinem *Human Design* stehen die Planeten an einer bestimmten Stelle in den Toren. Den Planeten werden folgende Bedeutungen zugesprochen:

Sonne: Lebenskraft, Identität, Zielstrebigkeit

Erde: Verwurzelung, Stabilität, Empfänglichkeit, Körperebene

nördlicher Mondknoten: neue Richtung, gegenwärtige Lebensaufgabe

südlicher Mondknoten: Vergangenheit, Lektionen des Lebens

Mond: Reflexion, Gefühlsgedächtnis

Merkur: Bote, Verbindung zur Umgebung, Kommunikation

Venus: Liebe, Schönheit, Beziehungen, Werte, Yin-Energie

Mars: Aktivität, Yang-Energie, Sexualität, Willenskraft

Jupiter: Expansion, höheres Wissen, Glück

Saturn: Struktur, Lektionen, Schattenseiten

Uranus: Erwachen, dramatische Veränderungen, höheres Bewusstsein

Neptun: bedingungslose Liebe, Verwirrung, Enttäuschung, mystische Ebene, Spiritualität

Pluto: Transformation, Tod, Wiedergeburt

Für die unbewusste und für die bewusste Seite ergeben sich daraus folgende konkreteren Bedeutungen:

Planet	unbewusste Seite	bewusste Seite
Sonne ☉	Ausstrahlung	Lebensaufgabe
Erde ⊕	Lebenssinn	Verwurzelung
nördlicher Mondknoten ☊	Umfeld	Begegnung
südlicher Mondknoten ☋	Umfeld	Begegnung
Mond ☽	Antrieb	Fokus
Merkur ☿	Kommunikation	Botschaft
Venus ♀	Moral	Werte
Mars ♂	Wesenskraft	Kreativität
Jupiter ♃	Schutz	Wohlstand
Saturn ♄	Struktur	Disziplin
Uranus ♅	Innovationskraft	Erneuerung
Neptun ♆	Hintergrund	Schleier
Pluto ♇	innere Wahrheit	Transformation

Tabelle 1: Die Einflüsse der Planeten auf die bewusste und die unbewusste Seite deiner Persönlichkeit

Nicht unerwähnt möchte ich lassen, dass es auch Chiron-Themen gibt. Chiron wird jedoch beim Bodygraphen nicht mitberechnet. Dennoch dennoch lohnt sich die Mühe, herauszufinden, in welchem Tor er in deinem *Human Design* steht. Denn Chiron zeigt uns auf der unbewussten Seite unsere tiefe Wunde, und auf der bewussten Seite unsere Chance auf Heilung. Hier lohnt sich die Rücksprache mit eine:r Expert:in. Ich selbst arbeite mit einem Tool, in dem ich auch Chiron auswerten kann, und finde, dass es das Thema noch etwas kompletter macht. Da es in diesem Buch aber um dein Potenzial geht, ist Chiron hierfür nebensächlich.

Schau nun erneut auf deinen Bodygraphen und notier dir im Workbook alle aktivierten Tore der unbewussten und der bewussten Seite. Die Ziffer hinter der ersten Zahl spiegelt die Färbung der Profillinie wider und verleiht dem Tor seine Nuance.

Schauen wir aber zunächst auf die Potenziale der einzelnen 64 Tore, ohne die Bedeutung der Profillinie hinzuzunehmen. Da es in diesem Buch um dein Potenzial geht, habe ich die Gaben der Human-Design-Tore hier aufgelistet. Damit du die Tore schneller finden kannst, habe ich sie chronologisch und nicht nach Energiezentren sortiert. Schreib dir dieses aber in Klammern dahinter, damit du ein Gespür dafür entwickeln kannst, welche übergeordnete Energie am Wirken ist.

Tor 1: Originalität (Selbstzentrum)

Tor 2: Orientierung (Selbstzentrum)

Tor 3: Innovation (Sakralzentrum)

Tor 4: Logisches Denken (Verstandeszentrum)

Tor 5: Geduld (Sakralzentrum)

Tor 6: Diplomatie (Emotionszentrum)

Tor 7: Anleitung (Selbstzentrum)

Tor 8: Stil (Kehlzentrum)

Tor 9: Zielstrebigkeit (Sakralzentrum)

Tor 10: Natürlichkeit (Selbstzentrum)

Tor 11: Idealismus (Verstandeszentrum)

Tor 12: Unterscheidung (Kehlzentrum)

Tor 13: Urteilsvermögen (Selbstzentrum)

Tor 14: Kompetenz (Sakralzentrum)

Tor 15: Magnetismus (Selbstzentrum)

Tor 16: Vielseitigkeit (Kehlzentrum)

Tor 17: Weitblick (Verstandeszentrum)

Tor 18: Integrität (Milzzentrum)

Tor 19: Feingefühl (Wurzelzentrum)

Tor 20: Selbstsicherheit (Kehlzentrum)

Tor 21: Autorität (Herzzentrum)

Tor 22: Güte (Emotionszentrum)

Tor 23: Einfachheit (Kehlzentrum)

Tor 24: Erfindungsgabe (Verstandeszentrum)

Tor 25: annehmen (Selbstzentrum)

Tor 26: Raffinesse (Herzzentrum)

Tor 27: Nächstenliebe (Sakralzentrum)

Tor 28: Ganzheit (Milzzentrum)

Tor 29: Verbindlichkeit (Sakralzentrum)

Tor 30: Leichtigkeit (Emotionszentrum)

Tor 31: Leadership (Kehlzentrum)

Tor 32: Nachhaltigkeit (Milzzentrum)

Tor 33: Achtsamkeit (Kehlzentrum)

Tor 34: Umsetzungskraft (Sakralzentrum)

Tor 35: Fortschritt (Kehlzentrum)

Tor 36: Menschlichkeit (Emotionszentrum)

Tor 37: Loyalität (Emotionszentrum)

Tor 38: Ausdauer (Wurzelzentrum)

Tor 39: Tatendrang (Wurzelzentrum)

Tor 40: Entschlossenheit (Herzzentrum)

Tor 41: Antizipation (Wurzelzentrum)

Tor 42: Losgelöstheit (Sakralzentrum)

Tor 43: Einsicht (Verstandeszentrum)

Tor 44: Teamwork (Milzzentrum)

Tor 45: Zusammenspiel (Kehlzentrum)

Tor 46: Freude (Selbstzentrum)

Tor 47: Verwandlung (Verstandeszentrum)

Tor 48: Einfallsreichtum (Milzzentrum)

Tor 49: Innovation (Emotionszentrum)

Tor 50: Gleichgewicht (Milzzentrum)

Tor 51: Initiative (Herzzentrum)

Tor 52: Zurückhaltung (Wurzelzentrum)

Tor 53: Expansion (Wurzelzentrum)

Tor 54: Engagement (Wurzelzentrum)

Tor 55: Begeisterung (Emotionszentrum)

Tor 56: Bereicherung (Kehlzentrum)

Tor 57: Intuition (Milzzentrum)

Tor 58: Lebensfreude (Wurzelzentrum)

Tor 59: Intimität (Sakralzentrum)

Tor 60: Realismus (Wurzelzentrum)

Tor 61: Inspiration (Kronenzentrum)

Tor 62: Präzision (Kehlzentrum)

Tor 63: Erkundung (Kronenzentrum)

Tor 64: Vorstellungskraft (Kronenzentrum)

Jetzt hast du auf jeden Fall ein paar Schlagwörter zur Hand, die du als dein Potenzial vermerken kannst. Man kann das sehr gut im Lebenslauf gebrauchen oder bei Situationen, in denen du dich in Stichworten mit deinen Fähigkeiten beschreiben sollst.

Diese Gaben sind vollkommen wertfrei. Dies ist der Zustand, wenn sie in ihrer normalen Energiefrequenz entfaltet sind. Nun haben wir alle auch mal gute oder schlechte Tage, und unsere Emotionen lassen es nicht immer zu, dass sich unser Potenzial vollkommen frei entfalten kann. Im nächsten Kapitel soll es genau darum gehen. Du bist nicht immer vollkommen du selbst. Warum ist das so? Auch dazu erfährst du mehr im nächsten Kapitel.

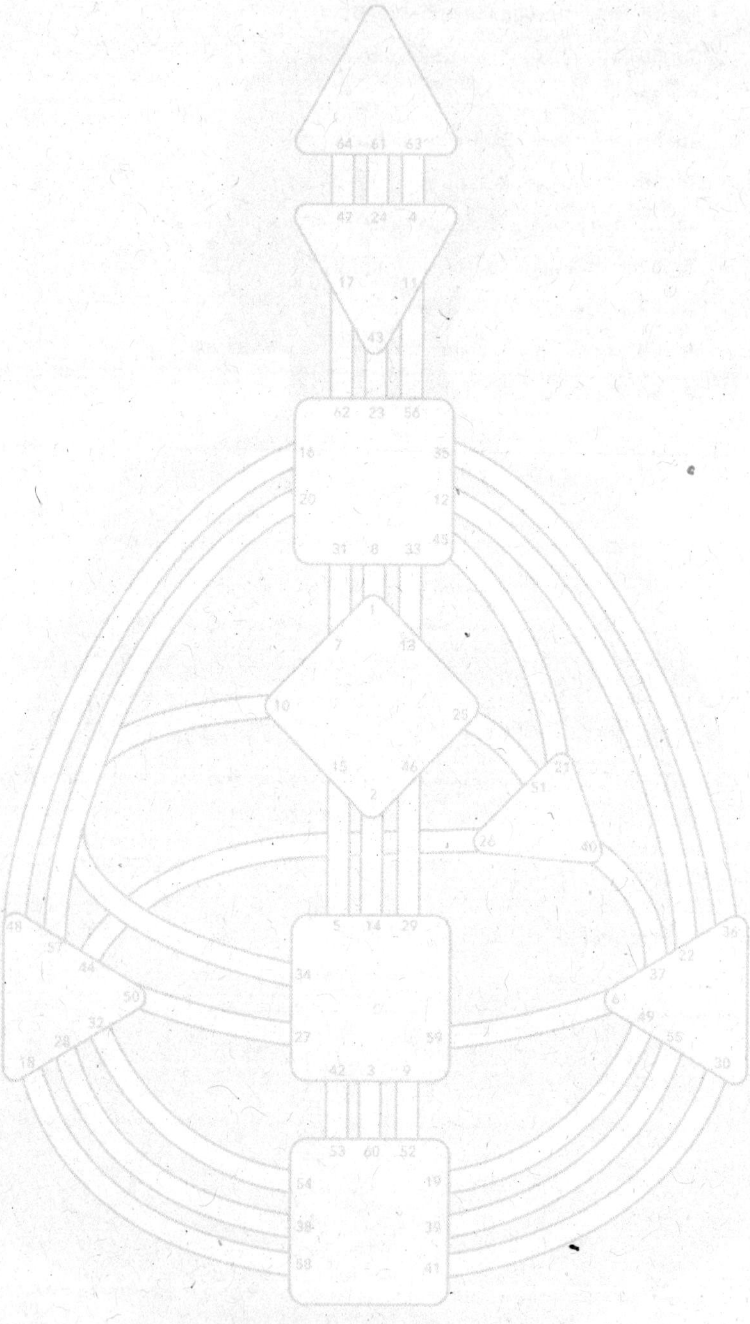
64 61 63
47 24 4
17 11
43
62 23 56
16 35
20 12
31 8 33 45
1
7 13
10 25
15 46
2
21
51
26 40
5 14 29
48 36
57 22
44 37
34
50 6
32 49
28 55
27 59
18 30
42 3 9
53 60 52
54 19
38 39
58 41

2. KAPITEL

INVENTUR DEINER SELBST – DEINE BEWUSSTE SEITE

Emotionen

Wie fühlst du dich im Moment?

Es wird Zeit für einen Blick in den Moment. Wir fühlst du dich gerade? Wahrscheinlich hast du dir dieses Buch unter anderem gekauft, weil du dich einfach gut fühlen möchtest, weil du wissen möchtest, welches Potenzial in dir steckt. Denn wenn du darum weißt, kannst du dich noch klarer selbst sehen, als einen Menschen, in dem so viel steckt. Vielleicht haben aber auch andere Menschen in deinem Leben versucht, dich klein zu halten; sicherlich hast du durch emotionale Verletzungen auch Kummer erfahren, dir oftmals unnötig Sorgen gemacht oder womöglich Schicksalsschläge erlebt, die dich aus der Bahn geworfen haben. Diese Hindernisse im Leben haben dich zu dem Menschen werden lassen, der du heute bist. Aber das ist nur eine Seite. All dies hat dich schon ein Stück weit entdecken lassen, wer du bist, und wer du nicht bist. Du bist in Kontakt getreten mit deinen bewussten Fähigkeiten.

Wenn alles in irgendeiner Form Energie ist, dann sind auch Emotionen Energie. Doch negative Emotionen haben eine andere

Energiefrequenz als positive Emotionen. Wir können sie erspüren, wenn wir unsere Wahrnehmung dafür schulen. Mir ist es wichtig, dass du von diesen Frequenzen schon einmal gehört hast, denn wir werden darauf noch zurückkommen.

Ein Tipp, um deine Frequenz sofort zu erhöhen, ist die Dankbarkeit. Mach dir bewusst, wofür du dankbar sein kannst. Für mich ist das die schnellste Methode, um aus einer „bad Vibe" auszusteigen.

Ausgelöst werden die Emotionen durch unsere Gedanken, Erinnerungen oder die Erlebnisse des Moments. Vielleicht hat auch der erste Abschnitt dieses Buches solche Reaktionen in dir ausgelöst, als eine Erinnerung hochgekommen ist. Emotionen lösen auch auf der Körperebene Reaktionen aus. Hormone können freigesetzt werden. Diese Ebene wird auch durch das Unterbewusstsein berührt. Darum kann man manchmal gar nichts dafür, wenn man sich plötzlich verliebt. Zumindest sind wir uns dessen nicht bewusst, obwohl das Unterbewusstsein einen sehr großen Teil unserer Realität formt.

Aber noch einmal: Wie fühlst du dich gerade? Welche Emotionen sind jetzt gerade präsent? Nimm dir einen Augenblick Zeit, schließ die Augen und spür, was ist. Halt es gerne im Workbook fest. Dort findest du auch eine Übersicht mit vielen Emotionen, falls es dir schwerfällt, die richtigen Worte für sie zu finden.

Wir wissen, dass wir nicht nur unsere Emotionen sind. Du hast bereits erfahren, dass es dafür einen bestimmten Platz in dir gibt: den Sitz deiner Emotionen im Emotionszentrum. Lies gerne noch mal den Abschnitt über das Emotionszentrum. Ist es bei dir definiert, offen oder undefiniert? Dann weißt du schon etwas über dich. Bist du ein absoluter Gefühlsmensch, den die Intensität seiner oder ihrer Emotionen wie eine Welle überflutet? Dann ist es umso wichtiger, zu verstehen, dass Emotionen temporär sind. Dass du es selbst in der Hand hast, wie du dich fühlen möchtest.

Du darfst nun lernen – jetzt, wo du darum weißt –, die Intensität abzuschwächen, wenn es negative Emotionen sind, die dir nicht guttun. Die du auch in dein Umfeld aussendest, wodurch du vielleicht selbst zu:r Täter:in von emotionalen Verletzungen für Menschen wirst, die dir wichtig sind. Andererseits können auch deine positiven Emotionen wie Freude und Liebe die Menschen berühren, was wunderschön ist; aber gerade im ersteren Fall wäre es doch toll, wenn du etwas mehr Kontrolle über dich selbst hättest. Du möchtest sicherlich nicht mit Absicht deine Herzensmenschen verletzen, und so ist es klug, ein Bewusstsein dafür zu entwickeln, das dich aufhorchen lässt, um dann die richtigen Methoden für dich zu wählen, um eben nicht andere emotional zu verletzen.

Körper-, Geist- und Seelenebene durchleuchten

Eine Methode können positive Gedanken sein. Die Geistebene lässt sich zum Beispiel durch Meditation oder durch die Anwendung von Affirmationen beeinflussen. Und so kannst du, auch mit einem definierten Emotionszentrum, ein Stück weit deine Emotionen kontrollieren oder dich bewusst entscheiden, andere nicht emotional zu verletzen. Oder andersherum gesagt: Mit einem offenen oder undefinierten Emotionszentrum kannst du dich bewusst dafür entscheiden, dich nicht emotional verletzen zu lassen.

Jede:r von uns hat einen freien Willen. Dieser ist größer als jedes System – und ja, der freie Wille steht auch über dem Human-Design-System.

Zur Erinnerung: Einige Menschen müssen auch die ganze Bandbreite an Emotionen erleben, um ihr Potenzial zu entwickeln und ihre Fähigkeiten zum Leben zu erwecken. Mache ich diese Erfahrung oder Erkenntnisse nicht, dann bleibt es vielleicht für Ewigkeiten verborgen. Unsere Seele hat den Wunsch, ihre Seelenaufgabe zu verwirklichen. Wie mutig von ihr! Und darum sollten auch wir mutig sein und die ganze Bandbreite an Emotionen einmal im Leben fühlen dürfen. Wenn dich die Liebe einmal verletzt oder enttäuscht hat, wie schade wäre es, dann anschließend dein Herz vollkommen zu verschließen und nicht mehr zu lieben.

Die Energie fließt durch unsere verschiedenen Ebenen. Im Yoga gibt es das Prinzip der fünf Körperhüllen, das dies sehr gut veranschaulicht.

Die fünf Körperhüllen nach der Yogaphilosophie von innen nach außen: physische Hülle, Energiekörper, Mentalkörper, Unterscheidungskörper, Glückseligkeitskörper

Die Energie verdichtet sich und verwandelt sich in die grobstoffliche Energie unseres physischen Körpers. Je nach Dichte der Energie hin zum Feinstofflicheren bilden sich die anderen Körperhüllen: der Energiekörper (Aura), der Emotionskörper, die geistige Körperhülle und unsere Seele. Ich habe das Prinzip aus dem Yoga übernommen, weil ich persönlich finde, dass es auch zum Human-Design-System passt. Aus dem Yoga wurde auch die Chakrenlehre adaptiert, und so ist es zur Veranschaulichung von Körper-, Geist- und Seelenebene auch für dieses Buch stimmig, darauf zurückgreifen zu können.

Alle Ebenen beeinflussen sich ein Stück weit gegenseitig. Geht es uns emotional nicht gut, dann kann das Wirkungen auf der Körperebene haben. Negative Emotionen können den physischen Körper krank machen. Auch der Geist kann eine Wirkung auf den physischen Körper haben. Positive Gedanken können einen positiven Einfluss auf den Heilungsprozess haben, wie auch wissenschaftliche Studien bereits belegen. Gedanken und Erlebnisse bedingen unsere Gefühle und Emotionen. Wir erkennen, dass es ein sehr komplexes System ist und dass wir eigentlich noch nicht viel über die genauen Zusammenhänge wissen. Schulmediziner:innen blicken ratlos in die

Luft, wenn Krebspatient:innen eine Spontanheilung erfahren. Einige Veranlagungen zur physischen und psychischen Gesundheit finden wir im Human-Design-System. Ich erwähne dies nur am Rande, denn du darfst ruhig wissen, dass es nicht nur um Potenzialentfaltung geht. In *Human Design* steckt noch ganz viel, was Stoff für weitere Bücher parat hält.

Jede:r von uns ist ein Wesen aus Energie, das in einer spezifischen Frequenz schwingt. Eine der wohl wichtigsten Regeln über Energie ist: **Die Energie folgt der Aufmerksamkeit.**

Im Praxisteil dieses Buches wirst du lernen, deine Energie zu erhöhen und somit Wechselwirkungen zwischen den verschiedenen Ebenen des Körpers, des Geistes, den Emotionen und deiner Seele wahrzunehmen – eine Praxis, die das Ziel hat, auf dein *Human Design* ausgerichtet zu sein. Das Ziel ist es, damit dein Potenzial zu erwecken und es zu leben, damit du deine Ziele und Wünsche erreichen kannst, damit du deine Seelen- und Lebensaufgabe in diesem Leben erfüllen kannst. Wichtig ist dafür, dass deine innere Einstellung mit deinem *Human Design* im Einklang steht.

Wir sind uns unseres Körpers bewusst, wir erleben Krankheit und Gesundheit. Die Seele liegt im Unbewussten, doch sie unterstützt den Körper bei Zellregeneration und Heilung. Unser Geist verbindet beides im Überbewusstsein und schenkt uns eine Idee davon, wie alles zusammenwirken sollte.

Die Körperebene

Wir werden in einen Körper hineingeboren, der vergänglich ist. Er wird bioelektrisch und biochemisch gesteuert, zum Beispiel durch unsere Nervensysteme. Der Körper hat ein eigenes Bewusstsein. Seine Aufgabe ist es, den anderen Ebenen als Basis zu dienen, damit wir unseren Platz auf der Erde einnehmen können. Das Körperbewusstsein dient der Erhaltung und steuert wichtige Funktionen des Gehirns und unserer übrigen Organe. Wir sollten unseren Körper pflegen durch Regeneration, Bewegung und die richtige Ernährung.

Die Geistebene

Die Geistebene ist die mentale Ebene, die aus unseren Gedanken geformt wird. Unser mentales Bewusstsein wird von der Seelenebene gesteuert. Sie ist Sitz unserer Intelligenz, unserer Wahrnehmung, unserer Erkenntnisse.

Die Seelenebene

Unsere Seele ist unsterblich und steuert unsere Emotionen zusammen mit unseren Gedanken. Sie sorgt dafür, dass wir am Leben sind, und gibt unserem Leben Sinn. Aus ihr heraus entwickelt sich das emotionale Bewusstsein. Die Seele ist hier, um eine körperliche Erfahrung zu machen und um sich hier auf der Erde weiterentwickeln zu können. Sie verwirklicht ihre Seelenaufgabe.

Alle diese Ebenen bedingen sich gegenseitig, um zum Beispiel logisch-analytisch denken zu können, um unser Selbstbewusstsein zu formen, unseren Charakter zu bilden und unsere Visionen zu entwickeln.

Im Workbook findest du weitere Aufgaben für deine Inventur zum Festhalten des Ist-Zustands von dir selbst.

Wer bist du nicht wirklich?

Wer nur gedacht hat, es sei wichtig zu erkennen, wer man ist, liegt falsch. Es ist auch gut zu wissen, wer man *nicht* ist. Für jeden Energietyp gibt es bestimmte Emotionen, an denen wir erkennen können, wenn wir nicht in unserer Energie sind und nicht nach unserem *Human Design* leben. Es raubt uns unsere Kraft, wenn wir nicht wir selbst sind. Du hast dich bereits mit dem Thema Emotionen beschäftigt. Das hatte einen Grund. Falls du den Abschnitt übersprungen hast, dann blättere noch mal zurück. Denn es dient als Grundlage für das, was nun kommt.

Jeder Energietyp hat bestimmte Emotionen, die immer dann ans Licht kommen, wenn du in die „Not-Self-Themen" untertauchst – also in eine Themenwelt, die nicht zu dir passt. Der Designer Guido Maria Kretschmer würde wohl sagen: „Das Kleid tut nichts für dich", und so ist es auch, wenn du dich für Dinge entscheidest oder dich in Situationen hineinbegibst, die nicht zu deinem *Human Design* passen. Sind dir an dir bestimmte negative Emotionen aufgefallen, die immer wieder kommen? Das ist ein Indiz dafür, dass du dir selbst untreu bist und nicht nach deiner wahren Natur agiert hast. Das ist ungemein anstrengend, und dabei könntest du es einfacher haben.

Zu jedem Typ gehört auch eine bestimmte Strategie. Für deren Anwendung musst du nicht der oder die Megastrateg:in sein. Es lohnt sich aber, wenn du dir Leid ersparen möchtest. Wir schwächen so oft selbst unser Licht, und das muss nicht sein. Knipsen wir das Licht also wieder an und werfen einen Blick auf die „Nicht-Selbst"-Themen der einzelnen Typen.

„Nicht-Selbst"-Thematik der oder des Generator:in und der oder des Manifestierenden Generator:in: Frust

Durch dein definiertes Sakralzentrum hast du jede Menge Energie. Sie scheint endlos zu sein. Du kannst aber auch mal ausbrennen, wenn du nicht du selbst bist. Deine Energie lodert, wenn du das tust, was dir Freude macht, und wofür du dich wirklich begeistern kannst. Machst du Dinge, die dir keinen Spaß machen, dann kommt Frust auf. Klar kennen auch die anderen Energietypen diese negative Emotion, aber hier geht es um tiefe Frustration, die so stark ist, dass sie dich glatt auffrisst. Sie dauert an. Macht dir beispielsweise dein Job keinen Spaß mehr, dann stehst du mit dem Frust jeden Tag auf und nimmst ihn überall mit hin. Wenn du darin feststeckst, dann kann sich das auf dein komplettes Umfeld auswirken.

Frust kann auch entstehen, wenn deine Energie durch andere ausgebremst wird. Das kann der oder die Chef:in sein, der oder die dich nicht dein Projekt zu Ende bringen lässt, oder du hast dich für das falsche Projekt entschieden, weil dein Verstand es selbst so initiiert hat. Warum das so ist, klären wir noch.

Wichtig ist jetzt: Wenn du diese Frustration bemerkst, dann ist das ein Weckruf, um wieder nach deinem *Human Design* zu leben.

Diese Fragen können dir eine Unterstützung sein. Beantworte sie gerne auch schriftlich im Workbook:

Macht es mir Spaß, bereitet es mir Freude,
was ich da mache?

Warum mache ich es, wenn es mich nicht begeistert?

„Nicht-Selbst"-Thematik des oder der Projektor:in: Bitterkeit

Zur Erinnerung, liebe:r Projektor:in: Du hast eine projizierende Aura. Du nimmst die Probleme anderer wahr, entdeckst beim Beobachten, wo es nicht gut läuft, und siehst die Fehler anderer. Wenn du deine Kritik ungefragt und ohne Einladung äußerst, dann stößt du auf Ablehnung. Passiert das ständig, dann macht sich Bitterkeit in dir breit. Du fragst dich dann, warum die anderen es denn nicht sehen können und warum sie es nicht hören wollen. Im Kopf kommt der Gedanke hoch: „Keiner glaubt mir". Du fühlst dich nicht wertgeschätzt. Bitterkeit kann auch hochkommen, wenn du zu sehr um Aufmerksamkeit buhlst oder Dinge initiierst. Ich möchte jetzt nicht sagen „selbst schuld" – aber dennoch:

Du musst leider auf die Einladung der anderen warten. Du kannst antworten, wenn du gefragt wirst.

Diese Fragen können dir eine Unterstützung sein. Beantworte sie gerne auch schriftlich im Workbook:

Äußere ich Kritik nur, weil ich anerkannt werden möchte?

Habe ich mich zu sehr aufgedrängt,
obwohl ich nicht eingeladen war?

Bin ich gerade willkommen?

Wer ist offen für meine Kritik,
und woran habe ich das erkannt?

„Nicht-Selbst"-Thematik des oder der Manifestor:in: Wut

Als Manifestor:in hast du große Visionen und möchtest die Dinge initiieren. Du erwartest, dass du als Person großen Einfluss hast. Das sollst du auch, aber es kann passieren, dass du auf Widerstand stößt, dich ungerecht behandelt fühlst oder nicht selbstständig handeln darfst. Wenn du merkst, dass andere dich aufhalten wollen, kommt Wut in dir hoch. Sie kann sich sogar zu echtem Zorn steigern. Grundsätzlich ist Wut nicht immer schlecht. Sie ist für dich nur ein Zeichen, dass hier etwas nicht stimmt. Wenn du ständig zu hören bekommst: „Ich glaube nicht an deine Idee. Das schaffst du nicht. Willst du das nicht lieber lassen?" – dann treibt dich das in die Wut-Falle.

Wohin mit der Wut?

Diese Fragen können dir eine Unterstützung sein. Beantworte sie gerne auch schriftlich im Workbook:

Habe ich die Leute, die ich zur Umsetzung meiner Ideen brauche, ins Boot geholt und informiert?

Habe ich auf angemessene Art und Weise um Unterstützung gebeten und die anderen rechtzeitig über meine Pläne informiert?

Habe ich die Dinge angesprochen, die mich in Wut versetzen?

Habe ich meine Pläne klar und verständlich für alle erklärt?

„Nicht-Selbst"-Thematik des oder der Reflektor:in: Enttäuschung

Liebe:r Reflektor:in, durch deine offenen Energiezentren nimmst du alles in einer Umgebung besonders stark wahr. Du hast ein sehr gutes Gespür dafür, was um dich herum gerade passiert. Wenn du dich in einem sehr negativen Umfeld aufhältst, dann wirst du oft enttäuscht sein. Sicherlich enttäuschst du dich mitunter auch selbst, wenn du nicht nach deinem *Human Design* lebst. Das kann passieren, wenn du dich vorschnell zu einer Entscheidung hast hinreißen lassen. Du hast manchmal das Gefühl, tatsächlich von der Welt enttäuscht zu sein.

Du darfst dich gerne selbst hinterfragen.

Diese Fragen können dir eine Unterstützung sein. Beantworte sie gerne auch schriftlich im Workbook:

Was enttäuscht mich gerade so stark?

Bin ich mir selbst treu geblieben,
oder wurde ich von anderen beeinflusst?

Fühle ich mich in meiner Umgebung wohl?

Habe ich aus Ungeduld gehandelt?

Habe ich aus Unsicherheit gehandelt?

Fühle ich mich mit den Menschen,
die mich umgeben, sicher?

Konditionierungen aufspüren – going deeper

Eine Konditionierung beschreibt einen Lernvorgang auf Basis des Reiz-Reaktions-Modells. Das heißt, dass ein Reiz bei uns Menschen eine Reaktion auslöst, die man auch beobachten kann und die unser Verhalten beeinflusst. So stellt sich für mich die Frage: Wer wärst du ohne die Konditionierungen, die aus der Erziehung und den Beeinflussungen durch deine Umwelt stammen? Vieler dieser Konditionierungen sind wir uns nicht bewusst.

Ich selbst habe mich natürlich auch mit meinen eigenen Konditionierungen beschäftigt. Und mit meinen Coaching-Klient:innen arbeite ich daran, Konditionierungen aufzudecken, um eine Dekonditionierung einzuleiten. Oft muss ich dafür Fragen stellen, die weit in die Kindheit zurückgehen, oder sie kommen bei Bewusstwerdung einschneidender Erlebnisse zutage. Denn oftmals ist es gar nicht so leicht, zu erkennen, wo und wie wir konditioniert sind.

Human Design ist dafür ein grandioses System. Denn wir müssen nur wieder einen Blick auf unseren Bodygraphen werfen und bekommen zumindest einen Hinweis, wo wir suchen müssen: Wir sind in unseren offenen Energiezentren anfällig für die Konditionierungen von außen. Sei es durch einen Elternteil, durch Freund:innen, Lehrer:innen oder weil wir uns in einem bestimmten Umfeld aufhalten, eine bestimmte Erziehung erhalten haben oder einer Religion gefolgt sind. Vielleicht bist du selbst Elternteil und hast schon selbst ordentlich dazu beigetragen, deine Kinder zu konditionieren. Wenn wir es genau nehmen, ist kaum jemand frei davon.

Aber wir müssen es nicht weiter so hinnehmen. Einige Menschen – und vielleicht zählst du dich selbst dazu – wollen wissen, wo sie möglicherweise konditioniert sind.

Trage gern die Tore, an denen du möglicherweise konditioniert bist, in das Workbook ein. Ich schreibe ganz bewusst „möglicherweise“, denn es muss nicht so sein. Für eine genaue Analyse müssten wir in den direkten Austausch gehen, aber ich möchte dir hier zumindest die Chance geben, zu hinterfragen, ob die eine oder andere Konditionierung als unerwünschter „Download" im Hintergrund mitläuft; ob sozusagen ein Programm installiert wurde, das wie ein Computervirus auf dein *Human Design* einwirkt und dich davon abhält, frei und glücklich zu sein.

Mögliche Konditionierungen in den offenen Energiezentren

Offenes Kronenzentrum

Möglicherweise denkst du über zu viele Dinge nach, die nicht wirklich wichtig für dich sind.

Tor 61 – Psychosen: Äußert sich durch ein Gefühl der Ernüchterung oder durch Fanatismus.

Tor 63 – Zweifel: Äußert sich durch Selbstzweifel oder zu großes Misstrauen.

Tor 64 – Verwirrung: Äußert sich durch Zu-viel-Nachahmen oder durch Verwirrtsein.

Offenes Verstandeszentrum

Möglicherweise Sorgen, nicht genug zu wissen.

Tor 4 – Intoleranz: Äußert sich durch Apathie oder zu große Pingeligkeit.

Tor 11 – Dunkelheit: Äußert sich durch Flucht in die Fantasie oder durch Verblendung.

Tor 17 – Meinungen: Äußert sich durch zu große Selbstkritik oder durch rechthaberisches Verhalten.

Tor 24 – Sucht: Äußert sich durch Erstarren oder durch Zu-ängstlich-Sein ohne Grund.

Tor 43 – Taubheit: Äußert sich durch ständige Sorgen oder geräuschvolles Verhalten.

Tor 47 – Bedrängnis: Äußert sich durch Hoffnungslosigkeit oder Dogmatismus.

Offenes Kehlzentrum

Möglicherweise versuchst du zu sehr, durch Worte und Taten die Aufmerksamkeit auf dich zu ziehen.

Tor 8 – Mittelmäßigkeit: Äußert sich durch „hölzernes" oder gekünsteltes Auftreten.

Tor 12 – Eitelkeit: Äußert sich durch elitäres oder bösartiges Verhalten.

Tor 16 – Gleichgültigkeit: Äußert sich durch Leichtgläubigkeit oder dadurch, sich selbst zu täuschen.

Tor 20 – Oberflächlichkeit: Äußert sich darin, abwesend zu wirken oder zu hektisch zu sein.

Tor 23 – Komplexität: Äußert sich durch Stummsein oder darin, sich zersplittert zu fühlen.

Tor 31 – Arroganz: Äußert sich darin, sich zurückzustellen oder sich spöttisch zu benehmen.

Tor 33 – Vergessen: Äußert sich durch Reserviertheit oder Kritiksucht.

Tor 35 – Emotionaler Hunger: Äußert sich durch Langeweile oder manisches Verhalten.

Tor 45 – Dominanz: Äußert sich darin, furchtsam zu sein; oder dadurch, zu aufgeblasen zu sein.

Tor 56 – Ablenkung: Äußert sich durch Verdrossenheit oder ständige Überreizung.

Tor 62 – Eingebildet sein: Äußert sich durch zwanghaftes oder pedantisches Verhalten.

Offenes Selbstzentrum

Möglicherweise bist du auf der Suche nach Liebe, nach einer Richtung im Leben und nach deiner Identität.

Tor 1 – Trübsal: Äußert sich durch depressive oder frenetische Gefühle.

Tor 2 – Entwurzelung: Äußert sich durch ein Gefühl von Verlorenheit oder durch Reglementierung.

Tor 7 – Spaltung: Äußert sich durch das Gefühl, sich nicht zeigen zu wollen, oder durch diktatorisches Verhalten.

Tor 10 – Selbstbesessenheit: Äußert sich durch Selbstverleumdung oder durch Narzissmus.

Tor 13 – Missklang: Äußert sich durch Nachgiebigkeit oder dadurch, zu engstirnig zu sein.

Tor 15 – Eintönigkeit: Äußert sich durch ein Gefühl von Leere oder durch Extremismus.

Tor 25 – Einengung: Äußert sich durch Ignoranz oder durch Hartherzigkeit.

Tor 46 – Ernsthaftigkeit: Äußert sich durch Frigidität oder durch frivoles Verhalten.

Offenes Herzzentrum

Möglicherweise versuchst du, deinen Wert zu beweisen.

Tor 21 – Kontrolle: Äußert sich durch Unterwürfigkeit oder durch Kontrollzwang.

Tor 26 – Stolz: Äußert sich durch manipulatives Verhalten oder dadurch, zu prahlen.

Tor 40 – Erschöpfung: Äußert sich durch Nachgiebigkeit oder durch herablassendes Verhalten.

Tor 51 – Aufruhr: Äußert sich durch Feigheit oder durch Feindseligkeit.

Offenes Emotionszentrum

Möglicherweise versuchst du, die Wahrheit zu vermeiden, oder gehst Konfrontationen aus dem Weg.

Tor 6 – Konflikt: Äußert sich dadurch, zu achtsam zu sein, oder durch taktloses Verhalten.

Tor 22 – Entehrung: Äußert sich durch unangemessenes Verhalten.

Tor 30 – Begierde: Äußert sich dadurch, todernst zu sein, oder zu leichtfertig zu sein.

Tor 36 – Aufgewühltheit: Äußert sich durch nervöse Unruhe oder durch Krisenanfälligkeit.

Tor 37 – Schwäche: Äußert sich durch zu große Rührseligkeit oder durch Grausamkeit.

Tor 49 – Reaktion: Äußert sich durch ständige Trägheit oder durch Zurückweisung anderer.

Tor 55 – Opferhaltung: Äußert sich durch Jammern oder durch Beschuldigungen.

Offenes Milzzentrum

Möglicherweise hältst du an Dingen oder Menschen fest, die dir nicht guttun.

Tor 18 – Verurteilung: Äußert sich durch Minderwertigkeitsgefühle oder darin, sich auf ungesunde Art überlegen zu fühlen.

Tor 28 – Sinnlosigkeit: Äußert sich durch Bedeutungslosigkeit oder durch Waghalsigkeit.

Tor 32 – Scheitern: Äußert sich durch Fundamentalismus oder durch Zerfahrenheit.

Tor 44 – Interferenz: Äußert sich durch zu großes Misstrauen oder durch falsche Beurteilungen.

Tor 48 – Unzulänglichkeit: Äußert sich durch Ignoranz oder durch Skrupellosigkeit.

Tor 50 – Verfälschung: Äußert sich durch ständige Überlastung oder durch Verantwortungslosigkeit.

Tor 57 – Unbehagen: Äußert sich darin, zu zögerlich zu sein, oder darin, ungestüm zu sein.

Offenes Sakralzentrum

Möglicherweise weißt du nicht, wann es genug ist.

Tor 3 – Chaos: Äußert sich durch zwanghaftes Verhalten oder durch chaotisches Verhalten.

Tor 5 – Ungeduld: Äußert sich durch ständigen Pessimismus oder durch Aufdringlichkeit.

Tor 9 – Trägheit: Äußert sich durch zu zögerliches Verhalten oder durch Abgelenktsein.

Tor 14 – Kompromiss: Äußert sich durch feiges Verhalten.

Tor 27 – Selbstsucht: Äußert sich durch Selbstaufopferung oder durch Selbstbezogenheit.

Tor 29 – Halbherzigkeit: Äußert sich durch unverbindliches Benehmen oder durch Unzuverlässigkeit.

Tor 34 – Gewalt: Äußert sich darin, ständig andere abzuwürgen oder sie zu drangsalieren.

Tor 42 – Erwartung: Äußert sich darin, zu stark Dinge oder Menschen festzuhalten, oder durch Zerstreutsein.

Tor 59 – Unehrlichkeit: Äußert sich darin, andere grundlos auszuschließen oder darin, zu zudringlich zu sein.

Offenes Wurzelzentrum

Möglicherweise bist du in Eile, um dich von zu viel Druck freizumachen.

Tor 19 – Abhängigkeit: Äußert sich dadurch, bedürftig zu wirken oder sich zu isolieren.

Tor 38 – Kampf: Äußert sich darin, anderen oder sich selbst die Dinge mieszumachen; oder darin, zu aggressiv zu sein.

Tor 39 – Provokation: Äußert sich im Gefühl, gefangen zu sein, oder darin, zu provokativ zu sein.

Tor 41 – Fantasterei: Äußert sich darin, verträumt zu sein oder aber hyperaktiv.

Tor 52 – Stress: Äußert sich darin, festgefahren zu sein, oder rastlos.

Tor 53 – Unreife: Äußert sich darin, entweder pathetisch oder unbeständig zu sein.

Tor 54 – Gier: Äußert sich darin, zu anspruchslos zu sein, oder aber zu gierig.

Tor 58 – Unzufriedenheit: Äußert sich durch Freudlosigkeit oder durch störendes Verhalten.

Tor 60 – Beschränkung: Äußert sich durch Unstrukturiertheit oder durch Starrheit.

FALLS DU DAS GEFÜHL HAST, dass Konditionierungen bei dir vorhanden sind, dann kannst du sie mit Human-Design-Coachingarbeit auflösen. Ich selbst wende auch *ThetaHealing®* an. Sicherlich ist es der erste Schritt, sich dessen bewusst zu sein, dass es nicht dein wirkliches Ich ist. Wenn du mehr und mehr nach deinem *Human Design* lebst, kannst du die Konditionierungen hinter dir lassen.

3. KAPITEL

WER BIST DU NOCH? DEINE UNBEWUSSTE SEITE

Die Entdeckung deines unbewussten Potenzials

Du hast dir hoffentlich im Workbook alle deine Tore und Merkmale der bewussten und der unbewussten Seite notiert. Wenn nicht, hol es bitte unbedingt nach, denn es wird im Laufe deines Lebens immer wichtiger werden, auch die unbewusste Seite an dir zu sehen.

Unser Unterbewusstsein formt einen Großteil unserer Realität, und das ist doch irgendwie ziemlich seltsam, findest du nicht? Die meisten Handlungen und Entscheidungen in unserem Alltag finden ohne Zutun des Bewusstseins statt. Etwa 90 % unseres Gehirns arbeitet unbewusst. Unser Unterbewusstsein ist die Summe aller Vorstellungen, Erinnerungen, Eindrücke und Handlungen, die in uns sind, aber nicht immer spürbar sind. Viele Dinge, die wir gesehen, gehört, gerochen oder direkt erlebt haben, befinden sich im Unterbewusstsein. Es ist uns eben nur nicht bewusst.

Spannend finde ich hier, dass auch Gerüche sehr schnell eine Verbindung dazu herstellen können. Ich habe in meinem Buch *In*

Balance mit Aroma-Yoga mit diesem Feld der Wahrnehmung gearbeitet. Auch in diesem Buch hier habe ich eine Übersicht für dich, welche Aromen dich in welchem Bereich unterstützen können (ab S. 262).

Unser Gehirn kann immens viele Informationen (bis zu eine Million Bits) pro Sekunde aufnehmen, weiterverarbeiten und abspeichern. Das meiste davon passiert im Unterbewusstsein, das damit um ein Vielfaches schneller ist als unser bewusster Verstand. So ziemlich alles, was nicht in unser Wachbewusstsein gelangt, ist in unserem Unterbewusstsein gespeichert: unsere Erinnerungen, Überzeugungen, Fähigkeiten (in den Toren) und bereits erste Erfahrungen im Mutterleib vor unserer Geburt. Darum schaut auch *Human Design* auf die unbewussten Fähigkeiten, die drei Monate vor deiner Geburt berechnet werden. Im spirituellen Sinne wird gesagt, dass dann die Seele Einzug in den ungeborenen Körper hält. Ich mag diese Vorstellung sehr, denn ich glaube, es kann ein Trost sein für Leben, das nicht geboren wird, aus welchem Grund auch immer. Aber das ist nur meine Meinung. Einen wissenschaftlichen Beweis dafür gibt es noch nicht.

Unser Unterbewusstsein tritt auf unterschiedliche Weise mit uns in Kontakt. Oftmals in unseren Träumen, wenn wir Journaling machen (also schreiben, ohne zu sehr den Verstand sprechen zu lassen, möglichst ungefiltert und wertfrei), meditieren, oder vielleicht auch beim Joggen. Immer dann, wenn wir das Wachbewusstsein mehr und mehr loslassen, der Geist zur Ruhe kommt, erhebt unsere Seele ihre Stimme und spricht zu uns. Dann dringt ein Teil des Unterbewusstseins an die Oberfläche und gibt einen Blick auf diese Seite frei. Was unsere persönlichen Fähigkeiten anbelangt, finde ich es grandios, dass wir nun mit *Human Design* auch den Schleier lüften und einen Blick auf diese Seite werfen können.

Schreib dir noch einmal alle Tore der unbewussten Seite im Workbook auf. So hast du sie gesammelt vor dir. Schau, welche Profillinien hier vielleicht noch überwiegen. Wenn eine zweite Ziffer sehr dominant ist, lies dir nochmal den Text zu dieser Profillinie durch, denn auch ein Teil davon zeichnet dich aus. Dann schau auch noch mal nach, ob es auf beiden Seiten zwei identische Tore gibt. Diese müssen mit der Profillinie identisch sein, aber nicht im gleichen Planeten stehen. Hier liegt ein weiteres, wichtiges Thema für dich.

Ich möchte mit der nächsten Tabelle deinen Blick auf die Tore noch kompletter machen. Du weißt, dass alles auch davon abhängig ist, in welcher Frequenz wir schwingen. Und so schauen wir uns die energetischen Unterschiede der einzelnen Tore nun noch einmal genauer an.

Deine Fähigkeiten – Low Vibe, High Vibe

In dieser Übersicht siehst du, wie die Energiefrequenz von niedrig – im *Low Vibe* – über das Potenzial hin zum *High Vibe* zunimmt.

Tor	Low Vibe	Potenzial	High Vibe
1 Das Schöpferische	Trübsal	Originalität	Schönheit
2 Empfänglichkeit	Entwurzelung	Orientierung	Einheit
3 Neuordnung	Chaos	Innovation	Unschuld
4 Mentale Lösungen	Intoleranz	logisches Denken	Vergebung
5 Warten	Ungeduld	Geduld	Zeitlosigkeit
6 Konfliktlösung	Konflikt	Diplomatie	Frieden
7 Gemeinsame Ziele	Spaltung	Anleitung	Tugend
8 etwas beitragen	Mittelmäßigkeit	Stil	Vorzüglichkeit
9 Achtsamkeit	Unachtsamkeit	Zielstrebigkeit	Unbesiegbarkeit
10 Verhalten	Selbstbesessenheit	Natürlichkeit	Sein
11 Harmonie	Verblendung	Idealismus	Licht
12 Bestands-aufnahme	Eitelkeit	Unterscheidungs-vermögen	Reinheit
13 Zuhören	Missklang	Urteilsvermögen	Empathie
14 Vermögen	Kompromiss	Kompetenz	Großzügigkeit
15 Menschlichkeit	Eintönigkeit	Magnetismus	Blüte
16 Selektieren	Gleichgültigkeit	Vielseitigkeit	Meisterschaft
17 Meinungen	Meinung	Weitblick	Allwissenheit
18 Optimieren	Verurteilung	Integrität	Vollkommenheit
19 Annäherung	Abhängigkeit	Feingefühl	Hingabe

Forts.: **Tor**	**Low Vibe**	**Potenzial**	**High Vibe**
20 Das Jetzt	Oberflächlichkeit	Selbstsicherheit	Präsenz
21 Kontrolle	Kontrolle	Autorität	Tapferkeit
22 Anmut und Gnade	Entehrung	Güte	Gnade
23 Erklären	Komplexität	Einfachheit	Quintessenz
24 Rationalisieren	Sucht	Erfindungsgabe	Stille
25 Unschuld	Einengung	Annehmen	universelle Liebe
26 innere Stärke	Stolz	Raffinesse	Unsichtbarkeit
27 Ernährung	Selbstsucht	Nächstenliebe	Selbstlosigkeit
28 Beharrlichkeit	Sinnlosigkeit	Ganzheit	Unsterblichkeit
29 Das Ja-Sagen	Halbherzigkeit	Verbindlichkeit	Hingabe
30 Verlangen	Begierde	Leichtigkeit	Verzückung
31 Einfluss	Arroganz	Leadership	Demut
32 Kontinuität	Scheitern	Nachhaltigkeit	Ehrfurcht
33 Rückzug	Vergessen	Achtsamkeit	Offenbarung
34 Macht	Gewalt	Umsetzungskraft	Würde
35 Fortschritt	emotionaler Hunger	Fortschritt	Grenzenlosigkeit
36 Krisen-bewältigung	Aufgewühltheit	Menschlichkeit	Mitgefühl
37 Familie	Schwäche	Loyalität	Zärtlichkeit
38 Gegensatz	Kampf	Ausdauer	Ehre
39 Mühsal	Provokation	Tatendrang	Befreiung
40 Befreiung	Erschöpfung	Entschlossenheit	höchster Wille
41 Fantasie	Fantasterei	Antizipation	Ausstrahlung
42 Mehrung	Erwartung	Losgelöstheit	Jubelfeier
43 Erkenntnisse	Taubheit	Einsicht	Epiphanie
44 Muster	Interferenz	Teamwork	Synarchie
45 Die Sammlung	Dominanz	Zusammenspiel	Kommunion
46 Entschlossenheit	Ernsthaftigkeit	Freude	Ekstase
47 Begreifen	Bedrängnis	Verwandlung	Verklärung
48 Der Brunnen	Unzulänglichkeit	Einfallsreichtum	Weisheit
49 Umwälzung	Reaktion	Revolution	Wiedergeburt
50 Werte	Verfälschung	Gleichgewicht	Harmonie
51 Das Erregende	Aufruhr	Initiative	Befreiung
52 Das Stillhalten	Stress	Zurückhaltung	Ruhe
53 Entwicklung	Unreife	Expansion	Überfluss
54 Ehrgeiz	Gier	Engagement	Aufstieg

Forts.: **Tor**	**Low Vibe**	**Potenzial**	**High Vibe**
55 Fülle	Opferhaltung	Freiheit	Ultra-Freiheit
56 Anregung	Ablenkung	Bereicherung	Berauschung
57 Intuition	Unbehagen	Intuition	Klarheit
58 Lebensfreude	Unzufriedenheit	Lebensfreude	Glückseligkeit
59 Intimität	Unehrlichkeit	Intimität	Transparenz
60 Einschränkung	Beschränkung	Realismus	Gerechtigkeit
61 innere Wahrheit	Psychose	Inspiration	Heiligkeit
62 Details im Ausdruck	Intellektualität	Präzision	Makellosigkeit
63 Kritische Wahrnehmung	Zweifel	Erkundung	Wahrheit
64 Verschiedene Möglichkeiten	Verwirrung	Vorstellungskraft	Erhellung

Tabelle 2: Unterschiedliche Auswirkungen der Tore in Abhängigkeit von der energetischen Schwingung

Übersicht über alle Merkmale mit den Profillinien

Die Merkmale bekommen mit den Profillinien nochmals besondere Bedeutungen. Hier siehst du sie im Kontext mit allen sechs Linien:

Tor	Linie 1	Linie 2	Linie 3	Linie 4	Linie 5	Linie 6
1 Das Schöpferische	Kreativität	universelle Wahrheit	schöpferischer Drang	Selbstfindung	magnetische Kreativität	Der Künstler
2 Empfänglicheit	Wahrnehmung	Begabung	Geduld	verbergen	Strategie	Beschäftigt sein
3 Neuordnung	organisiert sein	reifen	genaue Überprüfung	Neuausrichtung auf Lebenssinn	Auslegung	Erneuerung
4 Mentale Lösungen	Lernen	Freundlichkeit	Sorglosigkeit	Rechtfertigung	Aufgeschlossenheit	Schlauheit
5 Warten	Einstimmung	Ruhe finden	Nervosität	abwarten	inneres Gleichgewicht	nachgeben
6 Konfliktlösung	verhandeln	Sensibilität	bedenken	sich für Frieden einsetzen	diplomatisch vorgehen	streitbar sein
7 Gemeinsame Ziele	diszipliniertes Vorgehen	Gleichmut	in Unordnung bringen	sich zurückziehen	führen	Belohnung für Leistung
8 Beitragen	authentisch sein	ein:e Freund:in sein	inkonsequent sein	staatsmännisch sein	Wohlwollen	erneutes Überprüfen
9 Achtsamkeit	erneut beginnen	einbeziehen	die Übersicht verlieren	verlässlich sein	Bedingungslosigkeit	dankbar sein
10 Verhalten	erforschen	Zuflucht finden	Hingabe	auskundschaften	neu betrachten	Ausrichtung

11 Harmonie	schmeichelhaftes Anerkennen	unabhängig sein	Wandel zulassen	Ideale verbreiten	Der Herrscher	flexibel sein
12 Bestandsaufnahme	stillstehen	Standpunkt	wiederaufleben	vorhersehen	aufbauen	umwandeln
13 zuhören	offen sein	fair sein	eigenständig sein	Der Flüsterer	Die Symphonie des Lebens	universelle Gemeinschaft
14 Vermögen; etwas vermögen	Befriedigung finden	gesundes Vorgehen	sich opfern	sicher sein	aufrichtig sein	etwas wert sein
15 Menschlichkeit	Bescheidenheit	beharrlich sein	anspruchslos sein	sich zentrieren	Gemeinschaft	Stellungnahme
16 selektieren	aufpassen	achtsam sein	umgestalten	führen	sich sträuben	neu bewerten
17 Meinungen	offener Verstand	einschätzen	auswählen	selbstlos sein	universelle Verbindung	Höheres Bewusstsein
18 optimieren	Patriarchat infrage stellen	die Göttin ehren	ungestüm sein	Gegebenheiten akzeptieren	Eigen-Korrektur	Konditionierungen auflösen
19 Annäherung	Gegenseitigkeit	zusammenwirken	sich beteiligen	reifen	delegieren	Die Weise
20 Das Jetzt	Einfachheit	Standpunkt	Objektivität	beobachten	meditieren	reflektieren
21 Kontrolle	verantwortungsvoll sein	Mut	zögern	Selbstbeherrschung	galant sein	berichtigen
22 Anmut und Gnade	liebenswürdig sein	bezaubern	sich hinreißen lassen	beeindrucken	innere Schönheit	kultiviert sein
23 erklären	sich wichtig nehmen	tolerieren	einzigartig sein	differenzieren	einwilligen	Synthesen bilden
24 rationalisieren	prinzipientreu sein	erneuern	unschlüssig sein	aufmerksam sein	zurückkehren	nachgeben

Forts.: **Tor**	**Linie 1**	**Linie 2**	**Linie 3**	**Linie 4**	**Linie 5**	**Linie 6**
25 Unschuld	in Liebe sein	präsent sein	sich anpassen	makellos sein	gesund sein	Missverständnis
26 innere Stärke	innehalten	zurückhaltend sein	vorbereitet sein	vorbeugen	nutzbar machen	ausgeglichen sein
27 Ernährung	sich selbst nähren	Verantwortung zeigen	findig sein	großzügig sein	gerecht verteilen	Schutz gewähren
28 Beharrlichkeit	bereit sein	ein:e Freund:in in der Not sein	unbesonnen vorgehen	stark sein	vertrauen	Großartigkeit
29 Das Ja-Sagen	vorsichtig sein	langsam vorankommen	ausharren	sich einlassen	beherrscht sein	sich verfangen
30 Das Verlangen	klären	Die goldene Mitte	Ruhe bewahren	schritthalten	Seelenfrieden	Reinigung
31 Einfluss	Möglichkeiten eröffnen	unabhängig handeln	unterscheiden	überzeugen	weitsichtig sein	gewissenhaft sein
32 Kontinuität	konsequent sein	Extreme vermeiden	standhalten	realistisch sein	sich fügen	objektiv handeln
33 Rückzug	beobachten	unerschütterlich sein	sich herausziehen	Distanz	sich selbst schützen	loslassen
34 Macht	sich etwas herausnehmen	maßvoll sein	einschätzen	innere Stärke	annehmen	vorsichtig sein
35 Fortschritt	auf Kurs bleiben	wachsen	kombinieren	impulsiv sein	achtbares Verhalten	Selbstprüfung
36 Krisenbewältigung	durchhalten	fest bleiben	ausbrechen	überblicken	schützen	entschlossen sein
37 Familie	ehren	selbstständig sein	Mäßigung	Bereicherung	Loyalität	klug sein

38 Gegensatz	unparteiisch sein	höflich sein	zäh sein	sich wieder verbinden	verwirklichen	misstrauen
39 Mühsal	sich distanzieren	begegner	Herausforderungen	sich annähern	unterstützen	Störungssuche
40 Befreiung	Erholung	eindeutig sein	Ganzheit	Realitäts-Check	Befreiung	eindeutiger Standpunkt
41 Fantasie	Mäßigung	geben und nehmen	Synergien nutzen	Mängel überprüfen	Anerkennung	erfüllt sein
42 Mehrung	vollbringen	segensreich	kompetent sein	vertrauenswürdig sein	gütig sein	Ausgleich
43 Erkenntnisse	wachsam sein	entschlossen sein	widerstandsfähig sein	unruhig sein	geradeheraus agieren	umlenken
44 Muster	auf der Hut sein	gewissenhaft sein	sich zurückhalten	nachsichtig sein	integrieren	sich zurückziehen
45 Die Sammlung	zusammenbringen	etwas beitragen	Absonderung	beherzt sein	Tugenden pflegen	sich auf sich selbst verlassen
46 Entschlossenheit	fördern	Erweiterung erfahren	fortschreiten	erfüllen	vorangehen	erneutes Abwägen
47 begreifen	überprüfen	Glück haben	verwirrt sein	Fokus halten	verstärken	bedauern
48 Der Brunnen	Bedeutung finden	nachlassen	anerkennen	wiederauffrischen	nutzbar machen	regenerieren
49 Umwälzung	Der richtige Zeitpunkt	fest bleiben	Bescheid sagen	sich vorbereiten	empfindungsfähig sein	wertschätzen
50 Werte	neu anfangen	standhaft bleiben	klären	relativieren	verstärken	bekräftigen
51 Das Erregende	aufrütteln	überleben	gefasst bleiben	unstrukturiert sein	verlässlich sein	Regeneration
52 Das Stillhalten	vor dem Handeln innehalten	Sei still und wisse	sich fügen	stillhalten	aufmerksam sein	Bedeutung

Forts.: **Tor**	**Linie 1**	**Linie 2**	**Linie 3**	**Linie 4**	**Linie 5**	**Linie 6**
53 Entwicklung	beginnen	Das Glück lacht	kritisch prüfen	gewandt sein	stets voranschreiten	Nutzen bringen
54 Ehrgeiz	zuversichtlich sein	Lösungssuche	umsichtig sein	erhellend sein	Spiritualität finden	politisch korrekt sein
55 Fülle	Beziehungen	unschuldig bleiben	im Schatten sein	Erhellung	Beratung	selbstlos sein
56 Anregung	zielgerichtet sein	empfangen	gründlich sein	abwägen	Geschichten erzählen	erneut prüfen
57 Intuition	ruhig bleiben	eindringen	Bewusstheit	furchtlos sein	sanft sein	umsichtig sein
58 Lebensfreude	harmonisieren	nach vorn schauen	freudig aufgeregt sein	spontan sein	unterscheiden	Anziehungskraft
59 Intimität	durchdringend sein	sich einbringen	sich verbinden	freundlich sein	vereinigen	kritisch sein
60 Einschränkung	sich anpassen	Möglichkeiten nutzen	maßlos sein	ausbauen	innere Unabhängigkeit finden	idealistisch sein
61 innere Wahrheit	Wahrnehmungen haben	sein Licht leuchten lassen	sich auf sich selbst verlassen	die höhere Wahrheit	genial sein	erkenntnisreich sein
62 Details im Ausdruck	praktisch orientiert sein	sinnvoll vorgehen	bescheiden sein	geduldig sein	umsichtig sein	Grenzen akzeptieren
63 Kritische Wahrnehmung	untersuchen	Zurückhaltung	neu beleben	Klarheit	Gutes bewirken	vorausschauen
64 Verschiedene Möglichkeiten	Übergang	Hingabe	Neubeginn	überwinden	beispielhaft sein	einen kühlen Kopf bewahren

Tabelle 3: Zusammenhang zwischen den Eigenschaften der 64 Tore und den Merkmalen der sechs Profillinien

Welche Chancen und Ängste liegen darin verborgen?

Diese Frage mag paradox erscheinen, denn die Chancen liegen in der Überwindung unserer Ängste, weshalb ich ihnen hier im dritten Kapitel eine Menge Raum geben werde. Wenn wir es schaffen, unsere Ängste zu überwinden, stehen wir uns nicht mehr selbst im Weg, sondern sind mutiger und können unser ganzes Potenzial ungehindert wirken lassen. Zudem lösen wir energetische Blockaden auf.

In der Yogaphilosophie kennen wir fünf große Gruppen von Leidursachen, die *Kleshas*. Ich möchte sie hier kurz auflisten, um aufzuzeigen, dass wir Menschen uns schon lange damit auseinandersetzen und nicht erst, als das Human-Design-System auf der Bildfläche erschienen ist. Da ich aus dem Yoga komme, finde ich persönlich diesen Bezug als Basis sehr spannend, um dann anschießend zu betrachten, wo das *Human Design* diese Ängste in uns verortet.

Die fünf Kleshas (Ursachen von Leid) aus der Yogaphilosophie – und Ängste, die daraus entstehen können

Die Yogaphilosophie kennt fünf grundlegende Ursachen für Leid. Daraus wiederum lassen sich fünf Ängste ableiten:

Avidya: Ahnungslosigkeit hinsichtlich unserer göttlichen Natur – daraus folgt die Angst, nicht genug zu wissen

Asmita: übermäßiges Vertrauen auf das individuelle ICH – daraus folgt die Angst, sich zu blamieren

Raga: Unangemessene Vorliebe für flüchtigen Lustgewinn – daraus folgt die Angst, nicht selbstbewusst genug zu sein.

Dvesha: Übertriebenes Vermeiden unangenehmer Erfahrungen – daraus folgt die Angst vor Konfrontation

Abhinivesha: Flüchtigkeit des Bewusstseins von Unsterblichkeit – daraus folgt die Angst vor dem Tod

Das letzte Klesha ist das, auf dem alle anderen Ängste gründen. Wirf nun einen Blick in die Haupt-Angstzentren im *Human Design*. Hier gibt es drei Energiezentren, in denen sich die meisten Ängste auftun können. Zugeordnet werden bestimmte Ängste ganz bestimmten Toren. Das macht die Darstellung der Ängste für dich greifbarer, und vielleicht musst du dann weniger Angst vor den Ängsten haben, wenn du erst einmal weißt, womit du es genau zu tun hast. Es ist wie mit einer Spinne im Raum, die du nicht sehen kannst: Du weißt, sie steckt da irgendwo. Das macht dir vermutlich mehr Angst, als wirklich zu wissen, wo sie ist. Wenn wir eine winzig kleine Spinne in der ganz weit entfernten Zimmerecke sitzen sehen, dann ist die Angst davor kleiner, als wenn wir nur annehmen, es ist vielleicht eine riesige Tarantel, die direkt über unserem Kopf hängt. Es ist einfach weniger gruselig. Also, sei mutig und ... **face your fears!**

Kein Mensch ist wirklich frei von Ängsten. Ängste sind gar nicht so übel, wenn wir bedenken, dass sie uns vor Gefahren schützen und uns davon abhalten, dumme Dinge zu tun. Zu wissen, mit welchen Ängsten du es bei dir genau zu tun hast, gibt dir ein noch tieferes Verständnis für dich selbst, und du erkennst, dass nichts falsch an dir ist. Wenn du nach deiner wahren Natur und authentisch leben möchtest, dann darfst du diesen Bereich einfach nicht ausklammern. Nimm also diese Herausforderung an und schau den Ängsten ins Gesicht, damit sie ihren Schrecken verlieren, du aber nicht dein Gesicht. Deine Ängste sind quasi ein Beiwerk deines Potenzials, das du nicht ignorieren solltest. Ignorierst du es, wird die Angst in dir größer und frisst dich auf. Denk jetzt um und erkenne darin deine Potenzialerweiterung der besonderen Art.

Ängste im Milzzentrum

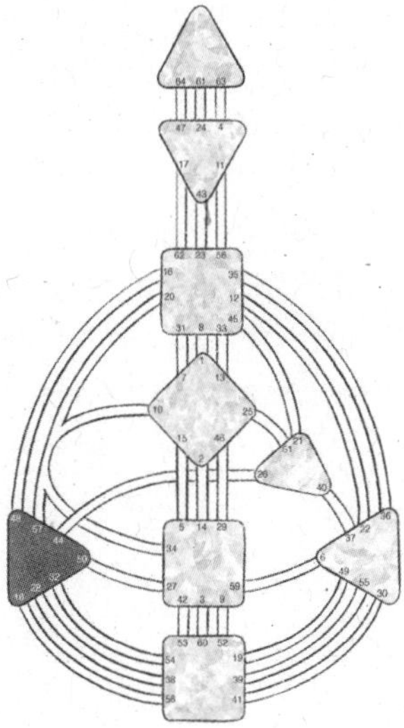

Das Milzzentrum im Bodygraphen und die Ängste, die hier verortet werden

Wir fangen mit den Ängsten im Milzzentrum an, denn bei Ihnen geht es um unseren Überlebensinstinkt und somit um fundamental sehr wichtige Ängste, die du meist sogar physisch wahrnehmen kannst. Wenn du dir deiner Ängste bewusst bist, verdrängt das die Unsicherheiten, die aus dem Unbewussten entstehen. Viele Ängste, die hier verwurzelt sind, stammen aus einer Zeit, in der sie unser Überleben gesichert haben. Die Ängste haben also eine Funktion.

Tor 18: Angst vor Autorität

Tor 28: Angst vor dem Tod

Tor 32: Angst, zu versagen

Tor 50: Angst vor Verantwortung

Tor 44: Angst vor der Vergangenheit

Tor 57: Angst vor der Zukunft

Tor 48: Angst vor deiner Unzulänglichkeit

Tor 18 – Angst vor Autorität

Tor 18 ist ein Teil vom Talent des Urteilsvermögens. Da wir selbst auch urteilen, haben wir Angst vor Autoritäten, die uns ihrerseits ver- oder beurteilen. Ich selbst hatte in meiner Schulzeit Angst vor der Beurteilung in Form von Noten, die ein Lehrer vergibt. Oder vielleicht ist es die Angst vor einer Beurteilung eines Elternteils. Wir erleben ein Urteil, das uns vermittelt: „Du bist nicht richtig so, wie du bist." Im positiven Sinne geht es um das Optimieren und das Abwägen, was richtig und was falsch ist. Wir beginnen uns selbst zu hinterfragen.

Jedes Tor sucht sein Partnertor, seinen Mitspieler. Für das Tor 18 ist es das Tor 58, das für die Lebensfreude steht. Ist Tor 18 von der Angst gelähmt, wird es schwer werden, diese Lebensfreude zu finden. Darum ist es wichtig, sich von der Angst aus Tor 18 nicht so sehr vereinnahmen zu lassen, dass das Leben keinen Spaß mehr macht. Wir dürfen unbedingt eine Autorität infrage stellen, vor allem dann, wenn sie uns Angst macht. Die ersten Archetypen, die eine Autorität repräsentieren, sind unsere Mutter und unser Vater. Wir dürfen ihre Ansichten infrage stellen, um unseren eigenen Weg zu gehen.

Haben die Beurteilungen von Autoritäten, die dir in deinem Leben begegnet sind, heute noch Gültigkeit für dich?

Tor 28 – Angst vor dem Tod

Dieser Angst habe ich in einem Online-Magazin einmal einen ganzen Artikel gewidmet. Ist es nach der Lehre des Yoga doch die größte Angst, die ein Mensch haben kann. Das Tor 28 ist Teil des Kanals, der uns kampfbereit sein lässt, uns bereit sein lässt, ein Risiko einzugehen für die Dinge im Leben, die uns wichtig sind. Angetrieben davon, dass das Leben sonst keinen Sinn gehabt hätte, ist es zeitgleich die Angst vor der Sinnlosigkeit, die Teil des individuellen, oftmals launischen und melancholischen Prozesses ist.

Der Mitspieler hier in der Opposition ist Tor 38 – das Tor der Rebellen, der Kontrast, der sich nicht vor Konflikten scheut. Willst du also wirklich für dich selbst einstehen und deinem Leben einen Sinn geben, dann gilt es der Angst in Tor 28 mutig zu begegnen. Das wird deine Zielstrebigkeit stärken und deinem Leben einen Zweck geben.

Am Ende deines Lebens möchtest du sicherlich, dass du behaupten kannst, ein sinnvolles Leben gelebt zu haben. Wenn du das am Ende sagen kannst, wirst du die Angst vor dem Tod besiegt haben und in Frieden übergehen.

Tor 32 – Angst, zu versagen

Sich dieser Angst zu stellen ermöglicht dir wahre Transformation. Denn wenn wir etwas gar nicht erst versuchen, aus der Angst heraus, zu versagen, dann bringt uns das einfach nicht weiter. Vor allem, wenn du eigentlich den Wunsch hast, etwas Neues zu beginnen oder auf der Karriereleiter eine Stufe höherzurutschen. Dann wird das nichts mit dem Rutschen, dann bleibst du stecken.

Der Mitspieler ist Tor 54, das sich engagieren möchte und voller Ehrgeiz ist. Die Frage „Was wird es dir bringen, wenn du dich mutig dieser Angst stellst?" kann dich voranbringen. Es ist auch die Angst davor, nicht genug Ressourcen für ein Vorhaben zu haben. Vielleicht hilft es, dir deiner Ressourcen bewusst zu werden, um ein Vorhaben anzugehen. Besprich es mit deiner Familie und deinen Freunden. Was sagt der Kontostand? Vielleicht kannst du es dir leisten, Ressourcen einzukaufen, falls sie nicht ausreichend verfügbar sind?

Überwindest du die Angst aus Tor 32 nicht, dann wird dein Durchhaltevermögen geschwächt, und deine Vorhaben werden nicht nachhaltig angegangen. Der Druck, endlich Erfolge zu verzeichnen, wächst. Lass dich nicht länger von deinem Erfolg abhalten. Stärke das Band zu den Menschen, die dich in deinen Vorhaben unterstützen. Das wird ein fruchtbarer Boden zur Überwindung dieser Angst sein.

Tor 50 – Angst vor Verantwortung

Tor 50 ist die Quelle von Bewusstheit – das Tor unserer Werte. Wenn du diese für dich festgelegt hast, dann bist du auch dafür verantwortlich, diese zu verteidigen und selbst nach ihnen zu leben. Du musst für dich selbst Verantwortung übernehmen, bevor du für andere Verantwortung übernehmen kannst, sonst wird es dir eine Menge Energie rauben. Es bedarf genug Ressourcen für dich selbst und deine Konsistenz.

Diese Angst beinhaltet somit auch die Angst davor, Bindungen einzugehen, die Verpflichtungen mit sich bringen; sowie die Angst davor, diesen Verpflichtungen nicht standhalten zu können. Einigen mag es wie eine zusätzliche Last vorkommen, die sie schultern müssen. Gleichzeitig sind es aber die Bindungen, die dir den Rücken stärken werden. So ist das Geschenk, einen Ausgleich zwischen Geben und Nehmen zu erreichen.

Sein Mitspieler ist Tor 27 – die Fürsorge und die Ernährung. Es geht nicht nur darum, dich und andere zu nähren. Im Kollektiv wirkt sich die Überwindung dieser Angst auf den ganzen Planeten aus, um auch diesen wieder zu nähren, statt ihn nur auszubeuten. Eine Verpflichtung, die wir als Menschen gegenüber dem Planeten haben, auf dem wir leben und ohne den wir selbst nicht leben könnten.

Tor 44 – Angst vor der Vergangenheit

Dieses Tor ist nicht nur die Angst vor der Vergangenheit, es beinhaltet auch die Angst davor, ausgelöscht oder bedroht zu werden. Es ist der Selbsterhaltungstrieb, der hier ebenso angesprochen wird wie unser Geruchssinn, der uns vor Gefahren warnt. Es ist wichtig zu riechen, ob das Essen schlecht ist, ob es nach Feuer oder Gas riecht, um möglichst schnell die Bedrohung wahrzunehmen. Es triggert die uralte Angst vor dem Aussterben. Das ist wahrscheinlich die größte Angst der Rechtsextremisten. Für den Frieden ist es also umso wichtiger, diese Angst nicht ins Extreme laufen zu lassen.

Dieses Tor sucht seinen direkten Mitspieler im Ego und seinem starken Willen. Wir dürfen dieses Tor nicht unterschätzen, denn es verleiht uns selbst im besten Fall die Wachsamkeit, die es braucht, um mit fehlgeleiteten Egos fertig zu werden und sich selbst nicht manipulieren zu lassen.

Mitspieler dieses Tors ist Tor 37 – die Loyalität. Fehlgelenkt, werden Menschen den falschen Menschen gegenüber loyal. Das kann brandgefährlich sein. Andernfalls ist die Überwindung der Angst aus Tor 44 wichtig, wenn du Menschen auf gesunde Art und Weise vertrauen möchtest. Ansonsten kann es in intimen Beziehungen schwierig werden. Auch innerhalb der Familie und der Gemeinschaft, in der du lebst, ist es gut, die Angst vor der Vergangenheit abzulegen, vor allem wenn du selbst auf beste Art und Weise als Unterstützer:in deiner Angehörigen agieren möchtest.

Tor 57 – Angst vor der Zukunft

Das Tor 57 hat gleich mehrere Mitspieler, was die Ängste dieses Tors etwas komplexer macht. Es ist das Tor der Wachsamkeit, das eine hohe Sensibilität für jegliche Art von Empfindungen mit sich bringt. Es geht darum, Gefahren vorauszusehen. So steckt darin die Angst vor der Zukunft, vor dem, was noch vor dir liegt und noch gar nicht eingetreten ist. Auch diese Angst kann dich sehr einschränken, wenn es um neue Vorhaben geht und darum, sie in die Tat umzusetzen. Wenn du überall in der Zukunft Gefahren siehst, kann es dich so stark blockieren, dass du gar nicht erst loslegst.

Sein Mitspieler ist zum einen Tor 34 – die Macht. Wenn die Angst nicht überwunden wird, dann hemmst du deine Umsetzungskraft völlig, und es wird dir schwerfallen, deine Ziele zu erreichen und Verantwortung zu übernehmen. Der zweite Mitspieler ist Tor 10 – die Echtheit. Deine Fähigkeit zur Selbstliebe wird blockiert, und es wird dir schwerfallen, dich authentisch zu zeigen. Schließlich noch Tor 20 – Ansicht und Aktualität: Die Sicht auf den gegenwärtigen Moment wird genommen, und der Blick auf die tiefen Wahrheiten unserer Existenz bleibt verschwommen. Ein gutes Krisenmanagement wird dadurch fast unmöglich, und deine Intuition wird geschwächt. Deine Überlebensfähigkeit wird geschwächt – das willst du mit Sicherheit nicht.

Manchmal kann ein Schutzschild, das diese Angst um dich herum errichten will, einfach zu dick sein, so dass du gar nicht mehr durchblicken kannst. In gesunder Art und Weise möchte die Angst dich durch intuitives Erkennen vor potenziellen Gefahren schützen. Aber wer will schon eine Mauer um sich errichten? Dann kommt ja gar niemand mehr an dich heran. Improvisation ist dann nur noch schwierig, und gerade die führt uns oft zu kreativen Lösungen unserer Probleme. Vor lauter Angst verpasst du dann auch noch die schönen Momente im Leben, weil du sie gar nicht mehr wahrnehmen kannst.

Tor 48 – Angst vor deiner Unzulänglichkeit

Die letzte Angst im Milzzentrum, die wir uns hier anschauen wollen, ist die vor deinen Unzulänglichkeiten. Davon hat jeder von uns eine ganze Menge. Unser Menschsein ist nicht dafür gemacht, dass wir alles können. Du könntest dir jetzt alle Fähigkeiten in deinem Bodygraphen anschauen, die bei dir nicht aktiviert sind. Das kann man durchaus tun, um zu erkennen, was man nicht kann. Du selbst hast bestimmt auch schon in deinem Leben herausgefunden, was dir nicht so gut liegt. Vielleicht wünschen wir uns das eine oder andere Talent, aber so viel wir auch üben, wir können einige bestimmte Dinge eben nicht so gut. Es erleichtert dein Leben, Frieden damit zu schließen und in diesen Bereichen anderen den Vortritt zu lassen. Das mag dir vielleicht weniger gut schmecken, aber so ist es.

Lustigerweise steht auch unser Geschmackssinn in einer tiefen Beziehung zu diesem Tor der Tiefe. Es dürstet dieses Tor nach tiefgründigem Wissen und nach dem Durchleuchten des Lebens.

Sein Mitspieler ist Tor 16, das Tor der Identifizierung, das gerne vieles können und sich noch mehr Gaben aneignen möchte. Hast du dieses Tor in dir nicht, dann wirst du ständig daran scheitern, was unnötig Energie verbrennt. Du musst keine Primaballerina sein und auch kein Popstar. Kümmere dich lieber um die Talente, die du von Geburt an hast, entdecke die noch unbewussten Talente in dir. Das wird dich zufriedener machen, und du kannst die Angst vor Unzulänglichkeiten hinter dir lassen, wenn du das in dir stärkst, was du gut kannst und wozu du geboren bist.

BEI DEN ÄNGSTEN des Milzzentrums handelt es sich zwar um fundamentale Ängste. Ich hoffe aber, ich konnte dir aufzeigen, dass du im Grunde nicht wirklich Angst vor ihnen haben musst, und hast erkannt, welche Themen wirklich dahinterstecken. Sie sind für uns da, um uns einen Anschubser in die richtige Richtung zu geben, damit wir uns trauen, einen Weg einzuschlagen, der nicht nur unser Überleben sichert, sondern zu einem Leben, das erfüllt ist. So kann die

Angst bei dieser Art der Betrachtung sogar ein Werkzeug sein, mit dem du dein Leben umgestalten kannst.

Oftmals ist es nur der Mangel an Bewusstsein, der die Ängste unnötig größer erscheinen lässt, als sie wirklich sind. Wenn wir sie jedoch bewusst betrachten und umarmen, dann können wir auch die Ängste einfach als einen Teil unseres Menschseins akzeptieren.

Die Nicht-Selbst-Themen (s. S. 96), die wir schon den verschiedenen Energietypen zugeordnet haben – wie Wut, Frustration, Bitterkeit und Enttäuschung – werden von den Ängsten zusätzlich getriggert. So liefern uns auch diese negativen Emotionen Hinweise darauf, dass wir nicht nach unserem *Human Design* leben und dass wir etwas verändern dürfen. Du wirst noch erfahren, wie du besser nach deinem *Human Design* leben kannst.

Ängste im Verstandeszentrum

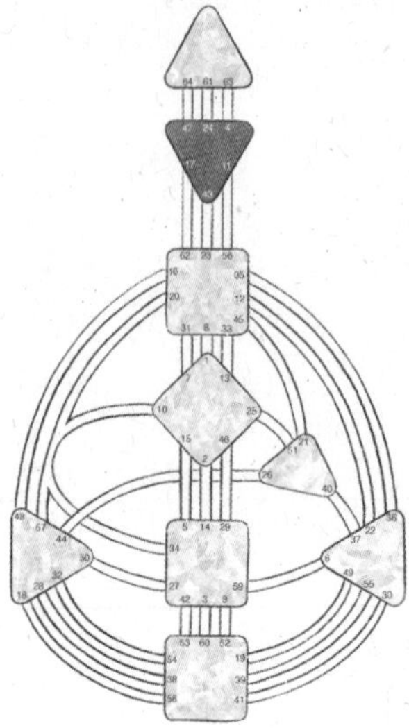

Das Verstandeszentrum im Bodygraphen und die Ängste, die hier verortet werden

Die mentalen Ängste des Verstandeszentrums sind Befürchtungen, die wir haben, die aber keiner wirklich realen Bedrohung entspringen. Es sind vielmehr Ängste vor Dingen und Situationen, die – anders als bei den Ängsten im Milzzentrum – nicht wirklich etwas mit dem akuten Überleben zu tun haben. Im Yoga kennt man die Illusion, von der die Welt umhüllt ist, auch als *Maya*. Auch in der Philosophie des Yoga geht es darum, die Schleier von Maya zu lüften. Der Yogi tut dies, um das wahre Glück hinter dem Schleier zu entdecken. Auf dieser mentalen Ebene kreiert unser Geist die Ängste, obwohl sie unnötig sind. Sie dienen mehr dazu, die Illusion aufrechtzuerhalten. Denn unser Geist möchte es sich bequem machen und uns eher davon abhalten, etwas zu verändern. Das macht es uns oftmals schwer, feste Denkmuster zu verändern. Ein definiertes Verstandeszentrum tut sich mitunter besonders schwer damit.

Lüften wir nun den Schleier und schauen uns an, welche Ängste den einzelnen Toren im Verstandeszentrum zuzuordnen sind:

Tor 17: Angst vor der Herausforderung

Tor 43: Angst vor Ablehnung

Tor 11: Angst vor der Dunkelheit

Tor 4: Angst vor dem Chaos

Tor 24: Angst vor Unwissenheit

Tor 47: Angst vor Sinnlosigkeit

Tor 17 – Angst vor Herausforderung

Tor 17 nimmt hier den Anfang mit dem Thema „Meinungen" und der Angst davor, dass die eigene Meinung herausgefordert wird und eventuell nicht vertretbar ist. Man wird verunsichert und hat Angst davor, nicht genug Argumente zu haben, die die eigene Meinung untermauern könnten. Man wird dann angreifbar, und somit ergibt sich eine Herausforderung, die man im logischen Denkprozess besiegen möchte. Man fragt sich selbst, ob man genügend Details kennt.

Mitspieler ist Tor 62, die Präzision, im Kehlzentrum. Hierüber werden die Details präzise zum Ausdruck gemacht, zumindest wünscht sich das Tor 17. Fehlt der Mitspieler, kann die eigene Meinung nicht gut ausgedrückt werden. Im Kollektiv geht es bei Tor 17 um die gleiche Aufgabe wie bei Tor 18 im Milzzentrum: Beide sind wählerisch und streitlustig. Sie fordern alle möglichen Arten von Mustern heraus und stellen sie infrage. Meinungsverschiedenheiten wollen ausgefochten werden. Wer Angst davor hat, hält mit der eigenen Meinung ständig hinterm Berg. Es ist die Angst, nicht verstanden zu werden, oder anders gesagt: Wir haben Angst davor, dass uns kein Verständnis entgegengebracht wird. Es ist also wichtig, viele Details zu kennen, bevor wir uns eine Meinung bilden. Umso sicherer können wir unsere Meinung im Außen vertreten.

Tor 43 – Angst vor Ablehnung

Tor 43 ist Teil eines individuellen Prozesses in uns. Dieser möchte sich transformieren, um die Evolution menschlichen Lebens voranzutreiben. In Tor 43 geht es um den Durchbruch. Wir haben Angst davor, dass unsere Erkenntnis von anderen abgelehnt wird. Vielleicht wirst du sogar als dumm abgestempelt, weil andere deinem Geistesblitz nicht folgen können. Unfreiwillig wirst du so in die Rolle des Außenseiters gedrängt und lebst dann in der Angst vor Ablehnung.

Tor 43 sucht nach seinem Mitspieler, Tor 23 – der Transparenz. Es ist das Tor der Anpassung, das das genaue Gegenteil widerspiegelt, und doch gehören diese Gegensätze in uns immer zusammen. Fehlt es uns an Wortgewandtheit, dann kann die Angst vor Ablehnung noch größer werden. Du kennst sicherlich den Spruch „Genie und Wahnsinn liegen nah beieinander". Und so verhält es sich auch hier. Die anderen können deine Geistesblitze für Genie oder für Wahnsinn halten. Was, wenn deine Einfälle genial sind? Wie schade wäre es, sie nicht mit der Welt zu teilen aus Angst, abgelehnt zu werden?

Ich hoffe, du findest einen Weg, der dich mutig durch diese Angst hindurchmanövriert. Die Selbsterkenntnisse, die du aus diesem Buch gewinnen kannst, werden dich sicherer machen, und du wirst sicherlich einen Weg finden, um dich von dieser Angst nicht lähmen zu lassen. Denn ich bin fest davon überzeugt, dass im Überwinden unserer Ängste wohl die größte Potenzialentfaltung steckt.

Tor 11 – Angst vor der Dunkelheit

Tor 11 ist eigentlich ein Tor, das uns Harmonie und Frieden bescheren sollte. Es ist ein Tor, das neue Impulse und Ideen liefert und die Gesellschaft verbessern möchte. So entsteht die Angst davor, was passiert, wenn man keine Ideen und Einfälle mehr hat. Dann entsteht in uns eine Angst vor Leere und Dunkelheit.

Das Tor sucht in der Opposition Tor 56, das Tor des Antriebs, das andere Menschen anregt, sich in ein Abenteuer zu stürzen oder einfach eine neue Anregung für weitere Überlegungen zu liefern. Bleiben die Ideen aus, dann kommt etwas ins Stocken. Ideen geben den Menschen zudem Hoffnung, und diese könnte ausbleiben, wenn es keine neuen Impulse gibt. Anders ausgedrückt, ist es die Suche nach dem Licht – dem Licht der Hoffnung. Dieser mentale Prozess steht in tiefer Verbindung mit emotionalen Wellen, die vor allem Menschen mit einem definierten Emotionszentrum durchfluten können. Die Angst vor der Dunkelheit sollte uns nicht davon abhalten, überhaupt menschliche Erfahrungen zu machen. Du entscheidest dich für „Team Verzweiflung" oder für „Team Hoffnung".

Tor 4 – Angst vor dem Chaos

Die nächste mentale Angst, die wir uns hier anschauen, ist die Angst, die aus Tor 4 heraus entstehen kann, wenn wir nach mentalen Lösungen suchen – ein sehr wichtiger Teil des logischen Denkprozesses.

Tor 4 sucht sein Partnertor im Kronenzentrum, das eines der Druckzentren ist. Auf der Suche nach mentalen Lösungen kann natürlich die Angst entstehen, was passiert, wenn man keine Lösung findet. Die Folge wäre vermutlich Chaos. Und auch hier schwingt ein Hauch von Hoffnungslosigkeit mit, wenn man sich vorstellt, dass das eigene Leben in Chaos versinken könnte. Wir sind es eher gewohnt, in einem gewissen System von Ordnung zu leben. Die Gesellschaft, in der wir leben, hat eine bestimmte Ordnung, die Familie und auch du selbst hast dir vielleicht ein bestimmtes System für dein Leben zurechtgelegt. Bringt irgendeine Veränderung dieses System deiner Ordnung ins Wanken, dann kann die Angst vor dem kompletten Zusammenbruch hochkommen. Du brauchst also unbedingt eine Antwort auf deine Fragen – vielleicht reicht dir auch irgendeine Antwort, damit du dich wieder sicher fühlen kannst. Ich gebe hier einmal zu bedenken, dass *irgendeine* Antwort nicht unbedingt die Wahrheit bringt. So musst du also entscheiden, ob du es mit dieser Angst etwas aushalten kannst, damit du die Wahrheit erfahren kannst.

Mitspieler ist Tor 63 im Kronenzentrum, das durch Zweifel den Weg hin zur einer Art Authentisierung sucht.

Tor 24 – Angst vor Unwissenheit

Tor 24 kann uns so sehr ins Grübeln versetzen, dass wir in Sorgen verfallen. Wir denken und stellen Fragen und denken weiter, um der Unwissenheit ein Ende zu bereiten. Ein Kreislauf aus Hinterfragen entsteht. Das Tor der inneren Einkehr und des Rationalisierens kann das Gedankenkarussell im Kopf ganz gut ankurbeln. Wir wollen die Unwissenheit besiegen.

Für einige Menschen entsteht der Kanal der Denker mit Tor 61 als Mitspieler. Das Tor der inneren Wahrheit sucht nach dem noch Unbekannten. Mit der Spinne hatte ich bereits ein Beispiel für diese Art von Angst geliefert. Manchmal ist die Angst vor der Unwissenheit größer, als sie sein müsste, wenn wir die Wahrheit entdecken.

Dann kann sich eine mentale Angst ganz schnell in Luft auflösen. Es tut also äußerst gut, das Feld der Unwissenheit zu verlassen. Sicherlich tut die Wahrheit auch mal weh, weshalb einige Menschen lieber die Augen davor verschließen. Was dann jedoch passiert, ist, dass sich der Schleier von Maya nicht lüftet und das wahre Glück im Verborgenen bleibt. Ignorantes kannst du auch in der Welt sehen, und es wird Zeit, dass die Menschen aufhören, ignorant zu sein, sonst werden wir die globalen Probleme nicht lösen können. Und was für eine Zukunft hätte die Menschheit dann?

Tor 47 – Angst vor Sinnlosigkeit

Wir wollen gerne unserem Leben einen Sinn geben. Wir versuchen unsere vergangenen Erfahrungen zu interpretieren und selbst zu bewerten. Hat es einen Sinn ergeben oder nicht? Es sind oft die „Hätte ich doch ..."-Sätze, die einem dann im Kopf herumspuken, wobei wir ständig abwägen, was gut war und was nicht. Die Befürchtung dahinter ist, dass wir nichts finden, was wir als sinnvoll bewerten würden. Dann wäre aller persönlicher Einsatz vollkommen vertane Liebesmüh. Wir wünschen uns, dass unsere Vergangenheit nicht bedeutungslos ist. Das wir den Menschen etwas bedeuten. Man möchte etwas zählen in dieser Welt. Und so sucht unser Geist nach einem kleinen Funken, der bedeutungsvoll genug ist, um etwas zu zählen, um uns selbst etwas wert zu sein.

Wichtig ist, in der Abstraktion des Denkens mit Hilfe von Tor 64 schlussendlich zu erkennen, dass alle deine Erfahrungen wertvoll sind und Sinn ergeben. Manchmal braucht es etwas Zeit. Sicherlich ist es zum Beispiel schwer, den Sinn in einer Krise zu sehen. Er erschließt sich meist erst rückblickend, wenn wir mit etwas zeitlichem Abstand und mehr Weitblick noch mal auf die Erfahrung selbst schauen.

Ängste im Emotionszentrum

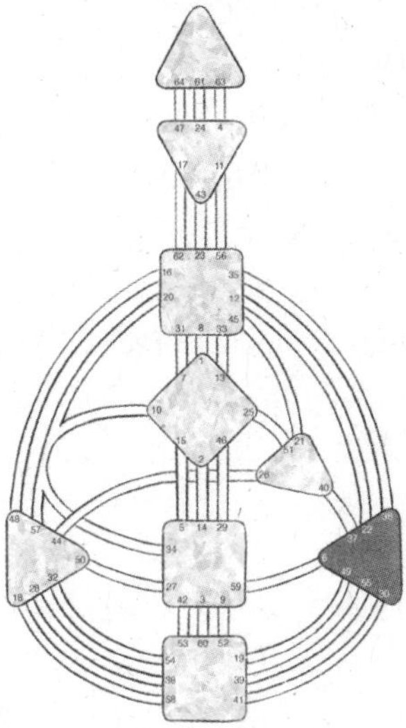

Das Emotionszentrum im Bodygraphen und die Ängste, die hier verortet werden

Die Ängste des Emotionszentrums sind oftmals sehr intensiv und kommen in emotionalen Wellen. Menschen mit einem definierten Emotionszentrum dürfen lernen, diese Wellen zu reiten, damit sie nicht darin untergehen. Emotionen bestimmen, wie wir uns fühlen. Es ist also sehr wichtig, die Ängste des Emotionszentrums zu kennen, damit eine emotionale Balance wiederhergestellt werden kann. Auch Menschen mit offenem oder undefiniertem Emotionszentrum haben natürlich Emotionen. Doch meist sind sie vom *Human Design* her weniger starken Stimmungsschwankungen ausgesetzt und emotional eher stabil. Schauen wir uns nun an, womit wir es hier genau zu tun haben.

Tor 30: Angst vor dem Schicksal

Tor 55: Angst vor der Leere

Tor 49: Angst vor der Natur

Tor 6: Angst vor Intimität

Tor 37: Angst vor der Tradition

Tor 22: Angst vor der Stille

Tor 36: Angst vor Unzulänglichkeit

Tor 30 – Angst vor dem Schicksal

Den Ursprung dieser Angst finden wir in Tor 30 – das Verlangen. Zusammen mit Tor 41 bildet es den Kanal des Erkennens. Aber um erst einmal loszugehen für die Erfahrungen, die es braucht, benötigt man zunächst das Feuer, das Temperament. Sitzt die Angst als energetische Blockade hier im Weg, dann fehlt der Mut, die Sehnsucht nach diesen neuen Erfahrungen zu stillen.

Dieses Tor fungiert auch als Spiegel von Tor 18 aus dem Gegenüber, der Milz: die Angst vor Autorität. Diese Angst, die auch symbolisch für die Mutter und den Vater steht, hält uns oftmals in ungesunden Mustern gefangen, die es eigentlich zu durchbrechen gilt. Leider sind die Zusammenhänge oft nicht logisch nachvollziehbar, da es hier die emotionalen Muster betrifft. Es ist die Angst davor, dass das Schicksal es nicht gut mit einem meinen könnte – das bestimmt irgendetwas dazwischenkommt, wenn man sich auf den Weg macht.

Durch meine Ausbildung im *ThetaHealing®* könnte ich mir gut vorstellen, dass es sich hier um eine Angst handelt, die auf genetischer Ebene liegt, da sie zunächst so unlogisch erscheint. Oftmals hat diese Art von Angst nichts mit realen Ereignissen zu tun, und doch ist es so wichtig, sie zu überwinden, um Hindernisse beiseitezuräumen. Die Angst vor dem Schicksal tarnt sich meist leise und zeigt sich als nervöse Unruhe. Generell zeigen sich die Ängste des Emotionszentrum eher in unserem Nervensystem.

Tor 55 – Angst vor der Leere

Auch wenn im Tor der Fülle viel Schönes liegt, so ist es auch gleichzeitig ein Tor der Angst, wenn das Gegenteil befürchtet wird: Leere.

Sein Mitspieler ist das Tor 39 – Provozieren. Vielleicht provoziert es dich, wenn andere ein noch erfüllteres Leben haben und noch mehr haben als du selbst. Oft sehen wir hier nur die materielle Seite, obwohl mit der Fülle auch die Fülle auf mentaler und spiritueller Ebene gemeint ist. Oftmals sind die Leere beziehungsweise die

Fülle abhängig vom Blickwinkel, aus dem wir die Dinge betrachten: Ist das Glas nun halbleer oder halbvoll? Wer Angst vor der Leere hat, sehnt sich nach Liebe. Du selbst entscheidest, wenn du morgens aufwachst, ob das Glas für dich halbleer oder halbvoll ist. Überwinde diese Angst, indem du deinen Blickwinkel veränderst.

Im übertragenen Sinne ist es auch die Angst davor, dass es im Leben immer leerer wird, bis nichts mehr da ist, für das es sich zu leben lohnt. Die emotionalen Ängste verlaufen in emotionalen Wellen. Man tut gut daran, diese Wellen zu beobachten und sich der Welle bewusst zu sein, um aus ihr herauszukommen. Wenn dich die Angst vor der Leere packt, kann es zu Melancholie kommen.

Am schnellsten kommst du da wieder heraus, wenn du dir bewusst machst, welche Fülle in deinem Leben schon vorhanden ist.

Tor 49 – Angst vor der Natur

Das Tor 49 hat etwas Rebellisches in sich. Es sorgt dafür, seine Prinzipien zu vertreten, indem man anderen auch mal Nein sagt. Wenn du Angst davor hast, Nein zu etwas zu sagen, dann schau dir an, ob es mit der Angst dieses Tors zu tun haben könnte. Lustigerweise ist es auch das Tor für Ehe und Scheidung, und das der Opferhaltung. Einige Menschen glauben, für das sichere Konstrukt der Ehe ihre Freiheit zu opfern. Vielleicht feiern viele deshalb einen Junggesell:innenabschied. Vielleicht brauchen wir andere Verträge in Partnerschaften, als die eines Eheversprechens. Ich selbst bin gespannt, wie es die nächsten Generationen halten werden.

In der Evolution hat die Angst vor der Natur auch viel mit der Erhaltung der eigenen Art zu tun. Heute erleben wir diese Angst wieder. Naturkatastrophen mehren sich im Zuge des Klimawandels, und der Mensch muss aus dieser Angst heraus Kraft schöpfen, um einen Energiewandel zu erschaffen, der unseren Planeten nicht weiter ausbeutet. Es geht um den Erhalt vieler Arten. Der Mensch ist nur eine davon. Und der Mensch ist sich hier selbst sein schlimmster Feind. Es ist die Furcht davor, dass die Natur sich nun rächt.

Tor 6 – Angst vor Intimität

Tor 6 ist das Tor der Konfliktlösung. Ein Konflikt macht zunächst Angst, ist aber oftmals der Weg hin zur Harmonie und zu einem emotionalen Gleichgewicht. Dieses Tor ist wie ein Katalysator für das Emotionszentrum und das damit zusammenhängende System. Oftmals ist es ein Konflikt, der uns darin unser wahres Ich offenbart. Ich muss an viele Filmszenen denken, wo zwei sich streiten und es dann in eine Liebesszene übergeht. Wir geraten in Rage mit denen, die uns wichtig sind, sonst könnte es uns ja egal sein, einen Konflikt austragen zu müssen. Auch Ängste rund um das Thema Sex dürfen hierüber angeschaut werden.

Zusammen mit Tor 59 entsteht ein Kanal für Nähe. Wenn die sexuelle Energie blockiert ist, dann kann die Angst vor Intimität wachsen. Vieles wird unterbewusst auch von unserem Fortpflanzungstrieb gesteuert und hat mit genetischen Prozessen zu tun. Auch unser Geruchssinn sucht sich die richtigen Partner für Liebe, Sex und Zärtlichkeiten aus. In gewisser Weise ist ein wenig Angst vor Intimität auch gesund. Wir müssen nicht mit jede:m intim sein. Und du darfst dir aussuchen, mit wem du auf Tuchfühlung gehen möchtest.

Tor 37 – Angst vor der Tradition

Tor 37 ist das Tor der Familie. Warum sollte daraus eine Angst entstehen? Zusammen mit seinem Mitspieler, Tor 40, entsteht der Kanal der Gemeinschaft. Eine Gemeinschaft gibt einem Halt und Stabilität, wovor also Angst haben? In einer Gemeinschaft wird auch viel gehandelt – wer macht was wann? Wo Rechte sind, da gibt es auch Pflichten. Das sehen wir in großen Gemeinschaften ebenso wie im kleinen Konstrukt einer Familie. Es ist ein wenig das Prinzip „Wenn – dann"; beispielsweise darfst du deine Freunde treffen, wenn du den Müll rausgebracht hast.

Die Angst kommt hoch, wenn man sich aus einer Tradition zurückziehen möchte – immer wieder ein Thema an Feiertagen. „Wie, du kommst dieses Weihnachten nicht? Das ist aber doch Tradition!" Und das ist noch ein mildes Beispiel für eine Angst vor Traditionen. Wenn wir einen Blick auf den Nutzen von Traditionen werfen, dann geht es auch hier darum, eine Gemeinschaft zusammenzuhalten und die eigene Art zu schützen.

Doch einige Arten von Schutz sind veraltet. Und doch sind immer noch viele Menschen nervös, wenn sie der Familie eine:n neue:n Partner:in vorstellen. Denn es ist die Angst, von der Familie abgelehnt zu werden, wenn man sich selbst über sie stellt. Nicht alle Bedürfnisse, die man selbst als Individuum hat, werden von der Familie oder Gemeinschaft akzeptiert.

Ein weiteres Beispiel ist die Angst, seine Sexualität zu outen, weil sie nicht in die Tradition passt. Tradition ist eher konservativ, und im Laufe seines Lebens kommt man manchmal nicht damit hinterher, sich anzupassen. Angst vor der Tradition zu haben bedeutet manchmal auch Angst davor zu haben, von der Gemeinschaft oder Familie ausgeschlossen zu werden, wenn man nicht deren Tradition leben möchte oder in einigen Punkten davon abweicht. Auch ein Grund, warum es für viele Menschen nicht so einfach ist, eine Sekte zu verlassen.

Tor 22 – Angst vor der Stille

Das Tor 22 ist das Tor der Anmut und der Gnade. Es ist eines der beiden Tore im Emotionszentrum, das seinen Mitspieler im Kehlzentrum sucht, worüber wir uns ausdrücken und manifestieren. Die Emotion sucht hierüber also den Weg nach außen. Gleiches gilt für Tor 36, aber zu diesem später mehr. Jetzt geht es um die Angst vor der Stille.

Tor 22 sucht im Gegenteil die Aufmerksamkeit und sucht deshalb seinen Mitspieler in Tor 12, das sich zurücknehmen möchte, um dann adäquat zu reagieren, statt ungnädig aus einer übersteigerten, emotionalen Spannung heraus. Es geht um das Eintreten in einen sozialen Austausch mit anderen über die Kommunikation. Wir interagieren über diesen Weg miteinander. Die Gnade dieses Tors, den Leuten im richtigen Moment zuzuhören, kann manchmal der Angst nicht standhalten, dass sie nichts zu hören bekommen. Dieses Tor würde gerne Schönes hören und bekommt dann doch oft Klagereden zu hören. Das kann sehr traurig machen und das Gefühl hinterlassen, nicht wirklich mit jemandem reden zu können.

Es ist auch die Angst, sich in seinem eigenen Bewusstsein nicht weiterzuentwickeln, wenn die Bewusstseinserweiterung fehlt, die durch Stille angehalten wird.

Tor 36 – Angst vor Unzulänglichkeit

Auch dieses Tor sucht seinen Mitspieler im Kehlzentrum. Eigentlich soll dich dieses Tor bei der Bewältigung von Krisen unterstützen. Es ist nicht verwunderlich, dass auch die Angst entstehen kann, es nicht zu schaffen, nicht gut genug zu sein. Es ist zudem ein höchst sexuelles Tor. Vielleicht kommt beides mit der Frage „Wie war ich?" zum Ausdruck. Ich lasse jetzt mal offen, in welchem Zusammenhang die Frage auftauchen kann.

Es ist die Angst davor, nicht die richtigen Fähigkeiten zu haben, um eine Situation zu meistern oder mit einer Herausforderung klarzukommen. Sich selbst nichts zuzutrauen, obwohl uns das Tor doch eigentlich genau dabei unterstützen möchte, ist schon fast absurd. Trotz aller anderen Ängste möchte dich dieses Tor dazu ermutigen, neue Erfahrungen zu machen. Die Angst vor der Unzulänglichkeit tritt eigentlich nur dann auf, wenn dein „Not-Self" die Entscheidung trifft. Dann fängst du an, nervös zu werden und dir Sorgen zu machen. Ein gutes Zeichen, um deinem Verlangen nach Fortschritt Raum zu geben und diese Angst bewusst gehen zu lassen. Wenn du dich immer wieder selbst zurückhältst und wegen dieser Angst keine neuen Erfahrungen machst, dann wirst du ausbrennen. Oder du entscheidest dich, auf eine andere Art zu brennen, nämlich für dich selbst und dein Leben.

ICH DANKE DIR an dieser Stelle für dein Vertrauen, dir auch die Ängste anzuschauen. Schau bitte in dein *Human Design* und notiere dir, welche Tore im Milzzentrum, im Verstandeszentrum und im Emotionszentrum bei dir aktiv sind. Arbeite mit dem Workbook. Wenn sich eine Angst bei dir akut bemerkbar macht, dann weißt du nun, womit du es zu tun hast, und kannst dich bewusst auf eine Begegnung mit dieser Angst einlassen, ohne ihr zu verfallen. Solltest du unter Angst- oder Panikattacken leiden, dann besprich diesen Part gerne mit deinem behandelnden Therapeuten.

Für uns alle gilt es ein tieferes Bewusstsein für das Thema Ängste zu entwickeln. Wenn wir sonst gesagt haben „Ich habe Angst", und jemand hat gefragt „Wovor?", dann können wir hier jetzt auch klare Antworten geben auf die bessere Frage „Wozu?" Auch die Ängste sind ein Teil von uns als Mensch. Sie sollten uns nur nicht vom wahren Leben abhalten.

64 61 63
47 24 4
17 11
43
62 23 56
16 35
20 12
31 8 33 45
1
7 13
10 25
15 46
2
21
51
26
40
48
57
44
50
32
28
18
5 14 29
34
27
59
42 3 9
36
22
37
6
49
55
30
53 60 52
54 19
38 39
58 41

4. KAPITEL

DIE ENTFALTUNG DEINES POTENZIALS

Wie kannst du dein Potenzial leben?

Jetzt hast du dein Potenzial umfangreich erkundet und weißt, welche Fähigkeiten und Talente du auf deiner Persönlichkeitsseite (bewusste Seite) und im *Design* (unbewusste Seite) in dieses Leben mitbringst. Du weißt, welcher Energietyp du bist, und welches Profil deinen Charakter abrundet. Aber all dieses Wissen nützt dir nichts, wenn es einfach nur theoretisches Wissen über dich ist, das nicht bewusst gelebt wird.

Doch du kannst beruhigt sein: Ganz viel davon wendest du bereits täglich an. Vielleicht spürst du auch schon, wenn du dich im „Not-Self" verhedderst hast und sich etwas nicht rund anfühlt. Das sicherste Anzeichen, um dies zu erkennen, sind die Emotionen deines „Not-Self". Ich habe in den ersten Kapiteln hoffentlich das Bewusstsein dafür geschaffen. Wenn sich Angst und Nervosität zeigen, ist es ein Indiz bezüglich deiner Ängste, feiner hinzuspüren und zu beobachten, ob das, was du tust, gerade richtig für dich ist. Es wird immer auch Umstände geben, die du selbst mit dem Wissen nicht wirklich beeinflussen kannst, aber du kannst beeinflussen, wie du dich innerhalb dieser Umstände fühlen möchtest und was du selbst für dich in dieser Situation verändern möchtest. Das ist wahres Empowerment!

Das Leben schenkt uns diese Situationen, Menschen in unserem Umfeld und andere Begegnungen und Momente, in denen unser Potenzial ganz automatisch zum Einsatz kommt. Es bringt gar nichts, jetzt nur noch auf den Bodygraphen zu starren und alles nur einer Analyse zu unterziehen. Ein Stück weit musst du darauf vertrauen, dass dein Unterbewusstsein mitarbeitet. Viele Entscheidungen treffen wir blitzschnell. Aber sicherlich wird dir das Leben Herausforderungen schicken, an denen du bewusster üben darfst, wie du dein *Human Design* einsetzen kannst.

In diesem Kapitel wird es genau darum gehen. Wir bringen nun die Theorie in die Anwendung. Ich kann allerdings nicht beeinflussen, ob und wann sich eine Situation für dich auftun wird, an der du üben und wachsen kannst, aber ich kann dir die Methoden vermitteln, nach denen du dich laut *Human Design* orientieren kannst, um im besten Sinne für dich zu agieren. Spannend ist es sicherlich für dich, nun noch einmal mehr auf deine unbewussten Fähigkeiten und Talente zu achten. Vielleicht hängst du sie sichtbar am Arbeitsplatz auf oder beschäftigst dich jede Woche mal mit einer Fähigkeit oder einem Talent ganz bewusst.

Wenn du auf der unbewussten Seite etwas entdeckt hast, kreiere doch einmal den Raum dafür, damit sich dieses Talent ausdrücken darf. Das heißt nicht, bewusst für Stress zu sorgen, damit du dich dann als Krisenmanager:in bewähren kannst. Aber wenn du beispielsweise ein Talent dafür hast, weitere Talente zu entwickeln, könntest du es mit einem neuen Hobby probieren. Du willst ja auch für dein Umfeld kein mieses Karma erzeugen, sondern auch im besten Wohl für andere deine Einzigartigkeit leben. Ich halte es da ganz nach den Werten der Yogaphilosophie, dass wir wahrhaftig sind und andere nicht verletzen. Das solltest du auch beim Ausleben deines Potenzials beherzigen. Wenn du das Tor des Provozierens hast, ist dies kein Freifahrtschein, jemandem die volle Ladung davon ins Gesicht zu schmettern, womöglich noch mit der Ausrede, „Ich darf das. Ich hab Tor 39 aktiviert!" – So bitte nicht. Die Erkenntnisse, die du über dein Potenzial gewonnen hast, sollen dich einfach unterstützen, und ich wünsche dir, dass du so ab jetzt noch selbstbewusster leben wirst.

Wie findet dein Potenzial den Weg nach außen?

Manchmal findet dein Potenzial den Weg ganz spontan nach außen, und ein anderes Mal erst in einer Begegnung mit einem anderen Menschen oder in einer bestimmten Situation, oder innerhalb des eigenen Reifungsprozesses.

Warum kommt es manchmal erst in der Begegnung mit anderen Menschen dazu? Es wird noch einmal komplexer. Im *Human Design* gibt es Definitionen, die entweder den Energieaustausch zwischen deinen definierten Energiezentren ungehindert fließen lassen, oder eben nicht. Wenn es nicht der Fall ist, dann hast du sogenannte *Splits*, und der Informationsfluss zwischen den definierten Zentren ist unterbrochen. Splits können dich ausbremsen, weil nicht alle Informationen ausreichend verarbeitet werden. Es kann dann zu einem Zustand innerer Zerrissenheit kommen, da mehr Zeit zur Verarbeitung gebraucht wird. Oder es braucht einen anderen Menschen, der diesen Split schließt. Geschlossen wird dann der Split über das Eintreten in die Aura eines Menschen, oder auch über den aktiven Austausch durch das Gespräch. Man hat dann das Gefühl, vervollständigt zu sein. Der Energiefluss ist wiederhergestellt.

Am besten wirfst du nochmals einen Blick auf deinen Bodygraphen. Die definierten Energiezentren können über die Kanäle miteinander verbunden sein. Schau mal nach, wo es Unterbrechungen gibt, die dafür sorgen, dass ein Zentrum – oder auch mehrere – eher einzelne Inseln bilden.

Ich erkläre dir kurz die Möglichkeiten, die sich in deinem *Human Design* abbilden könnten:

Einfache Definition

Alle definierten Zentren bilden nur eine Insel und sind miteinander verbunden. Das muss nicht direkt sein, sondern kann auch über ein Zentrum hinweg gehen (s. Grafik nächste Seite). Du kannst Entscheidungen schnell und ohne Austausch gut für dich selbst treffen.

Ein Split – Zweifach-Definition

Es ist ein Split vorhanden. Zwei Inseln aus einem oder mehreren definierten Zentren sind erkennbar. Du kommst immer noch recht zügig zu einem Entschluss, brauchst aber eine Person, mit der du dich austauschen kannst.

Zweifach-Split – Dreifach-Definition

Du brauchst mehr Zeit, um eine Entscheidung zu fällen, und mehrere Personen, um dich auszutauschen.

Dreifach-Split – Vierfach-Definition

Du brauchst für eine Entscheidung viel mehr Zeit und definitiv viel Austausch vorab.

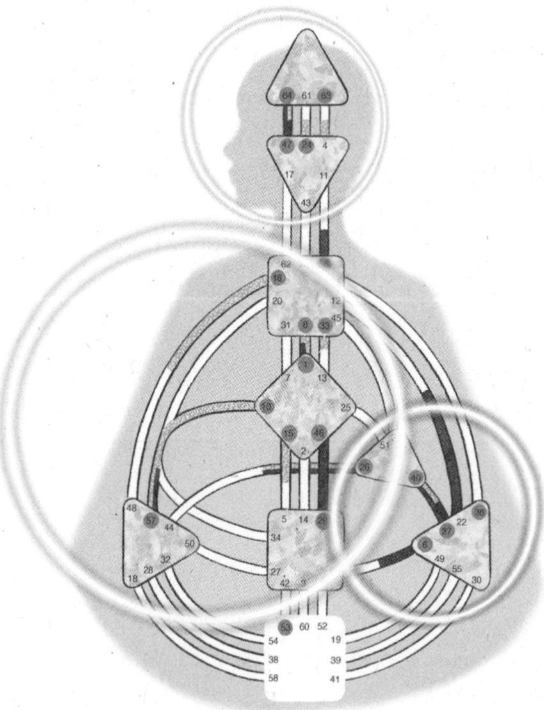

So entstehen im Bodygraphen Inseln der definierten Zentren

Wenn du zur kleinen Gruppe der Reflektor:innen gehörst, dann hast du keine Splits. Wir werden noch erfahren, was noch dazu gehört, um Entscheidungen zu treffen. Der Blick auf die Splits hier soll dir jedoch zeigen, warum wir manchmal das Gefühl haben, dass eine Entscheidung oder auch ein Potenzial erst zum Ausdruck gebracht wird, wenn wir uns vollständig fühlen.

Bei den Ängsten habe ich die gegenüberliegenden Tore auch als Mitspieler bezeichnet. Haben wir nur ein Tor eines Kanals aktiviert, dann suchen wir ständig nach Vervollständigung in diesem Kanal, und somit das gegenüberliegende Tor. Auch das kann eine Begegnung mitbringen, und so können wir zum Beispiel auf der Arbeit besonders gut mit der einen bestimmten Person zusammenarbeiten. So kann innerhalb einer Gruppe oder im Teamwork ein Potenzial von uns im Außen erst dann wirksam werden.

Die Verbindungen zu anderen Menschen sind in allen Beziehungsthematiken superspannend, aber hier soll es in erster Linie um dich gehen. Doch du sollst wissen, dass man mit *Human Design* auch Verbindungsgrafiken erstellen kann, die du dann von einem professionellen Human-Design-Reader mit viel Erfahrung analysieren lassen kannst. Zur Anwendung kommen kann dies für Paar-Readings, Familien-Readings, oder im Berufsleben für die Zusammensetzung von Teams.

Wie triffst du die richtigen Entscheidungen? Entdecke deine innere natürliche Autorität

Nun hast du erfahren, was der Grund dafür ist, dass einige Menschen länger als andere brauchen, um eine Entscheidung zu treffen. Es liegt an den möglichen Splits, und somit an der Unterbrechung des Energieflusses. Interessanter als die Zeit, die man für eine Entscheidung braucht, ist jedoch das *Wie!* Den meisten von uns wurde seit ihrer Kindheit empfohlen, bei Entscheidungen ihren Kopf einzuschalten. Sätze wie „Denk doch noch mal nach!", „Schalt dein Hirn ein" oder „Hast du dir das auch gut überlegt?" haben uns konditioniert. Wir haben beigebracht bekommen, dass es für alle Menschen richtig sein muss, Entscheidungen mit dem Verstand zu treffen. In Wirklichkeit ist diese Art, Entscheidungen zu treffen, nur für ca. zwei Prozent der Menschheit der richtige Weg. Aber wie sollen die restlichen 98 Prozent der Menschen am besten für sich Entscheidungen treffen?

Wie triffst du eine richtige Entscheidung für dich? Das ist tatsächlich rein von deinem Energietyp im *Human Design* abhängig und davon, welche Energiezentren definiert, undefiniert oder offen sind. Deine innere natürliche Autorität bestimmt die Art und Weise, mit der du zum besten Wohl für dich selbst Entscheidungen treffen kannst. Wichtig finde ich den Zusatz „für dich selbst". Andere müssen ihre eigenen Entscheidungen treffen, und auch du kannst hier die Verantwortung nicht abgeben. Sicherlich muss man bei gemeinsamen Entscheidungen mit anderen oftmals einen Kompromiss finden, doch zunächst ist es wichtig, seine eigene Entscheidung zu finden.

Im *Human Design* werden sieben innere Autoritäten unterschieden. Auch diese Information kannst du aus deinem Bodygraphen ablesen. Sie wird aber bei den meisten Anbieter:innen bei der Erstellung angegeben. Der Zusatz „innere" gibt dir bereits den Hinweis, dass es so etwas wie deine innere Stimme ist. Die sieben verschiedenen Möglichkeiten sind wie eine eigene Sprache. Welche Sprache spricht hier dein *Human Design*?

Die sieben inneren Autoritäten – oder: Wie triffst du die besten Entscheidungen für dich selbst?

Du hast eine bestimmte innere Autorität, die dein Leben lang gleich bleibt. Es gibt sieben Autoritäten:

- emotionale Autorität
- sakrale Autorität
- Milz-Autorität
- Herz-Autorität
- Selbst-Autorität
- mentale Autorität
- lunare Autorität

Die emotionale Autorität

Alle Menschen, bei denen das Emotionszentrum definiert ist, haben eine emotionale Autorität und treffen die beste Entscheidung aus einem Gefühl heraus. Diese Autorität können alle Energietypen haben, außer dem oder der Reflektor:in. Diese Art der inneren Autorität kommt relativ häufig vor.

Eine Entscheidung muss sich für dich gut anfühlen. Bevor aber die Entscheidung wirklich getroffen wird, gibt es oftmals ein starkes Auf und Ab der Emotionen – man kann es sich wie eine emotionale Welle vorstellen. Im hohen Wellengang sollte man nicht übereilt lebenswichtige Entscheidungen treffen. Besser, man wartet ab, bis sich der Wellengang etwas beruhigt hat – durch eine hohe Gischt kann man nicht so klar sehen. Ein eindeutiges Ja wird meist erst spürbar, wenn es emotional still geworden ist. Das kann halt manchmal etwas dauern – ein kleiner Nachteil dieser Autorität. Mit einer emotionalen Autorität bist du häufig langsamer mit deinen Entscheidungen als Menschen mit einer anderen Autorität.

Eine Hilfestellung kann es sein, erst einmal eine Nacht darüber zu schlafen, bevor eine wichtige Entscheidung getroffen wird. Dann bekommt dein Unterbewusstsein einen besseren Zugang, und dein Kopf, der immer wieder mit seiner logischen Herangehensweise versucht, dazwischenzugrätschen, hat in der Nacht Pause. Triff deine Entscheidung in aller Ruhe. Wenn andere auf deine Entscheidung warten sollen, dann teil ihnen ruhig mit, wie du dich gerade fühlst, und sag ihnen, dass du noch Zeit brauchst.

Es kann dir natürlich passieren, dass du auch mal zu spät dran bist. Wichtig ist, dass du dir selbst treu bleibst, damit du deine Entscheidungen nicht zu bereuen brauchst. Das gilt für alle, die eine authentische Entscheidung treffen möchten, ohne die Konditionierung von anderen.

Du wirst damit leben müssen, dass deine Entscheidungen nicht immer logisch erklärbar oder nachvollziehbar sind. Für dich selbst nicht, und für andere auch nicht immer.

Du triffst deine Entscheidungen durch Gefühle.

Die sakrale Autorität

Wenn du vom Typ Generator:in oder Manifestierende:r Generator:in bist, dein Emotionszentrum offen, aber dein Sakralzentrum definiert ist, dann hast du als innere Autorität die sakrale Autorität. Du musst unbedingt auf dein Bauchgefühl hören. Deine Bauchstimme spricht zu dir. Ein Nein kann sich so anfühlen, als würde sich dein Bauch zusammenziehen, und ein Ja, als würde es hier wohlig weit werden wie ein „Mhmmmm". Mit dieser Art bekommst du oft ein klares Nein oder ein klares Ja. Somit kannst du dir auch sehr gut selbst Ja/Nein-Fragen stellen.

Wenn du deine Bauchstimme ignorierst, wirst du das oft körperlich zu spüren bekommen; vielleicht sogar durch Bauchschmerzen oder einen nervösen Darm.

Im Gegensatz zur emotionalen Autorität liefert die sakrale Autorität schnellere Antworten. Wenn nicht, hat sich eventuell der Kopf wieder eingeschaltet. Wenn du das bemerkst, frag erneut dein Bauchgefühl. Es wird dich nicht belügen. Fühlt es sich nicht eindeutig nach einem *„Hell, yes!"* an, dann ist es ein Nein. Du wirst deine Antwort immer im Jetzt wahrnehmen müssen, damit es für dich richtig ist.

Du triffst deine Entscheidung aus dem Bauch heraus.

Die Milz-Autorität

Wenn du vom Energietyp ein:e Manifestor:in oder Projektor:in bist, dann kannst du eine Milz-Autorität haben, wenn die Milz definiert ist, das Sakral- und das Emotionszentrum aber nicht. Wahrscheinlich bist auch du mit dieser Autorität in deiner Kindheit konditioniert worden. Denn deine innere Autorität ist für die meisten schwer nachvollziehbar. Du kannst blitzschnell über deine Sinneswahrnehmung die richtige Entscheidung für dich treffen. Das wirkt auf andere oftmals sehr spontan und zu schnell. Du selbst solltest dich aber auf deine Intuition verlassen.

Ein Nachteil ist, dass sich auch hier sehr schnell der Verstand einschalten möchte. Du musst unbedingt lernen, deinen ersten Impulsen zu vertrauen und sie zu beachten. Es kann sein, dass für dich etwas gut riechen oder schmecken muss. Dein Körper weiß einfach, was dir guttut. Wenn man irgendwo etwas vorher probieren kann, ist das ganz gut für dich. Versuch auf deine Körpersignale zu achten. Hör auf deinen Instinkt, auch wenn andere dich beeinflussen möchten. Du reagierst wahrscheinlich schnell auf Ereignisse von außen.

Auch deine Entscheidungen sind nicht logisch erklärbar. Für dich ist es nicht leicht, Entscheidungen zu treffen, die sich auf zukünftige Dinge beziehen. Das ist in der heutigen Zeit nicht immer einfach. Deine Milz-Autorität meldet sich nur einmal, und zwar im Hier und Jetzt. Du bist der Typ „Das entscheide ich dann, wenn es soweit ist".

Du triffst deine Entscheidungen durch deinen scharfen Instinkt.

Die Herz-Autorität

Diese Autorität ist exklusiv für Manifestor:innen. Das Herzzentrum ist definiert, Sakral-, Emotions- und Milzzentrum sind nicht definiert, und es besteht eine Verbindung vom Herzzentrum zum Kehlzentrum. Mit einem definierten Herzzentrum hast du eine hohe Willenskraft und kannst deine Herzenswünsche selbstbewusst vorbringen. Du musst zu etwas aus vollem Herzen Ja sagen. Dieses Ja ist stark und machtvoll. Es kann sich fast wie ein Drang anfühlen.

Auch deine Wünsche kann dein Verstand nicht immer verstehen, andere auch nicht. Du solltest wissen, dass sich deine starken Herzenswünsche für andere oftmals egoistisch anfühlen können. Denn es hört sich für dich, und auch für andere, oft so an: „Ich will, ich will, ich will." Achte ein wenig darauf, wie du deine Entscheidungen mitteilst.

Du triffst deine Entscheidungen aus dem Herzen heraus.

Die Selbst-Autorität

Diese Autorität ist exklusiv für Projektor:innen. Das Selbstzentrum ist definiert, und es besteht eine Verbindung zum Kehlzentrum, während Emotions-, Milz- und Sakralzentrum nicht definiert sind; oder wenn das Selbstzentrum mit dem Herzzentrum verbunden ist, das Herzzentrum aber nicht mit dem Kehlzentrum. Keine Sorge, wenn das jetzt etwas kompliziert klingt; du wirst es bei der Erstellung des Bodygraphen sicherlich sehen.

Wenn du aus dem Selbst heraus eine Entscheidung triffst, dann wird es sich für dich genau richtig anfühlen. Einfach so – durch den Selbstausdruck. Diese Autorität lässt sich sehr schwer beschreiben und ist für andere oftmals nicht nachvollziehbar. Lass dir nicht dreinreden, wenn du dich mit deiner Entscheidung richtig wohlfühlst. Es kann sein, dass du eine ruhige Umgebung brauchst und gerne allein sein möchtest, wenn du eine Entscheidung für dich fällst. Du musst dir selbst zuhören können. Hüte aber auch du dich vor dem Verstand. Falls er sich meldet, erinnere dich zurück, wie es sich zuerst ganz spontan angefühlt hat.

Du triffst deine Entscheidung aus dir selbst heraus.

Die mentale Autorität

Diese Autorität ist ebenfalls exklusiv für Projektor:innen. Entweder sind Kronen- und Verstandeszentrum definiert, oder auch noch zusätzlich das Kehlzentrum. Meistens sind bei Projektor:innen viele andere Energiezentren offen, so dass sie sehr offen für Empfindungen aus der Umgebung sind. Für wichtige Entscheidungen braucht man ein Umfeld, in dem man sich wohlfühlt. Der Geist wünscht sich den Austausch mit anderen zur Entscheidungsfindung. Die Entscheidung wird aus der Resonanz heraus für sich selbst erkannt.

Es handelt sich hierbei um keine Spontanentscheidungen – diese Art, Entscheidungen zu treffen, braucht auch etwas Zeit. Meist kann man dann eine Entscheidung äußern, die sich beim Aussprechen richtig für sich selbst anhört. Es kann sein, dass die eigene Stimme dabei eine andere Stimmfarbe bekommt.

Du triffst deine Entscheidungen aus der mentalen Resonanz heraus und sprichst dann deine Wahrheit beziehungsweise deine Entscheidung aus.

Die lunare Autorität

Diese Autorität ist exklusiv für den oder die Reflektor:in. Dieser Energietyp hat kein Energiezentrum definiert und braucht die Resonanz von außen durch den Mondzyklus, der einmal innerhalb von 28 bis 29 Tagen alle Tore und Energiezentren aktiviert. Das ist ein langsamer Prozess, der es ermöglicht, viele verschiedene Perspektiven einzunehmen, um dann eine Entscheidung fällen zu können. Der oder die Reflektor:in tut gut daran, sich mit den Rhythmen der Natur zu verbinden. In der Natur kann ein:e Reflektor:in auch schneller zu einer Entscheidung kommen. Es muss nicht immer der gesamte Mondzyklus durchlaufen werden. Bei lebensentscheidenden Themen kann es aber sinnvoll sein.

Du triffst deine Entscheidung, indem du dich auf den natürlichen Rhythmus einlässt.

DAS WISSEN über deine innere Autorität verleiht dir einen Superboost an Selbstbewusstsein. Immer dann, wenn andere meinen, es für dich besser zu wissen als du selbst, weißt du nun, auf wen du eigentlich hören solltest – auf deine innere Autorität, und somit auf dich selbst. Auch wenn es hier und da Hinweise dazu gab, dass ein Austausch mit anderen oder der Natur für dich gut ist, dann bedeutet es dennoch, dass du in letzter Instanz die Entscheidung für dich triffst, und kein anderer.

Es gehört eine Menge Mut dazu, für sich selbst Verantwortung zu übernehmen, denn dann können wir niemand anderem die Schuld geben, wenn es mal nicht so läuft. Wer weiß schon, warum das manchmal so ist? Wir werden vieles erst in der Rückschau ganzheitlich begreifen, oder auch nie. Entscheidungen, die in der Vergangenheit getroffen wurden, kannst du nicht mehr ändern. Aber wenn ein Moment der Entscheidung kommt, hast du jetzt das Bewusstsein, wie du es für dich richtig machen kannst. Und auch dafür: Hab Geduld mit dir. Auch das ist ein Training. Wenn du jahrelang unter konditioniertem Einfluss Entscheidungen getroffen hast, dann sei froh über jede Entscheidung, die du von nun an vollkommen bewusst im Einklang mit deinem *Human Design* für dich treffen wirst.

Wie kannst du Human Design privat und beruflich einsetzen?

Die Erkenntnisse aus dem *Human Design* lassen sich in allen Lebensbereichen anwenden. Im Workbook findest du das *Rad des Lebens,* mit dem viele Coaches arbeiten. Schau dir dort gerne an, welche Bereiche es gibt, und in welchen Bereichen du für dich Anwendungsbedarf siehst. Auch hier gerne ein kurzer Überblick über die Bereiche:

- Gesundheit
- Familie
- Freunde
- Hobbys
- Erholung
- Beruf
- Finanzen
- persönliches Wachstum

Hier geht es um deine Potenziale im privaten und beruflichen Kontext. Je mehr du über dich selbst weißt, desto selbstsicherer wirst du auch von außen wahrgenommen.

Einen sehr wesentlichen Faktor für sicheres Auftreten hast du mit dem Wissen über deine innere Autorität erworben. Dann gibt es noch einen weiteren sehr wesentlichen Faktor, der dich auf praktische Weise in allen Lebensbereichen unterstützen kann: Zu jedem Typ im *Human Design* gehört eine bestimmte Strategie. Auch außerhalb von *Human Design* arbeiten viele Coaches mit ihren Klient:innen eine bestimmte Strategie für alles Mögliche aus, wie zum Beispiel ihre Sichtbarkeit im Online-Marketing. Vielleicht warst du bisher nicht so sehr ein:e Strateg:in, aber es lohnt sich, eine bestimmte Strategie parat zu haben, um nicht ganz kopflos durchs Leben zu stolpern.

Beim Kapitel über die inneren Autoritäten mag vielleicht stellenweise der Eindruck entstanden sein, dass der Verstand nicht immer die beste Wahl ist, um richtige Entscheidungen zu treffen. Wenn es jetzt um deine Strategie geht, könnte man meinen, es geht um etwas, das vom Verstand gesteuert wird. Doch dem ist nicht so. Im *Human Design* ist deine Strategie auch nicht im Verstand verortet. Sie gehört zu deinem Energietyp. Die Strategie zeigt dir auf, wie du deine innere Autorität einsetzen kannst. Das gute ist: Du brauchst keine unterschiedlichen Strategien für die Lebensbereiche, sondern kannst dich auf die eine, für dich passende Strategie ausrichten.

Schauen wir uns nun die Strategien für jeden Typ an.

Strategie des oder der Generator:in: reagieren

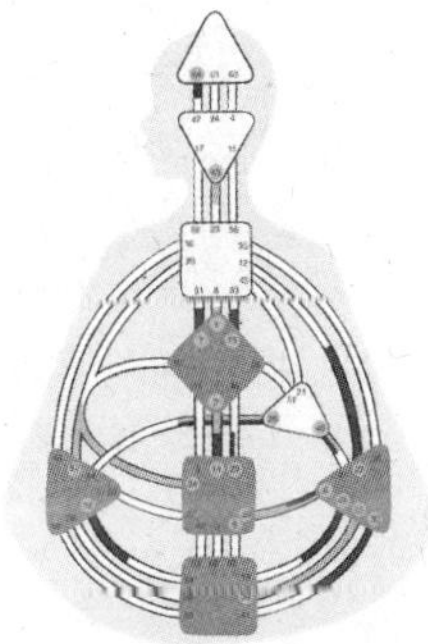

Deine Strategie ist es, auf Reize von außen zu reagieren. Durch deine immense Energie wirkst du auf andere wie ein Magnet, denn auch deine Mitmenschen erkennen in dir diese Kraft. Wenn sich eine Situation ergibt, wo es deine Power braucht, bist du eingeladen, zu reagieren. Beachte vorab deine innere Autorität. Sie gibt dir die Entscheidungskraft für die Frage, wofür du dich einsetzen möchtest – zumindest, wenn du wirklich mit Freude bei der Sache sein möchtest. Also nimm dir die Zeit, um deinem Bauchgefühl zu folgen.

Beachtest du deine Strategie nicht, dann rutschst du in das „Not-Self" der Frustration und erschöpfst damit deine Kraft. Umgekehrt wird es dich sehr zufrieden stimmen, wenn du unter Beachtung deiner Strategie und deiner inneren Autorität reagierst.

Strategie des oder der Manifestierenden Generator:in: abwarten, andere informieren, und erst dann reagieren

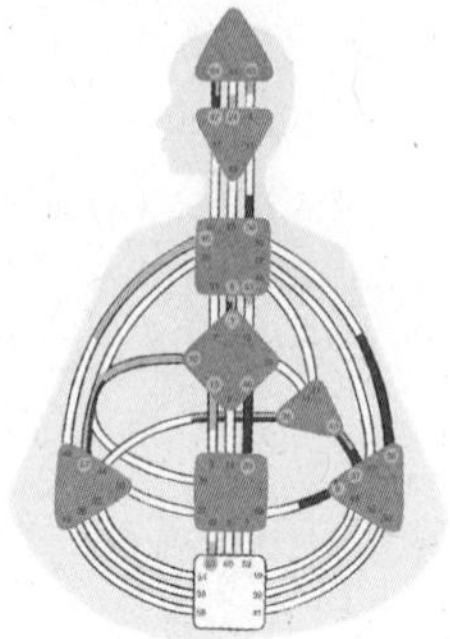

Auch du darfst wie der oder die Generator:in auf die Begebenheiten und Reize von außen reagieren. Als Mischtyp solltest du dir Zeit nehmen und wie die oder der Generator:in zunächst auf dein Bauchgefühl hören. Es kann sein, dass du etwas mehr Geduld mit dir haben solltest. Du möchtest oftmals schnell reagieren, aber es ist wichtig, dass du dir zunächst einmal alles gut vorstellen kannst. Wenn du genug Klarheit hast, dann ist es gut, vor deiner Reaktion und bevor du aktiv ins Handeln gehst, dein Umfeld zu informieren. So holst du die anderen mit ins Boot.

Folgst du dieser Strategie nicht, dann kann es auch für dich Frust bedeuten, inklusive Widerstand und Lustlosigkeit.

Strategie des oder der Projektor:in: auf eine Einladung warten

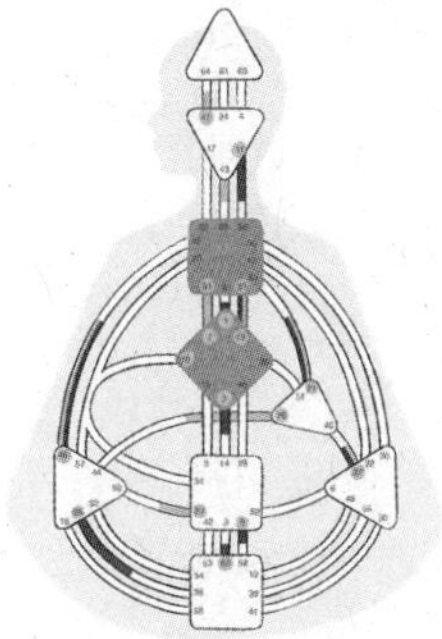

Als Projektor:in wird dir empfohlen, bei wichtigen Dingen auf eine Einladung zu warten. Ansonsten stößt dein Handeln oder auch deine Kritik andere vor den Kopf, was dich selbst in einen Zustand der Verbitterung führen kann. Das erfordert von dir oftmals ein hohes Maß an Geduld. Reißt dir der Geduldsfaden, weil einfach keine Einladung kommen will, dann kann in dir das Gefühl entstehen, nicht gut genug zu sein. Dem ist nicht so. Wenn die Einladung nicht direkt ausgesprochen wird, warte einen passenden Moment ab, und ermächtige dich. Das wird nicht immer leicht zu erkennen sein, aber wenn du dieser Strategie und deiner inneren Autorität folgst, wird sich alles erfüllter für dich anfühlen, und du wirst erfolgreicher sein.

Für Dinge des Alltags ist es wichtig, dass du dich wohlfühlst, dann kannst du auch ohne eine direkte Einladung ins Handeln gehen. Dann müssen sich die Dinge für dich einladend anfühlen. Dennoch ist es für dich wichtig, dass du dich anerkannt und gesehen fühlst.

Strategie des oder der Manifestor:in: andere informieren, dann initiieren

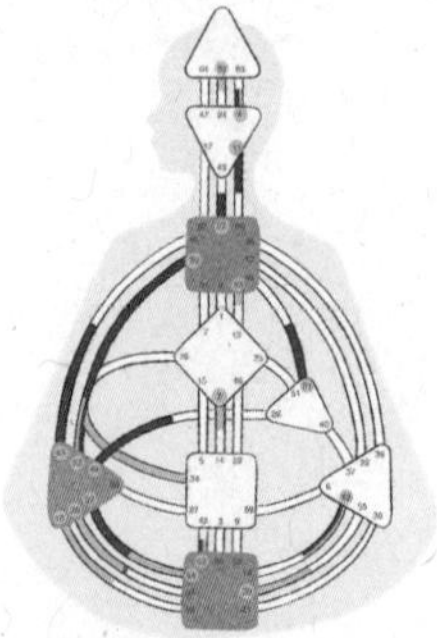

Als Manifestor:in brauchst du zwar nicht auf eine Einladung zu warten, musst aber auch nicht erst reagieren, wenn sich eine Situation ergibt. Denn du selbst bist es, die oder der die Dinge initiiert. In deiner Strategie ist es aber vorgesehen, dass du andere über deine Pläne informierst. So wirst du auch eher Zuspruch und Unterstützung aus deinem Umfeld bekommen. Denn die Kraft zur Umsetzung liefern ganz oft die Generator:innen und Manifestierenden Generator:innen aus deinem Umfeld. So wirst du für die anderen nahbarer.

Du solltest keine Angst davor haben, andere zu informieren. Es ist gut, damit sich die anderen mit dir verbünden und sich nicht von dir überrannt fühlen. Und wer weiß: Vielleicht kommen dann die Dinge auch eher in dein Feld, und du musst nicht immer und immer wieder darum bitten. Somit bleibst du auch selbst handlungsfähig und musst gar nicht erst wütend werden. Alle sind um ein harmonisches Miteinander bemüht. Viele Konflikte lassen sich vermeiden, wenn wir wissen, wie wir selbst kommunizieren sollten.

Strategie des oder der Reflektor:in: abwarten

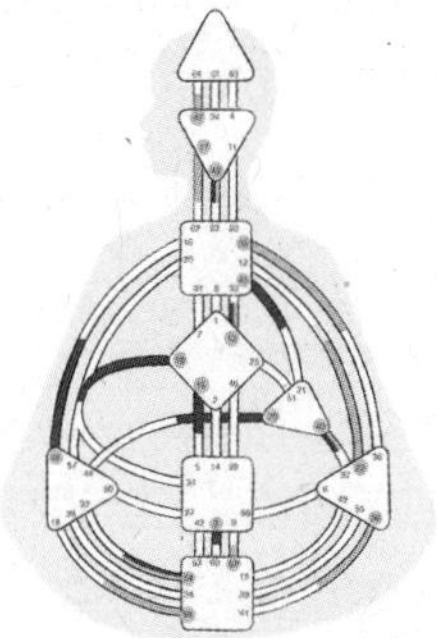

Als Reflektor:in hast du sicherlich schon festgestellt, dass du oftmals Zeit zur Reflexion brauchst. Du nimmst unheimlich viel wahr und brauchst dann zur Verarbeitung etwas mehr Zeit als andere. Du hast keine verlässliche innere Autorität und Strategie wie die anderen Typen. Für dich ist es wichtig, mit dem Transit der Planeten zu arbeiten und dem Rhythmus der Natur zu folgen. Das ist deine Strategie. Der Mond ist dein Partnerplanet und schenkt dir deine Ausrichtung, die dann auch aus dir heraus entsteht.

DIESE STRATEGIEN unterstützen dich in sämtlichen Lebensbereichen, auch beruflich. Um für die berufliche Seite noch etwas konkreter zu werden, gibt es jetzt ein paar zusätzliche Hinweise für diesen Lebensbereich. Ich werde hierzu in die beiden Bereiche Angestelltenverhältnis und Selbstständigkeit unterteilen.

Human Design im Angestelltenverhältnis

Die meisten Angestellten arbeiten in einem Team. Sicherlich gibt es hier auch Ausnahmen, aber meistens ist es noch so, dass Hierarchien bestehen, die sich aus Leadern und einem Team zusammensetzen. Wenn du kein Team hast oder keinem angehörst, hast du sicherlich dennoch Berührungspunkte mit anderen Menschen. Hier geht jetzt aber um die Arbeit im Team.

Ein Team kann sich aus den verschiedenen Energietypen zusammensetzen. Ideal wäre es natürlich, wenn man ein heterogenes Team aus den verschiedenen Typen hätte. Wer weiß, vielleicht werden die Personalabteilungen dieser Welt bald nach den Gesichtspunkten des *Human Design* die Teams zusammenstellen oder schon bei der Personalsuche darauf achten?

Wir schauen uns die Typen in der Interaktion eines Teams nun an:

Welche Aufgabe hat der oder die Generator:in im Team?

Der oder die Generator:in bringt durch das definierte Sakralzentrum sehr viel Arbeitsenergie mit. Diese Energie zeichnet eine:n Macher:in aus, also jemanden, der oder die anpacken kann und sehr viel Durchhaltevermögen hat. Damit der Generator oder die Generatorin seine oder ihre Energie wirklich gut einsetzen kann, ohne in die Burnout-Falle zu tappen, braucht er oder sie Aufgaben und To-Dos, die ihm oder ihr Freude bereiten.

Wenn du selbst in einer Führungsrolle bist, hab ein Auge darauf, dass die Arbeit Spaß macht. Wenn du Generator:in in einem Team bist und dir die Aufgaben keinen Spaß machen, versuch dies unbedingt zu ändern, wenn dir etwas an deiner Firma liegt. Denn sonst wirst du vermutlich nicht auf Dauer durchhalten oder gehst gefrustet zur Arbeit. Das würde dich über kurz oder lang deiner Energie berauben. Es wäre zu schade, wenn deine immense Energie verpuffen würde.

Welche Aufgabe hat der oder die Manifestierende Generator:in im Team?

Für dich ist es gut, wenn du immer mal wieder neue Aufgaben bekommst. Auch du hast eine große Arbeitskraft wie der oder die Generator:in. Warum immer mal neue Aufgaben oder Projekte? Du probierst dich gerne aus, um so herauszufinden, was dir wirklich Spaß macht. Du fängst gerne immer wieder neu an. Das ist perfekt, um bei der ersten Stunde neuer Projekte dabei zu sein, um diese in die Umsetzung zu bringen. Außerdem liebst du eher die Abwechslung. Das kannst du so auch sicherlich im Job kommunizieren, falls dir nicht neue Aufgaben angeboten werden. Das wäre zwar ideal, ist aber bestimmt nicht immer der Fall. Ideal wäre es natürlich, wenn die spannenden Aufgaben dich finden, da du nicht die oder der bist, die oder der die Dinge initiiert.

Welche Aufgabe hat der oder die Projektor:in im Team?

Für Projektor:innen wäre es super, wenn sie in einer leitenden Position arbeiten können. Sie sehen, wie die Dinge laufen sollten, und hierbei ist ihre Energie am besten zu gebrauchen – nicht so sehr in der Umsetzung. Perfekt wäre ein Job, bei dem sie sich auch selbst ihre Pausen einteilen können, da sie nicht die immense Arbeitskraft mitbringen wie die Generator:innen oder Manifestierenden Generator:innen. Eine mögliche Aufgabe wäre es, Projekte zu leiten oder ein kleines Team zu leiten; die zweite Führungsebene, ohne initiieren zu müssen, wäre ideal.

Welche Aufgabe hat der oder die Manifestor:in im Team?

Als Manifestor:in liegt es dir, Dinge zu initiieren. Dafür brauchst du einen gewissen Ermessensfreiraum. Eine Position, in der dir dies möglich ist, ist meist in einer Führungsrolle. Du bringst die Dinge in Gang, kannst das Team motivieren. Aber du brauchst ein Team, das dann seine Arbeitskraft einbringt, denn du selbst bist nicht mit mehr Arbeitsenergie ausgestattet. Gut ist es, wenn du die Aufgaben verteilen kannst. Du bist schnell in den ersten Handlungen, die nötig sind, und dann können gerne andere in die weitere Ausführung gehen. Du musst nicht jede:m gefallen, um gut in deinem Job zu sein. Aber ein gesundes Arbeitsklima ist auch für dich wichtig, damit deine Energie richtig gut fließen kann.

Welche Aufgabe hat der oder die Reflektor:in im Team?

Als Reflektor:in brauchst du ein Team, in dem du dich wirklich wohlfühlen kannst. Ein gutes Betriebsklima ist ein absolutes Muss für dich. Was dir gar nicht liegt, ist eine 40-Stunden-Woche ohne Rückzugsmöglichkeiten. Im Home-Office bist du nicht so sehr den ganzen Energien von anderen ausgesetzt, was sicherlich auch mal gut für dich ist. Wenn es also eine Chance auf Home-Office gibt, dann solltest du diese immer wieder nutzen.

Ansonsten wäre es gut für dich, die Pausen in der Natur zu verbringen. In der Stadt geht es für dich in den nächsten Park. Du musst die Pausen nicht mit den Kolleg:innen verbringen. Nutze die Zeit alleine, um für dich zu reflektieren. Es ist anstrengend für dich, wenn du zu viele Menschen bei der Arbeit um dich hast. Ein kleines Team ist super, ein Einzelbüro ist besser als ein Großraumbüro, und die Retourenabteilung mit vielen Kundenbeschwerden überlässt du lieber anderen. Du brauchst am besten ein Team, das dir Sicherheit schenkt, und in dem du genug Raum hast für deinen eigenen Rhythmus.

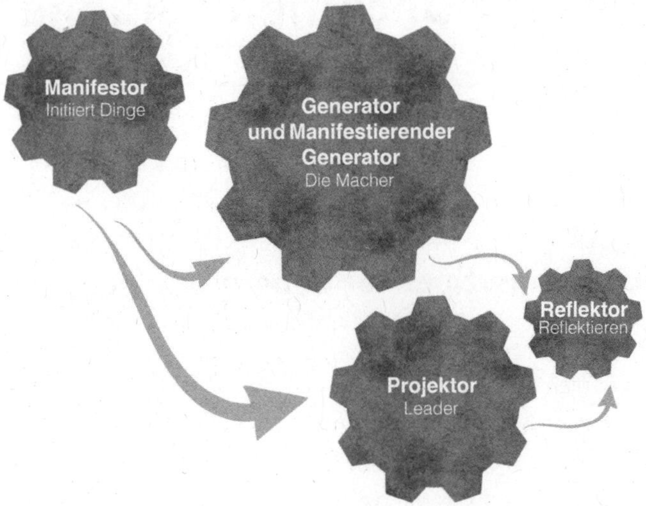

Jeder Human-Design-Typ hat seine Rolle im Team. Entscheidend für den Erfolg ist das Zusammenspiel.

Selbstverständlich ist gutes Teamwork von mehr Dingen abhängig als nur vom Energietyp der einzelnen Mitglieder, aber rein energetisch betrachtet ergibt es Sinn, wenn die Teammitglieder mit der Energie, die sie laut *Human Design* mitbringen, so eingesetzt werden können, wie es ihrer Energie entspricht. Das ist zumindest eine gesunde Basis für ein erfolgreiches Team und eine gute Zusammenarbeit für gemeinsame gute Ergebnisse.

ALS NÄCHSTES möchte ich darauf eingehen, was für die Energietypen im Berufsleben wichtig ist, wenn sie selbstständig arbeiten und ein eigenes Unternehmen oder Geschäft betreiben. Es sollte sich übrigens kein Typ davon abhalten lassen, wenn er oder sie den Wunsch hat, lieber selbstständig zu arbeiten. Arbeitsleistung kann eingekauft werden, Ideen können auch von außen kommen. Lass dich also nicht aufhalten, wenn du eine tolle Geschäftsidee umsetzen möchtest.

Tipps für Unternehmer:innen

Unternehmertipps für Generator:innen

Wir sind an einer Stelle im Buch angelangt, an der du schon sehr viel über dich erfahren hast. Vieles davon kannst du auch in deinem Unternehmen anwenden. Da deine Strategie das Reagieren ist, kann es sein, dass du etwas Zeit brauchst, bis die richtige Business-Idee in dein Feld geflattert kommt, die du dann tatkräftig umsetzen möchtest. Vielleicht macht dir jemand auch das Angebot, in ein Geschäft mit einzusteigen.

Was du auf jeden Fall beherzigen solltest, ist, dass dir dein Unternehmen wirklich Freude bereitet. Wenn es mit deinem Geschäft Aufgaben gibt, die dir keinen Spaß machen, ist frühzeitiges Outsourcen angesagt, sobald es die wirtschaftlichen Verhältnisse zulassen. Meistens ist es am Ende sogar günstiger für dich, wenn du es auch tust, bevor du an den Aufgaben ausbrennst, die dir einfach nicht liegen. Wenn du beispielsweise ein Unternehmen hast, in dem du sehr gerne verkaufst, aber keine Lust auf das Backoffice hast, dann versuch schnellstmöglich jemanden dafür zu finden, der dir diese Arbeit abnimmt. Dein Beruf darf dich mit Freude auslasten. Am Ende des Tages liebst du es, wenn du einen erfüllten Tag hattest.

Wenn du ein Unternehmen hast, das dich zum Leuchten bringt, dann wird es eines sein, an dem du länger Freude hast. Es wäre nicht so dein Ding, ständig einen Kurswechsel hinzulegen. Bei all der Energie, die du hast, tun auch dir Pausen ganz gut. Plan sie ein, bevor du sie nötig hast. Ein wenig Stillstand beim Selbstständigsein ist hin und wieder normal, auch wenn du dann eher ungeduldig wirst. Auch im unternehmerischen Beruf gilt für dich: Hör auf deine Bauchstimme.

Unternehmertipps für Manifestierende Generator:innen

Du brauchst auf jeden Fall ein Geschäftsidee, bei der du ordentlich zu tun hast. Irgendwo herumsitzen und auf Kundschaft warten wäre für dich fatal. Dein Traumunternehmen kommt eher auf dich zu und sucht nach dir, als umgekehrt. Halt Ausschau nach den passenden Möglichkeiten. Bei welchem Angebot schlägt dein Puls höher? Du wirst spüren, wann es die Möglichkeit beim Schopfe zu packen und loszulegen gilt. Achte darauf, ob dir deine Bauchstimme ein *„Hell, yes!"* sendet.

Als Manifestierende:r Generator:in kann es dir trotz des *„Hell, yes!"* passieren, dass du deinen Kurs wechseln möchtest. Achte darauf, dass du dein Unternehmen so gestaltest, dass ein Kurswechsel möglich ist. Lass dich nicht auf ellenlange Verträge ein, die dich zu stark knebeln würden. Du brauchst eine gewisse Flexibilität, wie es beispielsweise eine Freiberuflichkeit ermöglicht. Wenn dem so ist, dann sprudelt deine große Energie auch auf die richtigen Geschäftspartner:innen über. Manches musst du auch im eigenen Geschäftsleben auf dich zukommen lassen; dann wählst du aus, wo du selbst noch Initiative ergreifst.

Unternehmertipps für Projektor:innen

Für Projektor:innen ist es besonders wichtig, darauf zu achten, auch im eigenen Unternehmen Pausen zu machen. Es tut dir gut, wenn du deine Energie auch im Arbeitsalltag gut einteilen kannst. Am besten ist für deinen Energietyp eine Leaderrolle, ob im eigenen Unternehmen oder vielleicht in Projekten innerhalb einer Firma. Du wirst besonders für deinen kritischen Blick wertgeschätzt und respektiert. Wenn du dich für eine:n Geschäftspartner:in entscheidest, dann ist es ein Kontakt, den du über Jahre intensivieren solltest. Du profitierst in deinem Geschäft von Empfehlungen anderer. Überlass ansonsten lieber anderen den Marketingbereich, wenn du das Gefühl hast, dass es nicht so dein Ding ist, denn sonst geht dir wertvolle

Energie verloren, die du zum Optimieren und Verbessern deines Unternehmens bräuchtest. Es sei denn, du hast Talente, die dem Marketingbereich entsprechen – dann „go for it". Vielleicht ist dann sogar ein Coaching-Business für dich sinnvoll. Du tust gut daran, dir selbst ein Team aufzubauen, das für dich Aufgaben erledigen kann, und nicht umgekehrt.

Unternehmertipps für Manifestor:innen

Du bist super darin, Dinge zu initiieren, und hast jede Menge Ideen. Du musst sicherlich nicht auf andere Geschäftspartner:innen warten, aber du solltest über deine Ideen reden und dein Umfeld informieren, damit die Dinge auch in deinem Unternehmen gut für dich laufen. Wenn du das nicht tust, wirst du oftmals missverstanden, und das könnte deinem Unternehmen schaden. Auch du tust gut daran, dir möglichst schnell ein eigenes Team aufzubauen, das dich bei der Umsetzung unterstützt oder dir Dinge komplett abnimmt.

Du bist die- oder derjenige, die oder der das Team motiviert und voranbringt. Je klarer du dir selbst darüber bist, wer du in Wahrheit bist, umso erfolgreicher wirst du sein. Du bist kein „People Pleaser" und wirst polarisieren. Aber das ist in Ordnung. Du wirst nicht jede:m gefallen, und dein Geschäft muss es auch nicht. Du darfst dich ruhig spitz positionieren – je „nischiger", desto besser. Du hast ganz viel Energie, was andere Geschäftspartner:innen entweder total an dir lieben, oder aber es schüchtert sie ein. Bleib deiner Strategie auch im Geschäftlichen gegenüber Partner:innen und Kund:innen treu und informiere sie über deine Visionen.

Unternehmertipps für Reflektor:innen

Dein Unternehmen sollte dir die Freiheit geben, die du brauchst, um alles so gestalten zu können, dass du dich damit komplett wohlfühlst. Du darfst wirklich nach deinen Regeln spielen. Da andere einen starken Einfluss auf dich ausüben, entscheide besonnen, mit wem du dich in deinem Berufsfeld umgibst. Du brauchst einen Rhythmus, der dir entspricht, und so darfst du auch dein Geschäft rhythmisieren. Gut, das es mittlerweile so viele technische Möglichkeiten gibt, um ein gesundes Zeitmanagement erschaffen zu können. Beiträge auf Social Media können vorgeplant werden, vielleicht reicht dir ein unregelmäßiges Einkommen. Erschaff dir dein Traum-Unternehmen, in dem du nicht 24/7 arbeiten musst.

Dein Unternehmen profitiert sehr von Empfehlungen. Hier solltest du gerne deine Bestandskund:innen aktiv dazu auffordern – eine Strategie, die unbedingt zu deinem Marketingmix dazugehören sollte. Für dich ist es wichtig, dich selbst auf wenige Punkte zu fokussieren. Um weniger zu arbeiten, solltest du dich ausführlich mit deiner Preispolitik beschäftigen. Für dein Geschäft sollte Qualität immer wichtiger sein als Quantität. Dein Angebot wird mit denen in Resonanz gehen, die erkennen, dass du etwas Besonderes anbietest. Finde heraus, was dein Alleinstellungsmerkmal ist.

DAS WAREN DIE TIPPS entsprechend deinem Energietyp. Wie du schon von mir weißt, folge ich dem Prinzip vom Einfachen zum Komplexen. Für das Feintuning orientieren wir uns an der Ausrichtung deiner Profillinien. Bedenke dabei zunächst das Offensichtliche, und lies dir den Text zu deiner bewussten Profillinie durch – ein Bereich, der dir wahrscheinlich schon bewusst ist und der dich in deinem Unternehmen stärkt. Dann lies dir auch den Text zu deiner unbewussten Profillinie deines *Human Designs* durch. Hier zeigt sich, wie andere dich in deinem Beruf wahrnehmen. Wenn du dies weißt, dann ist das ein wahrer Vorteil für dein Geschäft. Du kannst dieses Wissen zum Beispiel für deine Marketingstrategie einsetzen.

Feintuning für deinen beruflichen Erfolg mit den Profillinien

Linie 1

Die Linie der Forscher:innen forscht auch im Berufsleben gerne. Sie ist bestens geeignet für alle Themenbereiche, bei denen es in die Tiefe geht, zum Beispiel für ein Spezialgebiet. Werde der oder die Expert:in in einem bestimmten Bereich. Wähle eine möglichst spitze Positionierung. Was könnte eine besondere Nische in deinem Berufsfeld sein? Da du ohnehin dazu neigst, erst einmal alles ganz genau zu erforschen, kann dieses Wissen das perfekte Fundament für dein Unternehmen sein.

Äußere auch bei Geschäftspartner:innen und Kund:innen, dass du es magst, in die Tiefe zu gehen. Beim Networking ist oftmals Smalltalk angesagt – schau dir an, wie du das für dich so umsetzen kannst, dass dein Tiefgang auch hier zur Geltung kommt und du mit dieser Stärke im Gedächtnis bleibst.

Wenn du ein neues Unternehmen gründest, dann überleg dir, wie du dich hier als Expert:in etablieren kannst. Das geht meist nicht von heute auf morgen, weshalb du gut daran tust, nicht zu sehr zwischen verschiedenen Bereichen zu springen. Mach dir bewusst, dass dein Geschäft von deiner Fachkompetenz profitiert. Du bildest dich immer gerne weiter und kannst dir das nötige Wissen auch selbst aneignen. Selbstlernkurse sind für dich dafür bestens geeignet. Wissen gibt dir Sicherheit und stärkt dein Selbstbewusstsein. Ein Leben ist kaum genug, denn du hast die Fähigkeit, verschiedenen Firmen aufzubauen, und bist ein:e gute:r Entrepreneur:in. Such dir bewusst Businessgruppen zu den Themen, die dich interessieren.

Falls es dir schwerfällt, deine eigenen Stärken zu sehen, frag bewusst ein paar Vertrauenspersonen danach. Vielleicht öffnet dir das die Augen für den Blick auf dich selbst. Bevor du ein Unternehmen gründest, machst du dir sicherlich einen wasserdichten Businessplan. Mit der 1er-Linie bist du ein Genussmensch und knüpfst Kontakte bei einem guten Geschäftsessen; so verbindest du Genuss und

Geschäft. Sei etwas milder mit dir selbst – du bist dir selbst oft der oder die größte Kritiker:in.

Linie 2

Die Linie des Naturtalents zieht sich gerne mal zurück. Falls das im Berufsleben passiert, wo deine Präsenz erforderlich ist, informiere andere von deiner temporären Abwesenheit oder kündige eine Auszeit rechtzeitig an. Das gilt auch für Pausen auf deinen Social-Media-Kanälen. Hier gibt es Möglichkeiten, Beiträge vorzuplanen. Eigentlich umgibst du dich gerne mit anderen Menschen, aber nicht 24/7. Du brauchst dein Alleinsein zum Regenerieren. Wenn andere zusammen mit Geschäftspartner:innen zum Mittagessen gehen, solltest du diese Zeit lieber für dich alleine nutzen. Schau, wie du Zeiten des Alleinseins in deinem Unternehmen fest einplanen kannst. Kommuniziere auch ganz klar deine Geschäftszeiten, und wenn du ungestört sein möchtest, schalte dein Handy auf Flugmodus. Du musst nicht ständig erreichbar sein.

Leg feste Zeiten im Tagesablauf fest, an denen du deine Mails schickst oder verpasste Anrufer:innen zurückrufst. Besprich deine Mailbox passenderweise und richte deine Abwesenheitsnotizen dementsprechend ein. Dann wissen auch deine Geschäftspartner:innen und Kund:innen Bescheid.

Falls du ein lokales Geschäft hast, überdenke deine Öffnungszeiten. Und perfekt wäre dein Beruf für dich, wenn er deiner Berufung entspricht. Such dir am besten Geschäftspartner:innen, mit denen du auf Augenhöhe Geschäfte machen kannst. Lieber wenige sehr gute Businesskontakte, als viele schlechte. Auf Social-Media-Kanälen ist nicht die Anzahl deiner Follower oder eine große E-Mailliste entscheidend für deinen Erfolg, sondern du brauchst wirklich die richtigen Leute an deiner Seite. „Mehr Klasse als Masse!" sollte dein Motto sein.

Linie 3

Deine Abenteurerlinie liebt eine spannende und abwechslungsreiche berufliche Tätigkeit. Gestalte dein Unternehmen abwechslungsreich, damit du lange Freude daran hast. Du liebst das Risiko und solltest dir für ein solides Unternehmen Rat einholen, bevor du unüberlegte große Investitionen tätigst. Es wird sich sicherlich nicht vermeiden lassen, dass du einige Fehler machst, aber wäge ab, wo es zu einer totalen Bruchlandung im tiefsten Dschungel führt, und wo es einfach ein kleiner Ritt wird. Die totale Sicherheit haben auch die anderen nicht, dennoch bist du einfach risikofreudiger. Das kann den Mega-Erfolg bedeuten, oder auch mal danebengehen. Schau dir an, wie du dich selbst absichern kannst.

Mit deiner mutigen Art kannst du auch für andere eine große Motivation sein. Vor allem liegt dir die Kommunikation. Wenn du dir dein Geschäft gut vorstellen kannst, dann hat es die besten Chancen, real zu werden. Und wenn du auf dem Weg zum Ziel scheiterst, dann wirst du immer wieder aufstehen. Hab also keine Angst davor, zu scheitern, denn das wirst du. Aber du wirst auch wieder aufstehen und mit jedem Fehler dazulernen. Schäme dich deiner Fehltritte nicht. Mit diesen Eigenschaften stehen dir so viele Türen offen. Du bist gut so, wie du bist. Ich sage dies hier nicht als Floskel, sondern weil du es dir auch selbst immer wieder sagen musst. Besonders dann, wenn du wieder aufstehen musst.

Linie 4

Du bist der oder die geborene Networker:in. Dein Geschäft lebt von einer starken Community. Facebook-Gruppenaufbau oder Netzwerken auf anderen Kanälen liegen dir besonders gut. Du bist wahrscheinlich auch gut im Storytelling, was dich zu einem Magneten werden lässt. Du bist gut vernetzt und kannst auch andere gut vernetzen. Das ist eine wesentliche Stärke und die Basis deines Berufslebens. Du weißt gerne bei den Leuten um dich herum, woran du bei ihnen bist. In der Arbeitswelt solltest du dir selbst immer einen Schritt voraus sein. Bedenke jedoch, dass es immer auch mal anders kommen kann, als du es geplant hast. Was wäre dein Plan B? Es kann nicht schaden, einen parat zu haben.

Was sind im Beruf deine kurzen, mittleren und langfristigen Ziele? Wer aus deinem Geschäftsumfeld kann dich bei welchen Schritten unterstützen? Du bist keine One-Woman-Show (oder

One-Man-Show), sondern kommst gut vernetzt zum Erfolg, wenn du das richtige Netz für dich gewählt hast. Hüte dich im Arbeitsleben davor, zu tratschen, damit es nicht auf dich zurückfällt. Sich einer lockeren Zunge hinzugeben ist unprofessionell. Sei besonnen im richtigen Umgang mit deinen Geschäftspartner:innen. Informationen austauschen ist wichtig und verschafft dir einen Vorteil. Im Geschäft folgst du eher dem Prinzip „geben und nehmen" – du weißt immer, bei wem du noch einen Gefallen einfordern kannst. Du hast ein gutes Gespür dafür, wie du deine Energie so einsetzt, dass am Ende mehr für dich herausspringt. Das kannst du dir für Rücklagen zunutze machen. Wenn es im Geschäftlichen Hürden gibt, die du nicht ändern kannst, dann bist du bereit, dies zu akzeptieren. Folge unbedingt deiner Strategie und deiner Autorität, um nicht aus dem eigenen Netzwerk ausgeschlossen zu werden. Ins Nicht-Selbst zu verfallen könnte dich sonst dein Unternehmen kosten oder dich zu sehr erschöpfen.

Linie 5

In deinem Arbeitsleben bist du die oder der Impulsgeber:in. Es müssen nicht unbedingt eigene Ideen sein, die du für andere zugänglich machst. Dein Unternehmen lebt davon, dass du komplexe Dinge für andere herunterbrechen kannst, so dass es leichtverdauliche Snacks werden. Du hast die Fähigkeit zu einem guten Überblick, und du hast die Leaderkappe auf. Geschäftspartner:innen und Kund:innen suchen bei dir nach Lösungen für ihre Herausforderungen und Probleme. Du bist Magnet und Projektionsfläche zugleich. Dein Unternehmen kann gut darauf ausgerichtet sein, Problemlösungen anzubieten.

Du tust gut daran, dich auf gesunde Art und Weise abzugrenzen, wenn es zu persönlich wird. Versuch Kritik nicht persönlich zu nehmen. Lerne, wann es Zeit ist, Dinge loszulassen. Das macht dein Arbeitsleben leichter. Eine weitere Stärke, die du hast, ist dein Mut, auch auf fremde Menschen zuzugehen. Dennoch achte darauf, wie du Kaltaquise betreibst. Fall nicht mit der Tür ins Haus, sondern bau erst Vertrauen auf. Du könntest mit den Eigenschaften der Fünferlinie auch gut ein Unternehmen haben, das mit dem Thema „Heilen" zu tun hat und die Dinge zum Guten verändern möchte. Deine Mittel dazu findest du in deiner Kreativität und deiner praktischen Herangehensweise.

Wie du selbst, so sollte auch dein Unternehmen einen gewissen Tiefgang und Konsistenz haben. Du möchtest etwas Sinnvolles beitragen und Brücken bauen. Für die Fünferlinie gilt im Business: „Willst du gelten, mach dich selten." So bleibt eine gesunde Work-Life-Balance erhalten. Herausforderungen im Arbeitsleben nimmst du gerne an – so bleibt es spannend. Du bist jemand, der oder die aus der Masse herausragt, wenn du deine Stärken gut in Szene setzt. Manchmal bist du der Welt ein Stück voraus. Schau, wie du dein Umfeld an Bord holen kannst.

Linie 6

In deinem Geschäft wird spürbar werden, dass du einer Weisheit folgst, die tief in dir selbst liegt. Allerdings könnte dein Unternehmen, das du vor dem 30. Lebensjahr gründest, so verlaufen, wie bei Linie 3 dargestellt. Ab 30 transformiert sich dein Geschäft in eines mit Vorbildfunktion, das du ab 50 vollends erfüllen kannst. Bis dahin wird es stetig wachsen, verworfen werden und wieder wachsen.

Als Rollenvorbild in deinen weiseren Lebensjahren werden Businesspartner:innen und Kund:innen zu dir aufblicken und von deiner Weisheit profitieren. Falls du mit deinem Unternehmen vor Vollendung deines 50. Lebensjahres ein paar Schlenker machst, dient dies deinem späteren Berufsleben. Es wird einen Punkt in deinem Leben geben, wo du genau weißt, wo du mit deinem Beruf hinwillst. Bis dahin gibt es vielleicht nicht die eine Vision. Feiere deine Etappenerfolge. Welche Meilensteine hast du vielleicht schon erreicht?

Menschen suchen dich und dein Unternehmen auf, wenn sie selbst nicht weiterkommen. In allen wichtigen Angelegenheiten solltest du vor allem dir selbst vertrauen. Was sagt dir deine innere Autorität? Austausch mit anderen kann dennoch im Beruf wichtig sein. Vielleicht kannst du dich einem Netzwerk anschließen, in dem du Gleichgesinnte auf Augenhöhe findest, zum Beispiel in einem Business-Club.

Hüte dich davor, dass andere dich als Guru auf ein Podest stellen. Für einen guten Überblick brauchst du kein Podest. Im Arbeitsleben liegen dir Themen, bei denen du Systeme mit aufbauen kannst. Du selbst bist dir ein:e gute:r Gradmesser:in für deine Leistungen. Dir liegt es, groß zu denken. Sei dir stets deiner Außenwirkung bewusst, vor allem wenn in deinem Profil die Sechserlinie an zweiter Stelle steht. Ansonsten könntest du arrogant auf andere wirken.

Welche Routinen passen zu mir und meinem Energietyp?

Damit sich dein Potenzial gut entfalten kann, ist es gut, wenn nicht zu viel Energie in Alltagsdingen verschleudert wird. Alle Welt redet von erneuerbaren Energien und davon, wie wir Energie einsparen können. Auch für dich selbst ist es gut, wenn du die Routinen für dich hast, damit du für dich selbst energieeffizient funktionierst. Das klingt jetzt etwas mechanistisch, aber es verdeutlicht, worum es hier geht.

Entwickle für dich Automatismen, die dir guttun. Lass es mich anhand eines Beispiels verdeutlichen: Nicht für jeden Menschen ist das gleiche Lebensmittel gesund. Ich selbst vertrage beispielsweise kein Gluten. Anderen Menschen schenkt es Energie, mir würde es Energie rauben. Was dir nun Energie schenkt oder raubt, zeigt dir ein erneuter Blick auf deinen Bodygraphen.

Vielleicht hast du dich schon gefragt, was die Pfeile links und rechts des Kopfes zu bedeuten haben. Darauf bekommst du nun Antwort.

Diese Variablen zeigen uns, wie wir Informationen aufnehmen und verarbeiten. Es gibt zwei Pfeile auf jeder Seite, die nach links oder rechts zeigen können. Rein mathematisch ergeben sich damit 16 mögliche Kombinationsmöglichkeiten. Sie geben uns einen Hinweis, ob die Energie eher yang-orientiert ist (also eher dem männlichen Prinzip folgt: strukturiert, beständig, systematisch, aktiv, hart), oder mehr yin-orientiert (das weibliche Prinzip: offen, zugänglich, spontan, passiv, weich). Oftmals haben wir beide Anteile in uns, egal welchem Geschlecht wir angehören. Und weder das eine noch das andere ist besser oder schlechter – sondern nur anders.

Die 4 Pfeile repräsentieren folgende Transformationen:

- Pfeil oben links: Verdauung
- Pfeil unten links: Umgebung
- Pfeil oben rechts: Bewusstsein
- Pfeil unten rechts: Perspektive

Verdauung

Damit ist nicht nur die Verdauung von Nahrung und Vitalstoffen gemeint, sondern auch die „Verdauung" aller Außenreize. Was sagt uns das nun für mögliche Routinen zur besseren „Verstoffwechselung" dieser Reize? Schau dir an, in welche Richtung der **obere linke Pfeil** zeigt.

Der obere linke Pfeil zeigt nach links (Yang-Energie):
Du hast eine **aktive Art** zu verdauen. Du solltest dir eine Essensroutine zulegen und regelmäßig essen. Wahrscheinlich liebst du es sowieso, zu bestimmten Zeiten zu essen. Außenreize verarbeitet du auch aktiv, und du solltest eine gewisse Beständigkeit in bestimmte Dinge des Alltags bringen, beispielsweise immer zur gleichen Zeit die gleichen Dinge tun. Beobachte, welche Zeiten dafür am besten geeignet sind, um deinen Tag zu rhythmisieren. Vielleicht führst du dazu ein paar Tage Protokoll und findest so für dich einen Rhythmus, der sich energetisch gut für dich anfühlt.

Der obere linke Pfeil zeigt nach rechts (Yin-Energie):
Du hast eine **passive Art** zu verdauen. Du kannst spontan schauen, wann es für dich passt, etwas zu essen oder Dinge zu tun. Du hast die Fähigkeit, ein intuitives Essverhalten zu entwickeln. Achte auf die Zeichen deines Körpers und entscheide dann spontan, wann die beste Zeit ist zur Nahrungsaufnahme, und auch, wann die beste Zeit ist, Informationen aufzunehmen. Dein Tagesablauf sollte genug Spielraum für Unvorhergesehenes freihalten, damit du Zeit hast für spontane Einfälle und Ereignisse.

Die Umgebung

Genauer gesagt, geht es um dein Verhalten in der Umgebung, in der du dich befindest. Die Umgebung schließt auch die digitale Umgebung mit ein. In unserer modernen Gesellschaft, und gerade in den letzten Jahren, haben wir Räume eröffnet, in denen wir auch über unsere physischen Grenzen hinaus miteinander in Kontakt kommen können. So können wir energetisch über Tausende Kilometer hinweg unseren Platz einnehmen. Schau dir an, in welche Richtung der **untere linke Pfeil** zeigt.

Der untere linke Pfeil zeigt nach links (Yang-Energie):
Deine Energie profitiert davon, wenn du dich einer **konsistenten Umgebung** aufhältst. Du suchst am besten immer die gleichen Plätze auf, um zu Essen, zu lernen, dich zu entspannen, zu meditieren; oder du gehst immer wieder in dein Lieblingsrestaurant. Wahrscheinlich verbringst du deine Urlaube auch gerne an den immer gleichen Orten oder in den gleichen Ländern. Du brauchst diese konsistente Umgebung für dein Wohlbefinden.

Der untere linke Pfeil zeigt nach rechts (Yin-Energie):
Du magst eine **abwechslungsreiche Umgebung**. Das kann sich darauf beziehen, auch mal an anderen Plätzen zu arbeiten, zu essen, zu lesen, mal andere Yogastudios zu besuchen – auf jeden Fall immer mal eine neue Umgebung aufzusuchen. Monotonie bei der Auswahl der immer gleichen Umgebung würde dein Licht dämpfen.

Bewusstsein

Im *Human Design* gibt es Bewusstseinszentren, und eines davon ist der Verstand. Hier zeigt sich, auf welche Art und Weise wir denken und wie wir Informationen „verstoffwechseln". Der **obere rechte Pfeil** zeigt auf, wie unser Verstand arbeitet.

Der obere rechte Pfeil zeigt nach links (Yang-Energie):
Dein Verstand ist ein **Stratege**. Er bevorzugt logisches Denken und kann sich gut Dinge merken. Das klassische Schulsystem mit hauptsächlich Auswendiglernen mag dir leichtgefallen sein. Du kannst neue Informationen gut aufnehmen. Das spricht auch für eine schnelle Auffassungsgabe.

Der obere rechte Pfeil zeigt nach rechts (Yin-Energie):
Du hast ein **rezeptives Bewusstsein.** Das bedeutet: Dein Verstand ist sehr empfänglich und bekommt eine Vorstellung von Dingen, die du wahrnimmst. Du kannst intuitiv Verknüpfungen dazu herstellen und so deren Bedeutung erfassen. Diese Art lässt darauf schließen, dass du eine kreative Begabung haben könntest und ein Freigeist bist.

Perspektive

Durch welche Brille betrachten wir die Welt? Darum geht es beim unteren rechten Pfeil. Es gibt zwei Brillen zur Auswahl. Je nachdem, durch welche du schaust, formt sich dadurch deine Realität und deine Sichtweise. Keine der beiden Brillen ist falsch, so wie auch die anderen Pfeile nicht als falsch oder richtig bewertet werden können. Die Welt sieht durch die verschiedenen Perspektiven nur anders aus, aber durch beide lässt sich gut sehen. Die Welt braucht Menschen, die sie auf unterschiedliche Arten betrachten. Was siehst du? Schau dir dazu den **unteren rechten Pfeil** an.

Der untere rechte Pfeil zeigt nach links (Yang-Energie):
Du nimmst eine **fokussierte Perspektive** ein, um die Welt und die Dinge und Lebewesen darin zu betrachten. Du hast einen scharfen Blick auf die Details und nimmst jede Kleinigkeit wahr, so als würdest du durch eine Lupe schauen. Auch deine eigene Vorstellungskraft für deine Visionen und Ziele ist dadurch detailliert. Wenn du dir ein Haus vorstellst, dann siehst du auch, welche Farben die Vorhänge haben, wie die Türklingel aussehen soll, und was im Vorgarten wächst. Das lässt deine Vorstellung davon, wie etwas zu sein hat oder aussehen könnte, sehr konkret werden.

Der untere rechte Pfeil zeigt nach rechts (Yin-Energie):
Du hast eine **periphere Perspektive,** und dein Blick ist mehr auf Weitwinkel eingestellt. Du schaust dir die Welt allgemeiner an und siehst vielleicht das Haus, wie es in einer bestimmten Umgebung steht. Auch deine eigene Vorstellungskraft ist etwas allgemeiner. Wenn du eine Vision für dich erstellst, dann ist diese nicht so detailliert, und sie muss es auch nicht sein. Denn meistens wird es für dich besser ausgehen, als du es dir selbst vorgestellt hast. Du musst nicht alles zu hundert Prozent wissen, damit es gut wird.

MIT DIESEM WISSEN kannst du nun deine Routinen gestalten: Wie durchgeplant muss dein Kalender sein, wo geht die nächste Reise hin, und auf welche Art und Weise nimmst du Nahrung und Informationen zu dir? Beachte bei der Gestaltung die Pfeile deines *Human*

Designs. Wir werden gleich zum Praxisteil kommen, der gerne in deine Routinen einfließen darf oder dir auch ganz spontan dienlich ist, wie auch immer es am besten zu dir passt. Ist es nicht großartig, dass *Human Design* voll und ganz auf deine Einzigartigkeit ausgerichtet ist und du selbst einen klaren Blick auf dich hast?

5. KAPITEL

HIGH ENERGY ON – DIE PRAXIS

Der folgende Praxisteil dient dazu, dass du immer wieder in deiner eigenen Energie ankommst und die Frequenz, in der du lebst, selbstbestimmt erhöhen kannst. Vieles aus dem Praxisteil ist dazu bestimmt, dich auf feinstoffliche Art und Weise zu unterstützen. Meine jahrelange Yogaerfahrung und mein Wissen aus der Begleitung von Hunderten von Yogaschüler:innen und Klient:innen fließt in den Praxisteil ein. Dennoch stehst du selbst in der Verantwortung, besonnen auszuwählen und zu beobachten, wie du dich mit der Praxis fühlst. *Human Design* ist sehr komplex, und genauso komplex kann die Zusammenwirkung aus den Übungen mit deinem *Design* sein.

Letztendlich soll es dir einfach gutgehen mit der Praxis. Ist es nicht so, dann probier aus, was du verändern kannst, oder tritt mit mir in Kontakt. Meine Kontaktdaten findest du im Anhang.

Was tun bei Krisenstimmung?

Ich habe dich darauf aufmerksam gemacht, wie du erkennen kannst, dass du in die Schwingung des „Nicht-Selbst" geraten kannst. Jedes Mal, wenn du nicht deiner Strategie und deiner inneren Autorität folgst, gerätst du in eine Abwärtsspirale. Wenn das einmal passiert – in Ordnung. Du wirst es sicherlich verkraften und dich wieder stabilisieren. Aber wenn das immer wieder passiert und die Umstände ungünstig sind, dann gerätst du in eine echte Schieflage. Dann bist du früher oder später an einem Punkt, an dem aus einer Krisenstimmung eine handfeste Krise werden kann.

Der erste Schritt ist, darauf zu achten, ob sich gemäß deinem Human-Design-Typ Frustration, Wut, Verbitterung oder Enttäuschung breitmachen. Wenn dies in dein Wachbewusstsein gelangt, dann ist es Zeit, etwas zu tun. Der erste Schritt ist also das Bewusstmachen, dass du eine Krise hast. Das ist gut, denn wenn es von dir bemerkt wird, bist du bereit, ganz bewusst den nächsten Schritt zu tun.

Vor allem für Menschen mit definiertem Verstandeszentrum ist es gut, das Gedankenkarussel zu unterbrechen, indem du etwas machst. Als Kopfmensch ist es gut, etwas Körperliches zu machen, wie Yoga, damit du aus dem Kopf in den Körper kommst.

Du bist hier im Buch an einem Punkt angelangt, an dem du weißt, dass es mehrere Bewusstseinszentren in dir gibt, die du nutzen kannst, um aus solch einer Krise wieder herauszukommen. Es ist an der Zeit, die Energie bewusst zu lenken. Ein Tipp wäre, für den Moment nicht die Schuldfrage klären zu wollen. Sicherlich ist es sinnvoll, über deine Situation zu reflektieren, vielleicht auch zusammen mit einem Human-Design-Coach, aber hier geht es darum, akut zu handeln, um einen „Mindshift" zu bewirken.

Alle Tools hier im Praxiskapitel dürfen als eine Art Notfallkoffer verstanden werden – eine Hausapotheke für deinen Energiefluss.

Hier ist der Mindshift: „Weg von der Theorie und hinein in die Praxis." Ermächtige dich selbst, die Dinge in die Hand zu nehmen. Es gibt Coaches, die ihre Klient:innen bewusst in einer Art Abhängigkeit halten. Ich freue mich über jede:n, der oder die gelernt hat, sich selbst zu helfen. Darum auch dieses Buch. Sicherlich braucht es hin und wieder eine:n Coach an deiner Seite, denn oftmals sind wir Menschen für komplexe Zusammenhänge, die uns selbst betreffen, betriebsblind. Hier traue ich dir zu, selbst entsprechend deinem neuen Wissen auszuwählen, welche Praxis du brauchst. Du übernimmst jetzt Verantwortung.

Streiche Sätze aus deinem Kopf, die mit „Ich erlaube mir dieses oder jenes" anfangen. Du brauchst es dir nicht zu erlauben. Es sollte normal sein, dass du tust, was du gerne tun möchtest.

Wenn du einen schnellen Weg in eine höhere Frequenz suchst, dann geh in die Dankbarkeit. Das kannst du vor jeder Übung machen. Es ist die perfekte Einleitung in eine wohlwollende Praxis dir selbst gegenüber. Du kommst aus einem Mangelgefühl heraus und gehst direkt in ein Gefühl der Fülle. Falls dir nichts einfällt, wofür du dankbar bist, dann schreib mir ein kurzes „Danke" für diese meine Zeilen an dich, oder lächle und trainiere so den Glücksmuskel *Musculus risorius* (das ist unser Lachmuskel) als Warm-up für alles, was nun an Vorschlägen kommt.

Ein bisschen Theorie kommt jetzt noch über die planetaren Einflüsse zum besseren Verständnis, warum du manchmal Einflüssen unterliegst, die sich ebenfalls auf deine Stimmung auswirken können.

Planetare Einflüsse auf dein Wohlbefinden – der Transit

Ich sagte bereits, dass du besser nicht sofort versuchst, die Schuldfrage zu klären. Manchmal liegt es einfach an den Umständen. Und mit Umständen kann auch der kosmische Transit gemeint sein. Die Planeten unseres Sonnensystems bewegen sich. Du hast deinen Bodygraphen anhand deiner Geburtsdaten berechnet, und er zeigt den Stand der Planeten zum Zeitpunkt deiner Geburt an (bewusste Seite), und auf der unbewussten Seite ca. drei Monate vor deiner Geburt. Die Erde kreist um die Sonne, und auch die anderen Planeten sind ständig in Bewegung. Je weiter weg ein Planet von der Sonne ist, desto länger dauert seine Umlaufbahn.

Wenn du nun davon ausgehen kannst, dass der Stand der Planeten dein *Human Design* geformt hat, dann darfst du auch davon ausgehen, dass dich der aktuelle Stand der Planeten beeinflusst.

Auf Seite 83 ff. habe ich dir schon einen Überblick geliefert, welche Bedeutungen die Planeten haben. Ihr tagesaktueller Stand, der Transit, kann dich beeinflussen. Der Transit aktiviert Tore und Kanäle, die du nicht immer zur Verfügung hast. Der Transit kann dir somit Fähigkeiten oder Talente temporär schenken, die du sonst nicht in deinem *Human Design* hast. Darum gelingt es dir beispielsweise, dich an einem Tag besonders gut auszudrücken, und an einem anderen fehlen dir die passenden Worte. Der Transit ist so kraftvoll, dass bei dir vorübergehend auch ein Energiezentrum definiert sein kann, das sonst nicht definiert ist.

Besonders wichtig ist der Transit für alle Reflektor:innen-Typen, die die lunare Autorität haben, um relevante Entscheidungen zu treffen. Hier ins Detail zu gehen würde aber den Rahmen dieses Buches sprengen, und der Einfluss des Transits kann nur in einer Transit-Verbindungsgrafik individuell besprochen werden. Aber mir ist wichtig, auf diesen Einfluss für dein Empfinden aufmerksam zu machen.

Über den aktuellen Transit berichte ich in meinem Newsletter und auf Instagram.

Bleib bei dir – deine persönlichen Affirmationen

Affirmationen sind eine anerkannte Methode, um dich selbst positiv zu stimmen. Ein wenig wie bei einer Stimmgabel aktiviert die positive Verbindung mit der Affirmation deinen Geist und stimmt ihn in eine höhere Frequenz ein. Wichtig ist, dass du dich auch emotional auf die Affirmation einlassen kannst. Das braucht oftmals mehrere Wiederholungen. Du kannst dir hier nun deine Affirmationen anhand deines *Human Designs* heraussuchen. Am besten überträgst du die Affirmationen für deine Tore ins Workbook.

Ich habe hier für jedes Tor eine passende Affirmation für dich. Du kannst sie auch für dich umschreiben, solange die Bedeutung erhalten bleibt. Die Worte sollten mit dir in Resonanz gehen, damit sie ihre volle Wirkkraft entfalten können. Die Affirmationen unterstützen ausgleichend.

Arbeite ruhig mehrere Tage lang mit einer Affirmation, um für dich zu prüfen, ob du eine Aktivierung wahrnehmen kannst. Ich habe sie nach den Energiezentren sortiert. So kannst du sie auch gut in deine Yogapraxis integrieren und dort ergänzen.

Affirmationen für jedes Tor

Wurzelzentrum

Tor 19 – Einstimmung: Ich kümmere mich um mich und verbinde mich liebevoll mit anderen. Ich werde unterstützt, wenn ich darum bitte.

Tor 38 – Visionen: Ich kämpfe für das, was für mich wertvoll ist, und verfolge meine Ziele mit Ausdauer.

Tor 39 – Neuausrichtung: Ich nutze alle Möglichkeiten und Erfahrungen für Fülle auf allen Ebenen.

Tor 41 – Vorstellungskraft: Meine kreative Art erschafft Wunder und Magie.

Tor 52 – Perspektive: Ich nehme eine selbstlose Perspektive ein, die meinen Blick weit werden lässt. Ich sehe das große Ganze.

Tor 53 – Anfänge: Ich öffne die Grenzen für wahres Wachstum und Expansion. Ich bin bereit für Neuanfänge.

Sakralzentrum

Tor 34 – Macht: Ich setze meine Energie würdevoll ein, um das zu erreichen, was mich stärkt und was für mich bedeutungsvoll ist.

Tor 5 – Warten: Ich bin geduldig und vertraue darauf, dass sich alles für mich zur richtigen Zeit fügen wird.

Tor 14 – Vermögen: Ich erschaffe Vermögen, indem ich klar darin bin, wo ich mich persönlich einsetze. Transformation ist möglich, wenn ich innerlich stark und beharrlich bin.

Tor 29 – Hingabe: Ich fühle ein *„Hell, yes!“*. Ich kann mich vollständig verbinden und hingeben. Ich bin erfolgreich und vertraue auf meine natürliche Autorität.

Tor 59 – Intimität: Ich verbinde mich auf einer tiefen Ebene mit den Menschen, die mir wichtig sind. Ich bin offen und aufrichtig.

Tor 9 – Achtsamkeit: Ich bin fokussiert und achte auf die für mich relevanten Gegebenheiten des Lebens.

Tor 3 – Neuordnung: Ich bin offen für Neues und bereit für eine innovative Perspektive.

Tor 42 – Wachstum: Ich bringe etwas zu Ende, damit Platz für Wachstum entstehen kann.

Tor 27 – Verantwortung: Ich übernehme Verantwortung für mich und für andere. Ich bin mir meiner selbst bewusst.

Milzzentrum

Tor 18 – Neuausrichtung: Ich weiß ganz genau, welche Dinge verbessert werden sollten, und warte für die neue Ausrichtung auf den richtigen Moment.

Tor 28 – Abenteuer: Ich erlaube mir, durch mein Abenteuer das Leben tiefer zu erfahren und neue Erkenntnisse zu erlangen.

Tor 32 – Ausdauer: Ich weiß, was als Nächstes getan werden muss, und bin bereit. Ich handle im Einklang mit meiner Intuition.

Tor 50 – Fürsorge: Ich kümmere mich zuerst um mich und kann dann für andere besser da sein, wenn es mir gutgeht.

Tor 44 – Wahrheit: Ich bin mutig und vertraue dem Prozess des Wandels.

Tor 57 – Intuition: Ich bin zur richtigen Zeit am richtigen Ort und gut auf alles, was kommt, vorbereitet.

Tor 48 – Weisheit: Ich weiß, was ich wissen muss. Ich vertraue auf meine Anbindung ans Universum und an mein „Higher-Self".

Emotionszentrum

Tor 30 – Leidenschaft: Ich wecke die Leidenschaft in anderen Menschen und halte die Vision so lange, bis sie Realität geworden ist und sich manifestiert hat.

Tor 55 – Vertrauen: Ich vertraue dem Universum und weiß, dass für mich gesorgt ist. Ich fühle mich unterstützt.

Tor 49 – Prinzipien: Ich inspiriere andere Menschen, sich zu verändern, allein durch meine Anwesenheit, und bringe Entwicklung in diese Welt.

Tor 6 – Einfluss: Ich bin diplomatisch und schaffe es, Konflikte zu lösen. Ich inspiriere auch andere Menschen zum friedvollen Handeln.

Tor 37 – Frieden: Ich bin innerlich in Frieden mit mir und schaffe dadurch auch Frieden im Außen.

Tor 22 – Offenheit: Ich drücke meine Emotionen offen aus und weiß, dass ich dabei vom Universum unterstützt werde.

Tor 36 – Durchdringung: Ich verwirkliche meine Träume, indem ich meine Emotionen und meine Energie aufrecht halte.

Herzzentrum

Tor 26 – Integrität: Ich habe die innere Stärke, um Großes zu vollbringen.

Tor 51 – Initiierung: Ich bin frech und mutig und darf individuell im besten Sinne initiieren.

Tor 21 – Kontrolle: Ich habe die Dinge selbst in der Hand und übernehme Verantwortung für mein Handeln.

Tor 40 – Befreiung: Ich erreiche, was ich möchte, indem ich meinen ganzen Willen einsetze.

Selbstzentrum

Tor 1 – Schöpfung: Ich bringe neue Ansichten in die Welt. Ich selbst bin die Schöpferkraft meiner Realität.

Tor 13 – Achtsamkeit: Ich höre zu und nutze deine und meine Geschichten, um Kraft zu spenden und um zu inspirieren.

Tor 25 – Natürlichkeit: Ich bin mit der universellen Energie verbunden und bringe hierüber ganz natürlich Heilung in diese Welt.

Tor 46 – Aufgeschlossenheit: Ich liebe mit allen Sinnen meines Körpers und verkörpere so achtsam meine Lebensenergie. Ich bin aufgeschlossen.

Tor 2 – Empfänglichkeit: Ich richte mich auf die Wahrheit aus und empfange die Botschaften wertfrei. Möge mich die Wahrheit leiten.

Tor 15 – Mitgefühl: Ich bin unvoreingenommen und schaffe Raum für die Liebe unter den Menschen.

Tor 10 – Selbstliebe: Ich bin genug. Ich bin genau richtig so, wie ich bin. Ich genieße mich selbst und bin großartig. Ich liebe mich.

Tor 7 – Zusammenarbeit: Ich leite aus meinem Herzen heraus an.

Kehlzentrum

Tor 35 – Erfahrungen: Ich mache vielseitige Erfahrungen, aus denen ich lernen kann. Meine Erkenntnisse teile ich mit anderen.

Tor 12 – Angemessenheit: Ich halte still, bis der richtige Augenblick da ist, um mich auszudrücken.

Tor 45 – Sicherheitsbedürfnis: Ich entscheide über die Ausrichtung und über das, was allen am besten hilft. So bringe ich eine starke Gemeinschaft zusammen.

Tor 33 – Umsicht: Ich bin achtsam und umsichtig und ziehe mich zurück, wenn mir danach ist. So kann ich alle Informationen am besten verarbeiten.

Tor 8 – Beitragen: Ich lebe meinen eigenen Stil aus und trage damit zur Gemeinschaft bei.

Tor 31 – Leadership: Ich führe auf eine moderne Art und Weise. Ich wirke mit anderen zusammen, damit wir in der Zukunft Großes erreichen können.

Tor 20 – Achtsamkeit: Ich bin im Hier und Jetzt. Ich bin mir meiner selbst bewusst.

Tor 16 – Begeisterung: Ich begeistere mich für die richtigen Dinge für mich.

Tor 62 – Details: Ich spreche über Details, die für die Gegenwart und die Zukunft wertvoll sind. Ich gebe meinen logischen Gesamteindruck wieder.

Tor 23 – Klarheit: Ich bringe die Dinge sprichwörtlich auf den Punkt.

Tor 56 – Expansion: Ich wandere in die Innenräume meiner Seele und lasse diese Erfahrung auch in der Außenwelt wirken.

Verstandeszentrum

Tor 47 – Begreifen: Ich bin verständnisvoll und lasse Unwahrheiten los.

Tor 24 – Rationalisieren: Ich stoppe das Gedankenkarussell in meinem Kopf und genieße die Stille.

Tor 4 – Mentale Lösungen: Ich bin offen für Lösungen und suche auch außerhalb des Verstandes. Ich schaue dazu in mein Herz.

Tor 11 – Harmonie: Ich erkenne die Harmonie auch in kleinen Bemühungen, die von innen nach außen strahlen und von der Dunkelheit ins Licht dringen.

Tor 43 – Einsicht: Ich empfange neue Erkenntnisse, bin heiter und gelassen. Ich bin entschlossen, neue Vorstellungen zu verinnerlichen, damit ich sie klar umsetzen kann.

Tor 17 – Weitblick: Ich erweitere meinen Blickwinkel auf viele Sichtweisen und bin offen für andere Meinungen. Ich folge der Logik.

Kronenzentrum

Tor 64 – Reflexion: Ich bin ausgeglichen. Zeit verläuft spiralförmig, und ich erkenne darin meine Chancen.

Tor 61 – Universelle Weisheit: Ich bin aufrichtig und erkenne damit meine eigene Wahrheit an.

Tor 63 – Wahrnehmung: Ich darf mich mit der Welt verändern. Alles ist im Wandel, alles ist in Ordnung.

Deine Körperpraxis – Balance mit Yoga für die 9 Zentren

Aus dem Yoga wurde das System der Energielehre der Chakren in das *Human Design* übernommen. Ich habe schon darauf hingewiesen, dass dabei einige Energiezentren anders aufgesplittet wurden. Für mich ist das eine Art Verfeinerung, die durchaus Sinn ergibt. Einiges ist also etwas differenzierter geworden, und anderes ist gleich geblieben. Hier eine Gegenüberstellung der Energiezentren:

Chakrenlehre	Human Design	Bedeutung
Wurzelchakra	Wurzelzentrum	Antrieb
Sakralchakra	Sakralzentrum	Lebenskraft
Nabelchakra	Milzzentrum	überleben und sich wohlfühlen
Nabelchakra	Emotionszentrum	Emotionen und Gefühle
Herzchakra	Herzzentrum	Willenskraft, Wünsche
Herzchakra	Selbstzentrum	Richtung, Identität, Liebe
Halschakra	Kehlzentrum	Ausdruck und Manifestation
Stirnchakra	Verstandeszentrum	Denken
Kronenchakra	Kronenzentrum	Inspiration

Tabelle 4: Die Entsprechungen der Zentren in der Chakrenlehre

Ich habe bewusst beim Wurzelzentrum angefangen, da dies unsere Basis ist. Im *Human Design* steht dieses Zentrum für den Antrieb. Wenn du keine Idee hast, wie du mit der Praxis beginnen könntest, dann starte hiermit. Es ist immer eine gute Idee, ein Fundament zu bauen. Wenn du dich ganz bewusst mit einem anderen Zentrum beschäftigen möchtest, dann kannst du auch das gerne tun. Wenn du unsicher bist, was du gerade für dich auswählen sollst, folge deiner inneren Autorität oder übe die Yogasequenz für das Wurzelzentrum oder für das Selbstzentrum, um Antrieb oder Ausrichtung zu harmonisieren.

Alle Yogasequenzen haben eine ausgleichende Wirkung auf das jeweilige Energiezentrum – eine gute Mischung aus Beruhigung und Aktivierung, so dass die Energie hier ausgeglichen wird. Es ist so, dass wir in den Energiezentren ganz individuell mehr Yin oder

Yang mitbringen. Was du für dein Wohlbefinden brauchst, ist also sehr individuell, aber eine ausgleichende Praxis tut immer gut und kann so für Balance sorgen.

Bei allem, was wir tun, möchte ich gerne nochmals daran erinnern, dass die Energie der Aufmerksamkeit folgt. Übe also stets mit deiner vollen Aufmerksamkeit für das jeweilige Energiezentrum. Nimm dir vor jeder praktischen Übung einen kurzen Moment, um dich auf das jeweilige Energiezentrum einzustimmen. Beobachte beim Ausführen der Übungen immer, wie es dir damit geht. Dein freier Wille ist das oberste Gebot, du kannst alles so anpassen, wie es dir guttut. Betrachte alles als Angebot, das du annehmen kannst oder auch nicht. Du ermächtigst dich mit deinen Entscheidungen selbst und gehst dann in die Verkörperung. Mit jeder bewussten Entscheidung, die du für dich selbst triffst, reifst du immer weiter und entdeckst deine innere Weisheit, die dich führen wird. Sei dir bewusst, dass alle Antworten in dir selbst liegen. Mit jedem Schritt, mit jedem Atemzug wirst du selbstbewusster.

Die Praxis und die damit verbundenen Entscheidungen, die du triffst, unterstützen dich dabei, dein *Human Design* zu verkörpern. Um der Praxis noch mehr Konsistenz zu geben, kannst du eine Vereinbarung mir dir selbst treffen. Du findest eine Vorlage dazu im Workbook.

Jede Yogasequenz ist auf eine Übungszeit von ca. 45 Minuten ausgerichtet. Du kannst entscheiden, ob du danach noch eine Meditation entsprechend deinem Energietyp machen möchtest. In dem Fall kannst du ca. 60 Minuten Zeit für dich einplanen.

Im Workbook findest du zu allen Zentren Journalfragen, die du dir zusätzlich stellen kannst.

Wenn du magst, kannst du mir auf *Spotify* folgen und dort eine passende Playlist zur Yogapraxis abrufen. Gib einfach meinen Namen in die Suche ein. Unter meinem Profil findest du alle Playlists von mir.

Jetzt wünsche ich dir
eine achtsame Praxis für dein *Human Design.*

Wichtige Hinweise:

Die vorgeschlagene Praxis richtet sich an Menschen mit einem normalen körperlichen und psychischen Gesundheitszustand.

Die Praxis sollte sich immer gut anfühlen und keine stechenden Schmerzen auslösen. Dehnreize sollten nicht überspannt werden.

Übe nicht, wenn du einen Infekt hast.

Bei allen akuten körperlichen Beschwerden, die bedenklich sind, kläre die Praxis mit deine:r behandelnden Therapeut:in oder Ärzt:in ab.

Befindest du dich wegen psychischer Belastungen in Behandlung, frag deine:n Therapeut:in, ob die Meditationspraxis für dich geeignet ist.

Diese Hinweise sollen dich nicht verunsichern, sondern sie dienen dazu, dich in deine eigene Verantwortung zu stellen.

Human-Design-Yoga für das Wurzelzentrum

Verbinde dich energetisch mit deinem Wurzelzentrum. Werde dir dieses Zentrums am Ende deiner Wirbelsäule bewusst. Es unterstützt dich bei den Themen deines Antriebs, bei der Frage nach deinem „Warum", und ist das Fundament aller anderen Energiezentren. Es unterstützt dich dabei, dich zu erden, und verbindet dich mit dem Gefühl, ein wichtiger Teil auf dieser Erde zu sein – eine bewusste Verankerung im JETZT – in diesem Leben. Auf der Körperebene steht es für deine Füße und Beine, die dich sicher durch dieses Leben tragen. Auf der geistigen Ebene verbindet es dich mit Stabilität und Sicherheit. Es ist die Basis, um dein *Human Design* zu verkörpern. Wenn du dich selbstsicher fühlst, ruhig und entspannt, dann ist dieses Zentrum in Balance. Du kannst vollkommen sein.

Übe diese Sequenz besonders dann, wenn du dich zerbrechlich fühlst oder Emotionen des Nicht-Selbst entsprechend deines Human-Design-Typs wahrnimmst. Diese Praxis schenkt dir neue Souveränität. Du gehst in die Verantwortung, dich um dich selbst zu kümmern. Du machst dich bereit, deine Wahrheit zu enthüllen, um ehrlich zu dir selbst zu sein. Du schaffst es, dich in deiner eigenen Energie zu halten.

Das Wurzelzentrum erinnert dich daran, deine Grenzen zu wahren. Besonders dann, wenn es bei dir undefiniert oder offen ist, hast du das Recht, zu fremden Energien Nein zu sagen. Dieses aufrichtige Nein gibt allen anderen Zustimmungen von dir viel mehr Sinn.

Dich erwartet nun eine erdende Praxis. Ich empfehle dir als Hilfsmittel Yogablöcke (dicke Bücher gehen auch), ein Bolster oder eine dicke gerollte Decke.

Ankommen

1. Beginn gerne im Liegen, und erde dich. Vertiefe deine Atmung bis in den Bauch. Nimm dir mindestens 10 Atemzüge Zeit.

2. Zieh dann das rechte Bein in Richtung Brust und umfasse mit beiden Händen dein Bein entweder kurz unterhalb des Knies oder an der Oberschenkelrückseite. Halte 5 tiefe Atemzüge und wechsle dann die Seite.

3. Anschließend wiederholst du die Übung mit beiden Beinen und bleibst weitere 5 Atemzüge in der Brust-zum-Knie-Haltung. Stell dann beide Füße parallel und hüftweit eine Handbreit hinter dem Gesäß ab und spür kurz nach.

4. Hebe beide Arme und leg sie neben dem Kopf am Boden ab. Lass die Schultern in die Erde sinken. Aktiviere die Füße, die sich sanft in den Boden schieben, heb mit einer Einatmung das Becken und roll die Wirbelsäule auf, bis das Gewicht am Schultergürtel zu spüren ist. Bei Enge im Hals heb sanft das Kinn. Spür den Boden unter den Füßen. Spür, welche Körperteile in Kontakt mit der Erde unter dir sind, spür auch die Öffnung der Körpervorderseite. Wie fühlt sich deine tiefe Atmung jetzt an? Bleib für 5–10 Atemzüge in der Haltung und roll dann Wirbel für Wirbel das Becken mit einer Ausatmung zurück zum Boden.

Hauptteil

1. Leg dir ein Kissen unter das Becken, bring beide Beine nacheinander in Richtung Brust und streck sie von hier in Richtung Himmel aus. Der ganze Rücken bleibt geerdet. Halte diese sanfte Umkehrhaltung ca. 10 Atemzüge und komm danach in umgekehrter Reihenfolge wieder aus der Haltung heraus. Entferne das Kissen und spür kurz nach.

2. Stell beide Füße hinter dem Gesäß eng zusammen und breite beide Arme zu den Seiten auf Schulterhöhe aus. Mach mit dem Becken einen kleinen Hüpfer 1–2 cm nach links und lass mit der Ausatmung beide Knie nach rechts zum Boden sinken. Sollte sich die linke Schulter vom Boden lösen, leg ein Kissen unter die Beine. Beide Schultern sollten am Boden liegen. Atme 5 tiefe Atemzüge in den Bauch und spür hin zu dem Punkt, wo die Brustwirbelsäule eine Drehung macht. Atme über diesen Punkt hinweg tief in den Bauch. Wiederhol die Übung auf der anderen Seite.

3. Komm in den Vierfüßlerstand. Beide Hände stehen direkt in einer Linie unter den Schultern, die Finger leicht gespreizt, die Mittelfinger zeigen parallel nach vorne, die Knie sind hüftweit unter deiner Hüfte. Die Zehen können gestreckt oder aufgestellt sein. Prüfe, was sich für dich stabiler anfühlt. Spür hier die Verwurzelung über deine Hände. Spür einmal durch jeden Finger hindurch.

4. Übe nun im Wechsel Katze – Kuh. Mit der Ausatmung wird der Rücken rund, dein Blick wandert nach innen. Du kannst die Übung auch gerne mit geschlossenen Augen machen, wenn du dich stabil genug fühlst. Mit der Ausatmung wird dein Rücken wieder

lang, und du kommst in ein leicht geführtes Hohlkreuz, der Blick geht nach vorne. Wiederhol diesen Ablauf ein paar Mal und spür dabei intensiv in alle Bereiche deiner Wirbelsäule. Komm dann wieder im Vierfüßlerstand an.

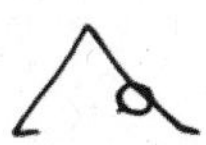

5. Komm in den herabschauenden Hund. Presse fest in beide Hände, zieh den Bauchnabel sanft in Richtung Wirbelsäule, löse beide Knie vom Boden und schieb das Gesäß nach hinten-oben in den Raum. Die Füße stehen hüftweit. Damit sich der Rücken gut streckt,

kannst du beide Knie leicht beugen. Dein Blick geht in Richtung Beine. Halte hier für 5 Atemzüge. Wenn du magst, beschreibe leichte Kreise mit dem Kopf, um den Hals- und Nackenbereich zu entspannen.

6. Lauf anschließend mit beiden Füßen und Händen zueinander in eine stehende Vorbeuge. Löse bei Bedarf die Hände vom Boden und halte die Knie weich, so dass sich der untere Rücken entspannen kann. Der Nacken bleibt in Verlängerung der Wirbelsäule. Halte hier für weitere 5 Atemzüge und spür erneut die Verwurzelung unter den Füßen. Auch die Krone des Kopfes zeigt nun nah in Richtung Erde. Lass unnötige Gedanken aus dem Kopf fallen und gib sie an die Erde ab. Lauf dann mit Händen und Füßen zurück in einen sanften herabschauenden Hund als Übergang zum Boden.

7. Komm in die Kind-Haltung. Lass beide Knie in Richtung Boden sinken und leg auch die Fußriste ab. Senke nun das Gesäß in Richtung Fersen. Öffne leicht die Knie, wenn es sich für deinen Rücken angenehmer anfühlt, und schaff dir so für Bauch und Brust Platz. Senke die Stirn zum Boden oder leg ein Kissen unter die Stirn. Die Arme können nach vorne abgelegt werden oder neben dem Oberkörper liegen. Entspann die Schultern und spür erneut, welche Körperteile im Kontakt mit der Erde sind. Bleib hier für 5–10 Atemzüge, schließ wenn möglich die Augen und schau nach innen. Zum Beenden der Haltung roll den Oberkörper mit einer Einatmung nach oben auf in den Fersensitz als Übergang. Streck dann beide Beine nach vorne aus in den Langsitz.

8. Öffne von hier beide Beine in einer Grätsche. Wenn dein unterer Rücken rund wird und sich der Oberkörper nicht so gut aufrichtet, leg dir eine gerollte Decke unter das Gesäß, so dass die Sitzbeinhöcker frei bleiben und vor der Decke in die Erde sinken. Wenn das Becken gut ausgerichtet ist, lass den Oberkörper mit der Ausatmung nach vorne in eine Vorbeuge sinken. Stütz dich ruhig mit beiden Händen am Boden ab. Geh nur so weit in die Dehnung, dass dein Rücken lang bleibt. Stell dir vor, du würdest den Boden mit beiden Händen zu dir heranziehen, so dass sich das Brustbein nach vorne streckt und der obere Rücken lang bleibt. Die Energie darf gerne vom Boden durch deine langgestreckte Wirbelsäule fließen. Nimm allen Druck heraus. Es reicht, wenn sich der Oberkörper sanft nach vorne beugt. Es soll sich für dich gut anfühlen. Bleib für 5 Atemzüge in der Haltung, löse dann die Haltung mit einer Einatmung auf und löse beide Beine aus der Grätsche.

9. Schließe beide Beine zum Langsitz. Die Zehen zeigen in Richtung Himmel. Streck die Wirbelsäule und beuge erneut deinen Oberkörper mit der Ausatmung aus dem Becken nach vorne in Richtung Beine. Geh wieder nur so weit, wie der Rücken lang bleibt. Du kannst die Hände neben den Beinen ablegen. Das Brustbein schiebt sich in Richtung Zehen. Es ist wirklich kein Muss, mit den Händen die Füße zu greifen. Noch mal: Nimm Druck raus und bleib für 5 Atemzüge hier. Löse dann mit einer Einatmung die Haltung wieder auf.

Optional:

Abschlusssequenz, mit Meditation für deinen Typ

1. Leg dich auf dem Rücken ab und komm in die Brust-zur-Knie-Haltung wie am Anfang dieser Übungseinheit, nur ohne das Umgreifen der Beine. Öffne die Hüfte und komm in die Happy-Baby-Haltung. Beide Fußsohlen zeigen zum Himmel und sind in einer Linie zu den Knien ausgerichtet. Greif mit beiden Händen die Außenseiten der Füße. Die Arme greifen dabei oberhalb an den Schienbeinen vorbei. Die Knie sind außerhalb der Oberarme. Wenn sich beim Greifen der Kopf vom Boden gelöst haben sollte, leg ihn nun wieder ab. Versuch auch den unteren Rücken geerdet zu halten, und lächle nach innen. Halte das Happy Baby in dir für 5 Atemzüge und löse dann auf, indem du beide Füße nacheinander hinter dem Gesäß ablegst.

2. Komm anschließend in den liegenden Schmetterling. Die Arme können neben dem Oberkörper liegen bleiben. Leg beide Fußsohlen aneinander und lass beide Knie nach außen sinken. Leg die Hände auf den Unterbauch und spür hier deinem Atem nach. Halte bis zu 10 Atemzüge und löse dann auf.

3. Komm in die Rückenlage wie am Anfang der Sequenz. Übe Savasana und leg dir eine Decke über. Fühl dich sicher und geborgen. Schließ die Augen und lass alle Anspannung los. Spür durch deinen Körper, ob es noch Muskeln gibt, die noch nicht entspannt sind, und lass mit jeder Ausatmung immer weiter los. Du kannst hier 5–10 Minuten bleiben.

4. Komm in einen einfachen Sitz, beende die Sequenz oder übe im Anschluss optional die Meditation für deinen Human-Design-Typ (ab S. 248).

Human-Design-Yoga für das Sakralzentrum

Verbinde dich energetisch mit deinem Sakralzentrum. Werde dir dieses Zentrums im unteren Bauchraum bewusst. Es unterstützt dich bei den Themen deiner Lebenskraft und deiner Lebensfreude und ist das Zentrum, das alles in Fluss hält. Es unterstützt dich bei Themen, die deine Sexualität betreffen, und ist Quelle von Kreativität und Originalität. Auf der Körperebene steht es in Verbindung zur Hormonbalance der Frau und unterstützt den Blutkreislauf in Becken und Hüfte. Auf der emotionalen Ebene hält es hier an vergangenen Themen fest, die nicht verarbeitet wurden. Mit dieser Praxis können sie freigesetzt werden.

Dieses Zentrum hat einen großen Bezug zum Thema Wasser und zur Yin-Energie. Nicht selten kann sich dieses Element auch in Form von Tränen bemerkbar machen. Es sind Tränen der Reinigung, wie ein neu erweckter Fluss von Empfindungen, Wünschen und Freuden. Immer wenn du dich motiviert, leidenschaftlich und dankbar fühlst, dann ist dieses Zentrum in Balance. Die Verbindung zu diesem Zentrum kann dir einen tieferen Zugang zur Meditation verschaffen. Für Frauen ist es gleichzeitig eine Quelle an weiblicher Schöpferkraft.

Übe diese Sequenz immer dann, wenn du deine Yin-Energie nähren möchtest, und richte deinen Fokus auf das Sakralzentrum. Die Praxis schenkt dir das Gefühl von Heilung und Reifung vergangener Themen. Es ist auch gut, diese Praxis zu üben, wenn du zu sehr verkopft bist. Als Komplementärzentrum vom Verstand bringt es dich von der rationalen Ebene hin zum Fühlen, was ist. Auch wenn du das Gefühl hast, in einen intimieren Kontakt zu dir selbst kommen zu wollen, ist die Verbindung über dieses Energiezentrum zu empfehlen. Diese Sequenz ist sozusagen die Must-Have-Sequenz für alle Projektor:innen, die dieses Zentrum nicht definiert haben und neue Energie schöpfen möchten.

Das Sakralzentrum erinnert uns an den Fluss des Lebens, steht es doch in tiefer Verbindung mit den Fortpflanzungsorganen und dem Wunsch, Leben zu schenken, das Leben zu genießen und die eigene Lebendigkeit zu zelebrieren – selbst dann, wenn Schattenthemen uns daran erinnern, dass wir uns zwar schlecht fühlen, aber immerhin auch auf diese Weise noch unsere Lebendigkeit spüren. Die Schatten fördern die Akzeptanz, als Mensch auch dunkle Seiten in sich zu haben und sich demütig vor dem zu verneigen, was wir nicht sind.

Dich erwartet nun eine Praxis, die einen dynamischen Hauptteil hat. Übe achtsam und möglichst ruhig fließend. Am Ende gibt es einen ruhigeren Abschluss als Ausgleich. Es empfiehlt sich, eine rutschfeste Matte als Unterlage zu verwenden, damit du einen sicheren Halt hast.

Ankommen

1. Beginn in einem einfachen Sitz und werde dir deines Sakralzentrums bewusst. Leg die Hände auf den Unterbauch und visualisiere hier ein orangefarbenes Licht.

2. Schließ mit dem linken Daumen von unten sanft das linke Nasenloch und atme ein paar Runden nur durch das rechte Nasenloch, um die Yang-Energie anzuregen.

3. Komm in den Vierfüßlerstand. Zieh mit jeder Einatmung den Nabel sanft zur Wirbelsäule und entspann den Bauch mit jeder Ausatmung. Wiederhole dies 5 Mal.

4. Presse in beide Hände, löse die Knie vom Boden und komm in den herabschauenden Hund, indem du das Gesäß nach hinten-oben streckst. Üben den Hund dynamisch und beuge und strecke beide Beine im Wechsel. Bring dafür im Wechsel die Fersen in den Boden.

5. Aus dem herabschauenden Hund heb das rechte Bein in den dreibeinigen Hund. Die Fußspitze zeigt nach unten, und die Ferse ist der höchste Punkt.

6. Bring den rechten Fuß nach vorne-außen neben die rechte Hand, setz das linke Knie auf dem Boden auf und richte den Blick nach vorne. Bleib hier für 5 Atemzüge und spür in die linke Hüfte.

7. Heb das linke Knie vom Boden und bring den linken Fuß nach vorne-außen neben die linke Hand. Senke das Gesäß zwischen beiden Füßen in eine tiefe Hocke und bring beide Hände vor dem Herzen in die Namasté-Mudra. Wenn die Fersen in der Luft sind, kannst du eine gerollte Decke unter die Fersen legen. Halte hier für 5 Atemzüge.

8. Löse die Mudra und setz die Fingerspitzen am Boden auf. Presse in beide Füße und heb das Gesäß in eine Variante der stehenden Vorbeuge. Lass die Knie leicht gebeugt, um den Rücken zu entlasten.

9. Roll dann die Wirbelsäule mit einer Einatmung Wirbel für Wirbel zum Stehen auf und bring die Hände erneut in die Namasté-Mudra vor das Herz. Schließ die Augen und stell dir vor, die Energie unter deinen Füßen bis zum Herz aufsteigen zu lassen. Wiederhole die Abfolge ab dem Vierfüßlerstand auf der anderen Seite.

Hauptteil

Erster Flow

Übe im Atemfluss oder halte die einzelnen Haltungen für 5 Atemzüge.

1. Du stehst hüftweit und beugst mit der Einatmung beide Knie, hebst beide Arme neben dem Kopf in den Blitz. Achte darauf, dass die Schultern nicht zu den Ohren ziehen, und senke sie.

2. Mit der Ausatmung streck die Beine und senke den Oberkörper und die Arme in eine stehende Vorbeuge. Dein Blick geht in Richtung Schienbeine, der Nacken bleibt entspannt.

3. Mit der Einatmung setz beide Hände am Boden auf und bring den rechten Fuß ans Mattenende in den tiefen Ausfallschritt. Heb den Blick nach vorne.

4. Mit der nächsten Ausatmung stell den linken Fuß hüftweit ans Mattenende und komm direkt in den herabschauenden Hund.

5. Mit der Einatmung heb das rechte Bein in den dreibeinigen Hund.

6. Mit der Einatmung bring den rechten Fuß nach vorne zwischen die Hände und heb den Oberkörper in den hohen Ausfallschritt. Das linke Knie ist am Boden, und du streckst beide Arme neben dem Kopf aus.

7. Mit der Ausatmung bring die Hände in die Namasté-Mudra, senke den Oberkörper etwas nach vorne, löse das Knie vom Boden und streck das linke Bein. Die linke Ferse schiebt nach hinten in eine Ausfallschrittvariante.

8. Löse die Mudra, setz die linke Hand unter der linken Schulter am Boden auf. Vorderer Fuß und vordere Hand sind auf einer Linie. Mit der Einatmung dreh den Oberkörper nach rechts auf und streck den rechten Arm zum Himmel in den gedrehten Winkel.

9. Mit der Ausatmung bring beide Hände vor dem Herzen wieder zusammen, komm zurück in die Ausfallschrittvariante und atme hier nochmals ein.

10. Mit der Ausatmung senke die Hände zum Boden und komm mit dem linken Fuß nach vorne in eine tiefe stehende Vorbeuge. Bei Bedarf beug die Knie.

11. Mit der nächsten Einatmung komm wieder in den Blitz.

12. Atme aus und komm wieder in den Stand, mit den Händen in der Namasté-Mudra. Wiederhol nun den kompletten Flow auf der anderen Seite.

Zweiter Flow

1. Aus dem Stand bring mit der Einatmung den rechten Fuß hüftweit ans Mattenende in den Krieger 1 mit gehobenen Armen. Lass dabei die Schultern tief sinken – Kopf, Herz und Becken sind in einer Linie. Die hintere Ferse kann in der Luft sein. Das vordere Knie ist in einer Linie mit dem Fuß. Das vordere Bein ist um ca. 90 Grad gebeugt.

2. Mit der Ausatmung dreh den hinteren Fuß parallel zur kurzen Mattenkante und erde ihn. Schieb die Fußaußenkante in die Matte – die Hüfte öffnet sich, und du streckst beide Arme auf Schulterhöhe in den Krieger 2. Die Handflächen zeigen nach unten, und der Blick geht über die vordere Hand.

3. Mit der Einatmung streck das vordere Bein und kipp das Becken in den Raum nach hinten, in Richtung hinteres Bein. Der vordere Arm zieht mit der Ausatmung so weit wie möglich über das vordere Bein, als Vorbereitung für das Dreieck.

4. Mit der Einatmung kipp den Oberkörper seitlich über das vordere Bein. Strecke beide Arme übereinander aus. Der obere Rippenbogen zeigt in Richtung Himmel. Der untere Handrücken kann am Bein liegen, oder du stellst nur die Fingerspitzen zum Boden auf. Du hältst das Dreieck aus der inneren Stabilität heraus. Halte hier für 5 Atemzüge. Der Blick kann nach unten, in den Raum oder in die obere Hand gehen.

5. Mit einer Einatmung bring den Oberkörper wieder nach oben.

6. Mit der Ausatmung komm in den Krieger 2 zurück.

7. Mit der Einatmung komm in den Krieger 1 zurück.

8. Mit der Ausatmung schließ den Stand nach vorne in den Berg und wiederhol den Flow auf der anderen Seite.

Boden-Flow

1. Grätsche die Beine leicht aus dem Stand und beug mit der Ausatmung den Oberkörper nach unten in eine leicht gegrätschte Vorbeuge. Atme hier tief ein und aus. Gerne ein wenig halten.

2. Mit einer Ausatmung senke das Gesäß zwischen die Füße in die tiefe Hocke, bring die Hände in die Namasté-Mudra.

3. Senke die Hände zum Boden und bring den rechten Fuß ans Mattenende in den tiefen Ausfallschritt. Der Ausfallschritt dient als Übergang.

4. Mit der Ausatmung bring den linken Fuß hüftweit ans Mattenende und komm direkt in den herabschauenden Hund. Halte den Hund für 5 Atemzüge. Spür, wie sich dein Rücken streckt. Werde dir deines Sakralzentrums bewusst.

5. Bring mit der Einatmung das rechte Knie nach vorne und leg es mit der Ausatmung hinter dem rechten Handgelenk ab. Für die Taube leg den rechten Fuß etwas zur linken Hüfte ab. Senke das Becken parallel zum Boden und leg den hinteren Fußrücken ab. Beuge den Oberkörper mit einer Ausatmung nach vorne. Du kannst hier variieren und auf den Händen bleiben, die Unterarme oder die ganzen Arme ablegen. Stell sicher, dass das Becken nicht zur Seite kippt. Leg dir bei Bedarf etwas unter die rechte Gesäßhälfte. Wiederhole ab dem Hund die Taube auf der anderen Seite. Nutze die Hund-Haltung zum Nachspüren.

Abschlusssequenz

1. Bring aus dem Hund beide Knie zum Boden, senke das Gesäß über die Fersen, richte den Oberkörper auf in den Fersensitz.

2. Stell beide Hände hinter dir am Boden auf. Die Fingerspitzen zeigen nach vorne. Mit der Einatmung streck das Brustbein in Richtung Himmel und roll die Schultern nach hinten. Spür die Streckung in der Oberkörpervorderseite. Stell dir vor, wie sich dabei dein Sakralzentrum nach vorne öffnet. Halte hier 5 Atemzüge und löse dann die Haltung wieder auf.

3. Komm aus dem Fersensitz und leg beide Fußsohlen möglichst nah in Richtung Damm aneinander, lass beide Knie nach außen in den sitzenden Schmetterling fallen. Umgreife mit beiden Händen die Füße und streck dich im Rücken. Schieb dafür das Brustbein nach vorne, wie du es in der Übung zuvor gemacht hast. Halte hier für 5 Atemzüge.

4. Gib dieser Haltung nun die Yin-Variante und schieb deine Füße etwas nach vorne. Mit einer Ausatmung entspann den Rücken und lass den Oberkörper nach

vorne fallen. Du kannst auch gerne den Griff um die Füße lösen und die Handrücken am Boden ablegen. Entspann dich in dieser Haltung für 10 Atemzüge und werde sanft.

5. Komm nun in die Rückenlage für die Endentspannung und lass die Energie durch dich hindurchfließen. Beobachte dich und lass immer mehr los.

Praktiziere Savasana für 5–10 Minuten.

Meditation nach deinem Human-Design-Typ

Wenn du möchtest, kannst du nun eine Meditation an diese Praxis anschließen. Wähle sie entsprechend deinem Typ aus (ab S. 248).

Human-Design-Yoga für das Milzzentrum

Verbinde dich energetisch mit deinem Milzzentrum. Werde dir dieses Zentrums im oberen Bauchraum bewusst, direkt unterhalb der linken Seite des Brustkorbs. Es unterstützt dich bei den fundamentalen Themen Überlebensinstinkt und Wohlbefinden. Wie du schon weißt, ist es ein Zentrum, in dem auch viele Ängste sitzen. Sie sind dafür da, die Gefahr zu wittern, damit wir am Leben bleiben. Klar, dass es sich besser anfühlt, wenn keine Gefahr droht.

Auf der Körperebene spielt die Milz als Organ eine sehr wichtige Rolle für unser Immunsystem und für die Abwehr von Krankheitserregern. In der TCM (Traditionelle Chinesische Medizin) steht die Milz für innere Ruhe und Ausgeglichenheit. Laut dieser Lehre können folgende Symptome Anzeichen dafür sein, dass der Energiefluss in der Milz blockiert oder nicht im Gleichgewicht ist: Verdauungsstörungen, Müdigkeit, Muskelschwäche, Störungen im Essverhalten, Krampfadern und auch Konzentrationsschwäche. Ich nenne hier einige, damit du ein Gespür dafür bekommst, ob eines dieser Symptome mit deinem Milzzentrum auf energetischer Ebene in Verbindung stehen könnte. Auf den anderen Ebenen kann innere Unruhe ein Anzeichen für eine energetische Unausgeglichenheit sein.

Hinweis: Diese Vermutungen ersetzen niemals eine ärztliche Diagnose. Aber der Arzt, die Ärztin sieht auch keine Störungen im Energiefluss im Ultraschall, weshalb dein Menschenverstand als Entscheidungshilfe dafür dienen kann, ob eine Praxis für das Milzzentrum aus energetischer Sicht für dich sinnvoll ist.

Übe diese Sequenz immer dann, wenn du das Gefühl hast, dass es deinem Wohlbefinden dienlich sein kann und dass du dein Immunsystem energetisch unterstützen möchtest. Auch wenn du das Gefühl hast, ohne offensichtlichen Grund ängstlich zu sein, kann dich diese Praxis dabei unterstützen, innerlich zur Ruhe zu kommen.

Dich erwartet nun eine sehr ruhige Yin-Yoga-Praxis für den Milzmeridian. Mach es dir maximal gemütlich, sorg für ausreichend Wärme durch bequeme Kleidung und eine angemessene Raumtemperatur. Leg dir auch möglichst viele Yogahilfsmittel zurecht.

Wichtig ist auch, an einem Ort zu üben, wo du dich sicher und geborgen fühlst. Schließlich sollst du dich richtig fallen lassen dürfen. Das gelingt wohl eher, wenn dein Unterbewusstsein nicht spontanen Reizen ausgesetzt ist, die dann dein inneres Alarmsystem auslösen. Minimiere Störungen von außen und schalt das Handy aus. Lies vor der Praxis keine E-Mails mehr, damit dich nicht eine unangenehme Nachricht kurz vorher noch triggert. Jetzt ist deine Auszeit!

Diese Yogasequenz eignet sich besonders gut für alle mit einer Milzautorität, oder wenn du dieses Zentrum unterstützen möchtest.

Ankommen mit Wechselatmung

1. Komm in einen einfachen Sitz und verbinde dich mit dem Milzzentrum. Werde dir bewusst, dass du jetzt deine Praxis auf dein Wohlergehen ausrichtest. Jede Haltung sollte sich vor allem gut anfühlen. Mit Hilfsmitteln kannst du es dir in jeder Haltung so bequem wie möglich machen, und jede Haltung 3–5 Minuten halten.

2. Übe jetzt eine einfache Form der Wechselatmung. Schließ die Augen und richte die Aufmerksamkeit auf den Atem. Spür, ob das linke oder das rechte Nasenloch aktiver ist. Rechts steht für die Yang-Energie, und links für die Yin-Energie. Es wechselt alle zwei bis zweieinhalb Stunden. Was ist bei dir gerade präsent? Vertiefe deine Atmung in den Bauch und schließ dann mit dem linken Daumen sanft von unten das linke Nasenloch. Atme für ca. 1–2 Minuten nur über das rechte Nasenloch. Halte den Fokus auf dem Atem und beobachte dich wertfrei. Wiederhol dies auf der anderen Seite und atme nur durch das linke Nasenloch, so dass du mit dem Fokus auf die Yin-Energie in die Praxis starten kannst.

Hauptteil

1. Komm in die Bauchlage und stell für die Sphinx beide Unterarme auf. Die Ellenbogen sind unter den Schultern aufgestützt, die Fingerspitzen sind nach vorne abgelegt. Auch die Füße bleiben locker gestreckt. Wenn du spürst, dass die Schultern das Gewicht nicht tragen möchten, leg dir ein Bolster unter die Rippen, um die Schultern zu entlasten. Senke den Blick und schließ die Augen. Halte hier für 3–5 Minuten und entspann dich danach in der Bauchlage.

2. Schieb dich aus der Bauchlage hoch in den Vierfüßlerstand. Für den liegenden Frosch öffne die Knie mehr als hüftweit. Lass die Füße lang, sie können ruhig näher aneinander sein. Senke von hier das Gesäß in Richtung Fersen und leg den Oberkörper nach vorne ab. Auch die Arme legst du nach vorne ab. Sollte die Haltung zu intensiv sein, leg dir ein Bolster unter den Oberkörper. Halte hier für 3–5 Minuten und löse dann die Haltung in den Vierfüßlerstand auf.

3. Spür im herabschauenden Hund nach. Er dient als Ausgleich und wird nur für ca. 5 Atemzüge gehalten.

4. Komm in den Drachen. Bring aus dem Hund deinen rechten Fuß nach vorne neben die rechte Hand oder noch ein Stück weiter nach rechts. Senke das hintere Knie zum Boden. Das Knie ist so weit wie möglich hinten abgelegt. Leg dir bei Bedarf etwas Weiches unter das Knie. Beuge deinen Oberkörper nach vorne-unten. Du kannst die Position variieren, indem du die Unterarme zum Boden bringst oder auf einem Bolster ablegst. Auch hier können die Schultern entlastet werden, wenn du ein Bolster unter das Brustbein gibst. Der hintere Fuß ist lang abgelegt. Halte hier für 3–5 Minuten und komm dann zum Ausgleich noch einmal in den Hund. Übe dann die andere Seite.

5. Komm in den Fersensitz. Sollte dieser fordernd sein, leg ein Kissen unter das Gesäß, und dann bleib hier. Geh nur in die nächste Haltung, den Sattel, wenn du im Fersensitz kein Kissen benötigst, und taste dich langsam an die nächste Haltung heran. Stell zuerst die Hände hinter dir am Boden auf. Spür, ob du tiefer gehen magst. Du kannst ein Bolster benutzen, um dich erhöht abzulegen. Die Fersen sind beim Sattel neben der Hüfte. Wenn es für dich okay ist, kannst du auch ohne Bolster üben und dich tiefer ablegen. Bedenke, dass du die Haltung bequem für 3–5 Minuten halten möchtest. Du kannst die Arme nach hinten ablegen und über Kreuz mit den Händen die Ellenbogen umfassen. Löse die Haltung langsam wieder auf und spür im Fersensitz nach.

6. Löse den Fersensitz in eine sitzende Grätsche auf. Beug das rechte Bein und leg das Knie nach vorne ab, und den Unterschenkel nach hinten in einer Art Hürdensitz. Das linke Bein bleibt lang. Prüfe, ob der rechte Fuß sich besser fühlt, wenn er lang oder gebeugt liegt. Du kannst dir ein Bolster zwischen die Beine legen und den Oberkörper nach vorne über das Bolster beugen. Wenn du tiefer gehen möchtest, lass das Bolster weg. Sollte es mit dem Bolster zu tief sein, bleib einfach auf den Händen. Halte hier für 3–5 Minuten und wiederhol dann auf der anderen Seite.

7. Komm in die tiefe Hocke. In der Yin-Variante beug den Oberkörper ein wenig vor und lass den Rücken rund werden. Leg die Hände in die Namasté-Mudra und leg die Stirn hier ab. Als Variation kannst du dich auch auf ein Bolster hocken. Hocke hier für 3–5 Minuten und setz dich dann ganz am Boden ab.

8. Streck die Beine in einer weiten Grätsche am Boden aus. Bring bei Bedarf das Bolster zwischen die Beine

und beug den Oberkörper nach vorne. Pass die Haltung erneut nach deinen Bedürfnissen an. Halte hier für 3–5 Minuten. Leg dich anschließend in der Rückenlage ab zum Nachspüren. Nimm dir gerne bis zu 10 Atemzüge Zeit.

9. Winkle das rechte Bein in Richtung Brust an und greif es mit der linken Hand. Der rechte Arm liegt auf Schulterhöhe zur Seite am Boden auf, die Handfläche zeigt nach unten. Zieh dir sanft das rechte Knie nach links hinüber, der Blick geht nach rechts. Du kannst das Knie auch auf einem Bolster ablegen. Entspann dich in diesem Shiva-Twist in einer Yin-Variante. Wechsle nach 3–5 Minuten auf die andere Seite.

Abschlusssequenz

1. Leg dir das Bolster im Liegen unter die Knie. Stell die Füße auf, heb das Becken und zieh dir das Bolster unter das Becken. Winkle beide Knie in Richtung Brust an und strecke für den Wasserfall beide Beine in die Luft. Du kannst als Alternative die Übung auch an der Wand machen. Die Arme kannst du auch neben dem Kopf ablegen, oder du legst die Hände auf den Oberbauch. Werde dir erneut deines Milzzentrums bewusst. Halte hier für 3–5 Minuten und löse dann die Haltung wieder auf. Spür im Liegen nach.

2. Zieh beide Knie in Richtung Brust und umarme sanft die Beine, atme ruhig und gelassen in den Bauch. Schick ein paar liebevolle Gedanken zu deiner Milz. Die Haltung unterstützt dich dabei, alles Negative abzuleiten. Halte hier für 3–5 Minuten.

3. Entspann dich in der Rückenlage. Lass die Energie durch dich hindurchfließen. Alles Negative fließt aus deinem System.

Optional:

Meditation nach deinem Human-Design-Typ

Wenn du möchtest, kannst du nun eine Meditation an diese Praxis anschließen. Wähle sie entsprechend deinem Typ aus (ab S. 248).

Human-Design-Yoga für das Emotionszentrum

Verbinde dich energetisch mit deinem Emotionszentrum. Werde dir dieses Zentrums im linken unteren Bauchraum bewusst. Es ist der Sitz deiner Emotionen und Gefühle. Auch in diesem Zentrum sitzen viele Ängste. Wenn du ein definiertes Emotionszentrum und damit dieses auch als innere Autorität hast, werden immer wieder emotionale Wellen auftauchen und dich aus deiner Mitte bringen. Aber auch für alle mit offenem Emotionszentrum ist diese Praxis als Ausgleich gut und dient dazu, sich emotional auf eine gesunde Art und Weise abzugrenzen.

Emotionen haben eine große Kraft. Für Menschen mit Stimmungsschwankungen kann es fordernd sein, nicht sofort auf die Impulse dieses Zentrums zu reagieren und die emotionale Welle abzuwarten. Willst du dir deine Selbstachtung bewahren, dann ist auch hier eine gewisse Stabilität wichtig, die dich vor Überreaktionen schützt. Sei nicht länger Opfer deiner Emotionen, du bist so viel mehr. Es würde dein inneres Licht schwächen, dich ständig den emotionalen Dramen hinzugeben – seien es deinen eigenen oder die der anderen.

Übe diese Sequenz immer dann, wenn du bewusst aus der Abwärtsspirale negativer Emotionen, die dich aufwühlen, aussteigen möchtest. Sie wird dich wieder mehr in deine Mitte bringen, so dass du angemessen auf alles reagieren kannst, was dich zu einer Drama-Queen hat werden lassen. Du kannst selbst entscheiden, ob dir diese Rolle wirklich steht.

Dich erwartet eine dynamische Praxis, die vollgepackt ist mit Gleichgewichtsübungen. Die Balance auf der Körperebene spiegelt häufig wider, wie es auch um unser inneres Gleichgewicht gestellt ist. Fühlst du dich wackelig? Die Körperpraxis ist keine Einbahnstraße. Ich glaube fest daran, dass wir die emotionale Ebene mit Körperübungen harmonisieren können, und umgekehrt. Ein Praxistipp für die Gleichgewichtsübungen: Je dünner die Yogamatte, desto leichter fallen die stehenden Balancen. Falls deine Matte sehr dick ist und du dich sehr wackelig fühlst, tritt einfach kurz neben die Matte und probier es ohne. Da du hier deinen Gleichgewichtssinn schulen wirst, probier gerade die stehenden Balancen, ohne dich festzuhalten. Es ist nicht schlimm, wenn du dich beim Üben wackelig fühlst – entscheidend ist, wie du dich am Ende der gesamten Praxis fühlst.

Ankommen

1. Beginn im Stehen und leg die Hände in die Namasté-Mudra vor dein Herz. Schließ die Augen und verbinde dich mit deinem Emotionszentrum. Wie fühlst du dich gerade? Alle Emotionen sind willkommen. Atme einmal vollständig über die Nase ein und lange über den geöffneten Mund aus. Öffne die Augen.

2. Verschränke die Finger, streck die Arme auf Brusthöhe nach vorne, die Handflächen öffnen sich dabei nach vorne. Streck mit einer Einatmung die Arme nach oben und heb die Fersen in einen Ganzkörper-Stretch. Richte für mehr Balance den Blick auf einen festen Punkt und halte hier für 5 Atemzüge.

3. Löse die Haltung auf und senk die Fersen zum Boden zurück, leg die Arme neben den Oberkörper. Wie hat sich die erste Balance angefühlt?

4. Steh leicht hüftweit und lass die Arme locker. Dreh den Oberkörper im Wechsel nach links und rechts. Die Drehung kommt aus der Brustwirbelsäule. Heb ruhig im Wechsel die Fersen, damit es auch in den Knien locker und entspannt bleibt. Dein Atem fließt dabei, und die lockeren Arme dürfen gerne sanft gegen den Körper fallen. Wenn du magst, schließ die Augen. Mach die Übung ca. 1–2 Minuten lang, sie fördert die gute Laune.

5. Aus dem Stand komm in die stehende Seitneige. Heb beide Arme über die Seiten und greif mit der linken Hand dein rechtes Handgelenk. Beide Füße stehen

fast am Boden. Zieh die rechte Körperseite mit der Einatmung in die Länge und beug den Oberkörper mit der Ausatmung zur linken Seite. Halte hier für 5 Atemzüge. Spür, wie deine rechte Seite weit wird. Wiederhol die Seitneige auf der anderen Seite.

6. Spür in der Berg-Haltung kurz nach.

Hauptteil

Erster Teil: Core-Power und Balance-Vorbereitung

1. Übe den Blitz in einer Balance-Variation. Beuge aus dem Stand mit der Einatmung beide Knie und heb die Arme nach oben, löse nun beide Fersen und balanciere auf dem Vorfuß. Halte hier für 5 Atemzüge, senke dann die Fersen zum Boden zurück.

2. Mit einer Ausatmung senke den Oberkörper in eine tiefe Vorbeuge und entspann den Kopf. Halte für einen Moment und lass den Atem fließen.

3. Erde beide Hände und setz beide Füße nacheinander am Mattenende ins Brett. Die Schultern sind über den Händen. Alle Muskeln sind angespannt, der Bauchnabel zieht nach innen in Richtung Wirbelsäule. Die Krone des Kopfes zieht nach vorne, und die Fersen schieben nach hinten in den Raum. Halte hier für 5–10 Atemzüge. Bei Bedarf stell jederzeit die Knie am Boden ab.

4. Komm in den Vierfüßlerstand. Prüfe, ob es sich für dich stabiler anfühlt, wenn die Zehenspitzen aufgestellt sind. Ohne die Hände zu lösen, zieht die rechte Hand in Richtung linkes Knie, das auch an seiner Stelle unter der Hüfte bleibt. Wiederhol beide Seiten im Wechsel ein paar Mal. Das macht deine restlichen Bauchmuskeln wach.

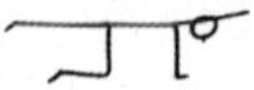

5. Übe jetzt die diagonale Katzendehnung. Presse die linke Hand in den Boden und löse den rechten Arm auf Schulterhöhe nach vorne. Der Daumen zeigt in Richtung Himmel. Löse diagonal dazu das linke Bein und streck es auf Gesäßhöhe nach hinten weg. Halte hier für 5 Atemzüge und wiederhol die Übung auf der anderen Seite. Kehr dann in den Vierfüßlerstand zurück.

6. Komm nun aus dem Vierfüßlerstand ins Brett und halte es erneut für 5–10 Atemzüge. Setz nun nicht die Knie auf.

7. Schieb dich aus dem Brett in den herabschauenden Hund. Für diesen dritten Übergang braucht es deine Bauchmuskelkraft. Im Hund schieb die Schultern weg von den Ohren und spür, wie leicht es sich nun hier anfühlt im Vergleich zum Brett. Halte für 5 Atemzüge den Hund.

8. Mit der nächsten Einatmung lauf mit den Füßen nach vorne in eine tiefe Vorbeuge. Atme einmal tief durch die Nase ein und durch den Mund aus. Wiederhol es gerne nochmals mit einem leichten Seufzen, wenn dir danach ist. So kannst du emotionalen Druck loslassen.

9. Mit einer Einatmung roll dich Wirbel für Wirbel in die Berg-Haltung auf.

Zweiter Teil: Balance-Flow (Lass den Atem fließen)

1. Verlagere dein Gewicht mehr auf das linke Bein und zieh das rechte Knie zur Brust. Umschließ es hier mit den Händen. Halte den Rücken lang und aufgerichtet. Löse die Hände und halte das Knie möglichst weit oben.

2. Bring die Hände in die Namasté-Mudra und streck das rechte Bein nach vorne aus. Versuch es möglich weit oben zu halten. Halte die Spannung bis in die rechten Zehenspitzen. Bleib auf einem Bein.

3. Beug das rechte Bein wieder und bring nun den Oberkörper nach vorne, während du gleichzeitig das rechte Bein nach hinten ausstreckst und so in den Krieger 3 wechselst.

4. Stell den rechten Fuß weit am Mattenende ab und heb den Oberkörper in eine Krieger-1-Variation.

5. Öffne dann die Haltung in den Krieger 2 und streck beide Arme auf Schulterhöhe aus.

6. Dreh den Oberkörper aus der Brustwirbelsäule nach links auf. Entweder bleiben beide Arme auf Schulterhöhe, oder du senkst den vorderen Arm. Halte hier für 5 Atemzüge.

7. Komm zurück in den Krieger 2.

8. Schließ nach vorne den Stand in die Berg-Haltung und wiederhol alles auf der anderen Seite.

9. Schließ den Flow ab, indem du den Baum übst. Verlagere dein Gewicht auf das linke Bein und zieh den rechten Fuß an der linken Beininnenseite nach oben. Finde eine geeignete Höhe für dich (die Ferse sollte bitte nicht direkt auf dem Kniegelenk liegen). Das rechte Knie zeigt nach außen. Stabilisiere den Baum, indem du Fußsohle und Beininnenseite gegeneinanderpresst. Heb dann die Arme nach oben über den Kopf und leg die Hände in die Namasté-Mudra. Du kannst die Arme als Variation auch geöffnet halten oder die Hände vor dem Herzen halten. Du entscheidest, wie dein Baum aussehen soll. Halte den Baum

5–10 Atemzüge und wiederhole direkt auf der anderen Seite.

Dritter Teil: Armgestützte Balancen

1. Komm noch einmal ins Brett als Ausgangshaltung.

2. Für den Arm-Seitstütz verlagere das Gewicht mehr auf die linke Hand. Löse den rechten Arm nach oben und dreh den Oberkörper nach rechts auf. Die Zehenspitzen drehen sich zeitgleich nach rechts mit. Bleib hier oder übe den Baum in dieser Variante (oder alternativ beim nächsten Mal).

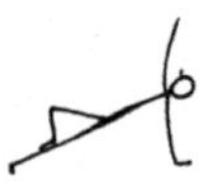

3. Aus dem Arm-Seitstütz kannst du nun das obere Bein in die Baum-Variante bringen.

4. Komm über das Brett aus der Haltung heraus. Übe direkt die andere Seite – oder:

5. Entspann dich kurz in der Kind-Haltung und wiederhole dann die andere Seite. Am Ende entspann dich in der Kind-Haltung.

Vierter Teil: Sitzende Balance

1. Komm in den Langsitz und stell die Füße als Vorbereitung auf. Greif mit beiden Händen die Rückseite der Oberschenkel, zieh die Zehenspitzen an und zieh den Nabel in Richtung Wirbelsäule. Von hier kannst du nun Schritt für Schritt weiter mitgehen oder in einer Variante des Boots bleiben.

2. Heb beide Füße vom Boden und bring die Unterschenkel parallel zum Boden für das halbe Boot. Der Rücken bleibt lang. Schieb das Brustbein nach vorne. Du sitzt leicht hinter den Sitzbeinhöckern. Wenn du dich stabil fühlst, löse die Hände von den Beinen und streck sie nach vorne aus. Halte hier für 5–10 Atemzüge oder geh weiter.

3. Für das ganze Boot streck nun die Beine. Achte darauf, weiterhin zu atmen. Halte das Boot für 5–10 Atemzüge.

4. Komm aus dem Boot wieder heraus, stell beide Füße auf und entspann den Bauchraum.

5. Übe die sitzende Grätsche mit Vorbeuge am Boden. Übe die Haltung aktiv, greif mit den Händen in den Boden und schieb das Brustbein nach vorne. Diese Bewegung brauchst du gleich wieder. Halte für 5 Atemzüge.

6. Komm in den sitzenden Schmetterling als Ausgangshaltung für die nächste Balance.

7. Für die Lotosblüte greif mit zwei Fingern jeweils rechts und links die großen Zehen. Streck nun langsam im Wechsel (oder beide Seiten gleichzeitig) die Beine in eine schwebende Grätsche in die Luft. Schieb das Brustbein nach vorne, um in Balance zu bleiben, und löse dann die Haltung wieder auf.

Abschlusssequenz

1. Für den Drehsitz komm zuerst in den Langsitz. Winkle das rechte Bein an und stell den Fuß auf der anderen Seite außerhalb des linken Knies auf. Winkle auch das linke Bein an und zieh die linke Ferse in Richtung rechte Gesäßhälfte. Solltest du nicht bequem sitzen, lass das linke Bein ausgestreckt. Umgreif das obere, rechte Knie mit beiden Händen und richte die Wirbelsäule mit der Einatmung auf. Die linke Hand bleibt am Knie, um es hier zu fixieren. Bauch und Bein sind nah beieinander. Heb nun den rechten Arm nach oben und lass die rechte Schulter dabei tief. Mit der nächsten Ausatmung drehst du den Oberkörper nach

rechts auf und stellst die rechte Hand hinter der rechten Gesäßhälfte ab. Kinn und Brustbein können auf einer Linie sein, die Übung dient der Brustwirbelsäule. Atme tief in den Bauch, um ihn zu massieren. Halte hier für 5–10 Atemzüge, löse dann auf und wiederhole auf der anderen Seite.

2. Leg dich auf dem Rücken ab und spür den Boden unter dir – nach all den Balancen der sichere Hafen. Stell beide Füße hüftweit hinter dem Gesäß auf. Die Fersen haben ca. eine Handbreit Platz zum Gesäß. Presse in beide Füße und roll mit der nächsten Einatmung das Becken nach oben auf in die Schulterbrücke. Dein Bauchraum darf sich strecken.

3. Wenn du magst, kannst du die Schulterbrücke in einer einbeinigen Variante üben. Streck dafür ein Bein nach oben aus. Achte darauf, dass das Becken dabei waagerecht bleibt. Halte jede Seite für 5 Atemzüge und roll dann das Becken mit einer Ausatmung zurück zum Boden ab.

4. Streck beide Beine für Savasana aus – die Endentspannung. Deck dich bei Bedarf mit einer Decke zu. Beobachte wieder alle Emotionen, in dem Wissen, dass du nicht nur deine Emotionen bist. Sie kommen oftmals als Wellen. Stell dir vor, wie die Wellen flacher und flacher werden, bis die Wasseroberfläche ganz glatt und ruhig ist. Ruh dich für 5–10 Minuten aus.

Optional:

Meditation nach deinem Human-Design-Typ

Wenn du möchtest, kannst du nun eine Meditation an diese Praxis anschließen. Wähle diese entsprechend deinem Typ aus (ab S. 248).

Human-Design-Yoga für das Herzzentrum

Verbinde dich energetisch mit deinem Herzzentrum. Werde dir dieses Zentrums im linken Brustraum bewusst. Es ist der Sitz deiner Willenskraft und deiner Herzenswünsche. Das Herzzentrum im *Human Design* kommt mit seinen Themen nicht ganz so romantisch daher, wie vielleicht in der traditionellen Yogapraxis oft unterrichtet. Die Themen der Willenskraft mit ihrer großen Yang-Energie werden dort mehr dem Nabelchakra zugeordnet. Im *Human Design* sind diese Themen eine Brücke zum Herzchakra. Zur Umsetzung unserer Herzenswünsche braucht es meist eine enorme Kraft, wie die aus diesem Zentrum. Alle, die hier definiert sind, könnten leicht dazu neigen, anderen ihren Willen aufzuzwingen. Besonders die Manifestor:innen, denen die Herz-Autorität als einziger Typ vorbehalten ist, dürfen hiermit besonders achtsam sein. Eine Übersteigerung der Energie tut dir und deinem Umfeld nicht gut.

Sollte das der Fall sein, darf es hier etwas milder werden. Hast du unbewusst durch dein Verhalten Menschen verletzt, dann ist es Zeit, sich dafür selbst zu vergeben. Wenn du von anderen hier verletzt wurdest – dann vergib auch. Es ist wichtig, um wieder vertrauen zu können.

Es kann schwer sein, zuzugeben, wenn du übers Ziel hinausgeschossen bist oder wenn dich fehlgeleitete, überzogene Bemühungen ausbrennen. Tritt einen Schritt zurück und beobachte dich selbst. Dann umarme den Teil von dir, der etwas Sinnvolles aus seinem Leben machen möchte. Lenke all deine Bemühungen und deine Energie, um bewusste Entscheidungen hinsichtlich deiner inneren Autorität zu treffen. Du wirst eine größere Beharrlichkeit und Disziplin in dir entdecken, wenn dieses Zentrum bei dir nicht definiert ist. Du hast die Wahl, dich selbst aus der Opferrolle hin zu einem bevollmächtigten Menschen zu führen. Raus aus der Energie der Sabotage, und hinein in eine wahrhaftige Anbindung an dein reines Herz.

Übe diese Sequenz immer dann, wenn du spürst, dass du zu wenig Durchsetzungsvermögen hast, oder wenn du es damit übertreibst. Sie wird dich darin unterstützen, dir selbst und anderen zu vergeben, indem du dein Herz weit werden lässt. Es ist der erste Schritt, dich wirklich selbst zu akzeptieren – die oder den Unperfekte:n zu umarmen, Fehler zu verzeihen, um zu wachsen und vorwärtszugehen. Diese Yin-Yoga-Praxis ist wie eine Entgiftung für das Herz, damit es wieder kraftvoll für die Wünsche schlägt, die du wirklich mutig in die Tat umsetzen möchtest. Es sind wieder sämtliche Hilfsmittel erlaubt, die dich in der Körperpraxis unterstützen können: Bolster, Decken, Kissen, Blöcke, und vor allem bequeme Kleidung und ein geschützter Raum.

Ankommen

1. Komm in den Fersensitz, leg die Hände in die Namasté-Mudra vor dein Herz und verbinde dich mit der Energie deines Herzens. Schließ die Augen und spür, wie es deinem Herzen geht. Schenk ihm deine volle Aufmerksamkeit und finde einen Moment der Dankbarkeit für dein Herz und für die Stärke, die es dir immer wieder schenkt. Jetzt darf es sich entspannen und dadurch weit werden.

2. Öffne die Augen und stell beide Hände hinter dem Gesäß auf. Heb dein Herz in Richtung Himmel, und auch den Blick. Schließ die Augen und stell dir vor, wie neue Energie durch dein Herz aufgenommen wird. Wie es sich öffnet, weit und durchlässig wird. Bleib hier für 3–5 Minuten und entspann dich dann wieder im Fersensitz, um nachzuspüren.

Hauptteil

1. Komm in die Bauchlage und stell die Unterarme auf für die Sphinx. Die Ellenbogen liegen direkt unter den Schultern. Bleib in den Schultern leicht aktiv, damit sie nicht zusammenfallen. Bei Bedarf leg ein Bolster unter die Rippen. Dein Herz öffnet sich sanft nach vorne.

Entspann den Nacken und bleib für 3–5 Minuten in der Haltung. Spür dann in der Bauchlage nach.

2. Komm in den Vierfüßlerstand.

3. Für die Anahata-Asana (*Anahata* ist das Sanskrit-Wort für das Herzzentrum) „lauf" mit den Händen nach vorne und senke den Oberkörper nach unten. Das Becken bleibt über den Knien. Die Arme können nach vorne gestreckt abgelegt werden, und der Brustraum öffnet sich nach unten. Falls es sich für deine Schultern zu intensiv anfühlt, leg die Unterarme übereinander. Die Stirn sinkt zum Boden. Du kannst den Boden auch mit einem Bolster, Kissen oder Block erhöhen.

Entspann dich hier für 3–5 Minuten und komm dann in die Haltung des Kindes zum Nachspüren.

4. Roll den Oberkörper auf in den Fersensitz und komm hierüber in den Kniestand. Platzier die Hände im unteren Rücken. Die Fingerspitzen zeigen in Richtung Gesäß. Roll die Schultern zurück und komm in eine leichte Rückbeuge, die aus der Brustwirbelsäule generiert wird. Das Brustbein streckt sich erneut in Richtung Himmel. Lass positive Energie dein Herz erfüllen. Bleib für ca. 10 Atemzüge in diesem sanften Kamel.

5. Komm anschließend in die Kind-Haltung. Du kannst die Knie leicht öffnen oder dich über ein Bolster legen. Bleib für ca. 5 Minuten in der Haltung, für eine tiefe Innenschau und Rückzug.

6. Roll dich nach oben auf und komm in den Langsitz. Komm in eine weiche Version des Drehsitzes. Senke ruhig das Kinn in Richtung Herz. Halte jede Seite 3–5 Minuten lang und löse dann die Haltung auf.

7. Komm in den sitzenden Schmetterling mit Vorbeuge. Leg beide Fußsohlen aneinander, gerne etwas weg vom Damm, so dass sich eine Raute mit deinen Beinen

bildet. Beug dich mit gerundetem Rücken nach vorne. Leg die Handrücken am Boden ab. Als Variation kannst du auch die Arme vor dem Herzen kreuzen und die Hände über Kreuz auf den Knien ablegen. Entscheide, was sich jetzt besser anfühlt. Bleib hier für 3–5 Minuten.

8. Löse dich aus der Haltung und komm in eine weite sitzende Grätsche. Du kannst ein Bolster rechts vom Bein platzieren. Für eine Seitneige leg die rechte Hand am Boden oder den rechten Unterarm auf dem Bolster ab und neige den Oberkörper zur rechten Seite. Der linke Arm kann über dem Kopf abgelegt werden. Du kannst den Kopf auch auf der gestreckten Faust der rechten Hand ablegen, je nachdem, wie tief du in der Haltung bist. Sollte dir der linke Arm zu schwer werden, leg ihn einfach in den unteren Rücken und bleib noch etwas in der Seitneige. Beobachte deinen Atem besonders im linken geöffneten Rippenbogen. Halte hier für 3–5 Minuten, und übe wieder auf der anderen Seite.

Abschlusssequenz

1. Leg dich auf dem Rücken ab und spür in die Rückseite deines Herzens. Lass sie sanft und weich werden. Stell beide Füße eng zueinander auf. Leg beide Arme auf Schulterhöhe zu den Seiten ab. Die Handflächen zeigen nach oben. Lass beide Knie nach rechts sinken, evtl. erhöht auf einem Bolster. Beide Schultern dürfen tief in den Boden sinken. Gib deinem Brustraum mit dieser Haltung mehr Beweglichkeit. Halte jede Seite für 3–5 Minuten und komm dann wieder in die Rückenlage zurück.

2. Leg dir ein Bolster quer unter die Brustwirbelsäule für einen passiven Fisch. Die Beine können locker

gestreckt bleiben, oder du stellst die Füße auf. Du liegst ohne Muskelkraft über den Bolstern. Der Herz- und auch der Halsbereich werden nach vorne geöffnet. Bleib hier für 3–5 Minuten.

3. Entspann dich in Savasana in der Rückenlage. Beobachte die Innenwände deines Herzens. Wie fühlen sie sich jetzt an?

Optional:

Meditation nach deinem Human-Design-Typ

Wenn du möchtest, kannst du nun eine Meditation an diese Praxis anschließen. Wähle diese entsprechend deinem Typ aus (ab S. 248).

Human-Design-Yoga für das Selbstzentrum

Verbinde dich energetisch mit deinem Selbstzentrum. Werde dir dieses Zentrums in der Mitte deines Brustraums bewusst. Es ist der Sitz deiner Identität, der Richtung im Leben und der Liebe. Es geht darum, sich voll und ganz anzunehmen. Die Praxis des Herzzentrums ist eine tolle Vorbereitung oder auch Nachbereitung, falls du mal dynamisches oder ruhiges Yin brauchst.

Dieses Zentrum steht auf der Körperebene in Verbindung zu allen Herzensthemen und Themen der Lunge, deren Energieleitbahnen von hier auch über die Arme in Richtung Hände strahlen. Es ist deine energetische Mitte, die die oberen und unteren Energiezentren miteinander verknüpft, weshalb es eine sehr wichtige Rolle spielt. Zudem ist unsere eigene Identität im *Human Design* ja das zentrale Thema. Wir beziehen uns von hier jedoch nicht nur auf uns selbst, sondern auch auf andere, indem wir auch durch die Begegnung mit anderen erkennen, wer wir sind, und wer nicht. Das Thema Vergebung, das ich schon beim Herzen angesprochen habe, ist auch hier Thema – feinstoffliche Energie kennt keine harte Abgrenzung.

Schauen wir uns die Themen der einzelnen Merkmale dieses Zentrums an, dann wird das sicherlich verständlich. Ein sehr wichtiger Punkt, den ich für diese Praxis aufgreifen möchte, ist die Erhebung der Frequenzen für Selbstliebe, Freundlichkeit und Mitgefühl in deinem Leben. Immer wenn du ein Gefühl der Wärme und Empathie für etwas in deiner Brust wahrnehmen kannst, dann ist dein Selbstzentrum in Harmonie. Dieses Zentrum betont dein Recht auf Liebe. Ein weiser Yogi nannte es sogar dein Geburtsrecht.

Übe diese Sequenz immer dann, wenn du das Gefühl hast, deine Richtung aus den Augen verloren zu haben, wenn du dich selbst nicht annehmen kannst oder einfach zu wenig Liebe da ist. Du kannst dich selbst erfüllen. Sicherlich brauchen wir Begegnungen – dabei schließen sich ganze Kanäle laut *Human Design* –, aber wir brauchen Begegnungen nicht zwingend, um Liebe zu erfahren, die dir schon längst zur Verfügung steht. Die Rückbesinnung auf deinen eigenen Raum im Selbstzentrum lässt dich dir selbst gegenüber ehrlich sein und hilft damit auch deinen Beziehungen mit anderen, lebendig und gesund zu bleiben und die Zeit zu überdauern. Verbinde dich mit deinem Selbst, finde oder stabilisiere deine Richtung im Leben, und vor allem: Liebe dich selbst.

Es erwartet dich eine herzöffnende, dynamische Praxis, die am Anfang und zum Ende hin jedoch mild ist. Vertrau darauf, dass die Praxis genauso wirken wird, wie du es brauchst, denn du richtest den Fokus auf das, was gerade wichtig ist für dich. Erinnere dich erneut: Die Energie fließt dahin, wo du deine Aufmerksamkeit hinrichtest.

Ankommen

1. Beginn in der Rückenlage, schließ die Augen und verbinde dich mit deinem Selbstzentrum. Spür mittig in die Brust, und von hier in den restlichen Körper. Wie geht es dir im Moment? Vertiefe die Atmung und sei ganz bei dir.

2. Zieh ein Knie in Richtung Brust und halte hier, während du weiterhin den Atem vertiefst. Halte für 5 Atemzüge und wechsle dann die Seite.

3. Zieh dann beide Knie in Richtung Brust und wiege dich langsam auf dem ganzen Rücken von Seite zu Seite, um den Rücken zu massieren. Beginn dann auch vor- und zurückzuschaukeln wie bei einem Schaukelstuhl. Nimm etwas Fahrt auf und komm hierüber zum Stehen.

4. Komm in der Berg-Haltung an und spür durch deinen ganzen Körper. Erde dich über die Füße. Stell dir vor, wie sich Energie unter ihnen sammelt, und lenke diese Energie nach oben in den Brustraum.

5. Öffne die Arme zu den Seiten und heb sanft das Brustbein. Werde von hier weit und empfangend. Halte für 5 Atemzüge.

Hauptteil

Erster Flow mit fließendem Atem

1. Heb die Arme über die Seiten in die Berg-Haltung mit gehobenen Armen und streck dich. Lass die Schultern tief.

2. Mit einer Ausatmung senkst du dich in die tiefe Vorbeuge und verneigst dich vor dir selbst. Halt auch hier einen Moment inne.

3. Mit einer Einatmung heb den Oberkörper in die halbe Vorbeuge. Der Rücken wird lang. Leg die Hände an die Schienbeine. Schieb die Krone des Kopfes nach vorne. Der Nacken bleibt dabei in Verlängerung der Wirbelsäule.

4. Mit der Ausatmung stell beide Füße nacheinander ans Mattenende in den herabschauenden Hund. Bleib weit in den Schultern. Richte den Hund auf dich selbst aus. Wie darf sich dein Hund heute anfühlen? Wenn du magst, lauf ein wenig ruhig und sanft auf der Stelle.

5. Mit der Einatmung heb das rechte Bein nach oben in die Luft in den dreibeinigen Hund. Bleib in den Schultern stabil und spür in die Verlängerung der rechten Ferse.

6. Mit einer Einatmung bring den rechten Fuß nach vorne zwischen die Hände und richte dich in den Krieger 1 auf.

7. Öffne mit einer Ausatmung die Haltung in den Krieger 2. Setz den hinteren Fuß um 90 Grad um und stabilisiere das hintere Bein. Drück die Fußaußenkante fest in die Matte. Das vordere Bein ist um 90 Grad gebeugt. Kopf, Herz und Becken bilden eine Linie. Die Arme sind auf Schulterhöhe geöffnet, der Blick geht über die vordere Hand, und du stellst dir vor, die Arme aus dem Herzen heraus zu strecken.

8. Die Beine bleiben unverändert. Mit einer Einatmung hebst du den vorderen Arm und beugst dich aus der Brustwirbelsäule leicht zurück in einen Sonnenkrieger. Die hintere Hand findet zum hinteren Oberschenkel. Atme tief in den geöffneten Rippenbogen.

9. Die Beine bleiben unverändert, und mit einer Ausatmung neigst du den Oberkörper tief in einen seitlichen Winkel. Den Unterarm legst du auf dem vorderen Oberschenkel ab. Der hintere Arm wandert am Kopf vorbei und zieht nach vorne. Schau an der oberen Schulter vorbei in Richtung Himmel. Achte darauf, dich aus der unteren Schulter zu schieben und hier nicht im Gelenk zu „hängen". Mit der Einatmung versuch den Oberkörper ein Stück weit in Richtung Himmel zu drehen. Geh immer nur so weit, dass dein Atem frei fließen kann.

10. Komm aus dem seitlichen Winkel zurück in den Sonnenkrieger.

11. Komm zurück in den Krieger 2.

12. Komm zurück in den herabschauenden Hund und wiederhol den Flow auf der anderen Seite.

13. Mit der nächsten Einatmung lauf mit den Füßen nach vorne zwischen die Hände und heb den Oberkörper in die halbe Vorbeuge.

14. Mit der Ausatmung neige dich tiefer in die ganze Vorbeuge.

15. Mit der Einatmung richte dich mit geradem Rücken auf und nimm beide Arme über die Seite mit in die Berg-Haltung mit gehobenen Armen.

16. Mit der Ausatmung senke beide Arme in die Berg-Haltung.

Zweiter Flow

1. Falte die Hände hinter dem Gesäß und heb mit der Einatmung sanft das Brustbein.

2. Mit der nächsten Ausatmung senke den Oberkörper in die Vorbeuge-Variation. Die Arme fallen leicht über den Kopf. Spür die Dehnung der Schultern. Zieh die Krone des Kopfes in Richtung Boden und schaff dir einen Millimeter mehr Platz zwischen Schultern und Ohrläppchen.

3. Löse den Griff der Hände und vertiefe die Vorbeuge mit der Ausatmung.

4. Mit der Einatmung heb den Oberkörper in die halbe Vorbeuge. Dein Rücken ist lang. Die Hände finden wieder die Schienbeine.

5. Mit der Ausatmung erde die Hände und lauf ins Brett. Atme hier ein.

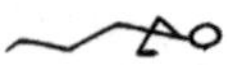

6. Mit der Ausatmung zieh den Nabel sanft zur Wirbelsäule, senke die Knie zum Boden und lass mit der Ausatmung Brust und Kinn folgen. Die Hände liegen neben der Brust.

7. Leg zum Schluss das Becken ab und schieb dich dabei leicht nach vorne durch. Leg die Fußrücken ab. Mit der Einatmung heb sanft das Brustbein in eine moderate Kobra. Die Kraft kommt aus dem Rücken. Press dich nicht mit den Händen nach oben. Es ist eine *sanfte* Kobra. Übe sie gerne ein paar Mal dynamisch. Senk den Oberkörper mit der Ausatmung, und heb ihn in die Kobra mit der Einatmung. Entspann dich kurz in der Bauchlage.

8. Streck beide Arme nach hinten neben den Oberkörper. Die Stirn ist noch am Boden. Zieh wieder bewusst den Nabel nach innen. Mit der Kraft aus dem Rücken

heb die gestreckten Beine in die Luft für eine Heuschrecken-Variante. Halte hier für 5 Atemzüge.

9. Entspann dich kurz in der Bauchlage. Leg die Hände unter die Stirn.

10. Leg die Hände neben die Brust und schieb dich in den Vierfüßlerstand nach oben.

11. Komm von hier in den herabschauenden Hund.

Dritter Flow

1. Mit der Einatmung heb das rechte Bein in den dreibeinigen Hund.

2. Das Bein bleibt in der Luft, und du bringst die Schultern über die Hände in ein dreibeiniges Brett.

3. Zieh das rechte Knie mit der Ausatmung unter den Körper. Knie und Stirn ziehen zueinander. Sie müssen sich nicht berühren. Schieb dich mit der Einatmung zurück in den dreibeinigen Hund und wiederhol den gesamten Ablauf noch zweimal. Wiederhol den kompletten Ablauf auf der anderen Seite.

4. Heb das rechte Bein in den dreibeinigen Hund, die Fußspitze zeigt nach unten. So stellst du sicher, dass die rechte Hüfte waagerecht bleibt.

5. Beuge nun das obere Bein, öffne ganz bewusst die rechte Hüfte und lass den rechten Fuß zur linken Gesäßhälfte fallen. Die nächste Haltung ist eher fortgeschritten und eine Variante für Geübte. Du kannst sie auch auslassen. Lass dir Zeit – du solltest dir selbst sicher sein, ob du sie übst oder auslässt.

6. Komm auf die Fingerspitzen der rechten Hand. Lass den rechten Fuß neben die Matte sinken, öffne den Oberkörper nach rechts und streck den rechten Arm nach hinten weg. Dein Herz zeigt in Richtung Himmel –

ein ähnliches Gefühl wie in der Kobra. Halte hier für 5 Atemzüge.

7. Dreh dich von hier zurück in das dreibeinige Brett. Das rechte Bein bleibt für einen Moment auf Gesäßhöhe.

8. Stell dann den Fuß ab für das normale Brett.

9. Schieb dich von hier in den herabschauenden Hund und wiederhole alles auf der anderen Seite. Du kannst dich dazwischen auch gerne eine Weile in der Kind-Haltung entspannen.

Abschlusssequenz

1. Entspann dich etwas in der Kind-Haltung.

2. Roll dich von hier mit einer Einatmung in den Fersensitz auf und bring die Hände in die Namasté-Mudra. Verbinde dich mit deinem Selbstzentrum. Bleib dir deiner selbst bewusst.

3. Richte dich in den Kniestand auf, die Zehenspitzen sind aufgestellt. Bring die Hände in den unteren Rücken. Die Fingerspitzen zeigen nach unten in Richtung Gesäß. Zieh den Nabel sanft nach innen. Das Becken bleibt in einer Linie zu den Knien. Mit der Einatmung neige dich aus der Brustwirbelsäule sanft zurück in ein moderates Kamel. Heb das Brustbein in Richtung Himmel. Bleib hier für 5 Atemzüge und entspann dich danach kurz im Fersensitz.

4. Entscheide ob, du das Kamel noch vertiefen möchtest. Du kannst es auch auslassen. Du entscheidest. Beginn wieder wie beim moderaten Kamel. Wenn du sicher bist, löse die Hände vom Rücken und greif mit beiden Händen zu den Fersen. Streck das Herz weit in Richtung Himmel. Bleib hier für 3–5 tiefe Atemzüge

und komm genauso aus der Haltung heraus, wie du hineingegangen bist.

5. Entspann dich als Ausgleich in der Kind-Haltung.

6. Komm in den Langsitz und von hier in den Drehsitz. Beide Seiten 5 Atemzüge lang halten.

7. Komm wieder in den Langsitz und spür kurz nach. Streck den Rücken und zieh die Zehenspitzen zu dir hin.

8. Mit der Ausatmung komm in eine sitzende Vorbeuge.

9. Zum Schluss entspann dich in der Rückenlage. Komm voll und ganz in dir an. Beobachte dich ohne Erwartung. Bleib in Savasana für 5–10 Minuten.

Optional:

Meditation nach deinem Human-Design-Typ

Wenn du möchtest, kannst du nun eine Meditation an diese Praxis anschließen. Wähle sie entsprechend deinem Typ aus (ab S. 248).

Human-Design-Yoga für das Kehlzentrum

Verbinde dich energetisch mit deinem Kehlzentrum. Werde dir dieses Zentrums im Hals- und Nackenbereich bewusst. Es ist der Sitz deines Ausdrucks und deiner Manifestation. Hier findet deine wahre Identität den Weg nach außen durch Kommunikation mit deiner Umwelt.

Wenn dieses Zentrum bei dir nicht definiert ist, fühlt es sich vielleicht manchmal so an, als würdest du nicht die richtigen Worte finden. Bei Blockaden im Energiefluss hier kann es auf der Körperebene zu einem Engegefühl im Hals führen. Auch ständiges Räuspern oder Heiserkeit könnte ein Hinweis sein, sich mehr um dieses Zentrum zu kümmern. Projektor:innen fehlt von hier eine Verbindung zu einem Motorzentrum, weshalb diesem Human-Design-Typ diese Praxis besonders guttun kann.

Im *Human Design* ist dieses Zentrum auch für Themen der Manifestation wichtig. Anders als oft verbreitet, gehe ich nicht davon aus, dass Menschen mit einem offenen oder undefinierten Kehlzentrum nicht in der Lage seien, etwas zu manifestieren. Ich denke, es funktioniert nur anders, je nachdem, wie gut man sich die zu manifestierenden Dinge vorstellen kann, und wie wahrhaftig es sich für einen anfühlt. Das Halszentrum verbindet dein Gefühl mit deinem Denken durch kreativen Ausdruck und durch Sprache, wobei sich Sprache auch lautlos äußern kann. Die Wege der Kommunikation können vielfältig sein und sich zum Beispiel auch durch Schrift, Musik oder Kunst ausdrücken. Diese Elemente geben dir die Möglichkeit, zuzuhören und deine Bedürfnisse, Wünsche und Meinungen wahrheitsgemäß und authentisch auszudrücken.

Immer wenn du dich gehört fühlst und in der Lage bist, Veränderung und Heilung zu kommunizieren, ist dein Kehlzentrum in Balance. Es schenkt dir die Fähigkeit, dich mitzuteilen.

Übe diese Sequenz immer dann, wenn du das Gefühl hast, dass das Halszentrum nicht in Balance ist. Wenn dein Kehlzentrum aus dem Gleichgewicht gerät, kann es deine Kommunikation verzerren und Gespräche in Projektionen von Unsicherheiten verwandeln. Deine Kehle hat eine so tiefgehende Energieschwingung, dass andere deine Gedanken und Gefühle spüren, selbst wenn du nichts sagst. Finde wieder den richtigen Ton für dich. Wenn du zuhörst und konzentriert bleibst, findet deine verkörperte Wahrheit einen Weg, sich auszudrücken.

Es erwartet dich eine dynamische Praxis, in der du eingeladen bist, deine Stimme einzusetzen. Im Yoga nutzt man auch Mantren dazu. Das kürzeste kennst du vielleicht – OM. Ich liebe Mantren, möchte es aber so einfach wie möglich halten. Es erwartet dich gleich zu Beginn eine Klangdusche. Ein großer Pluspunkt, sie harmonisiert auch alle anderen Energiezentren und eignet sich somit als Human-Design-Yoga-„Quickie", wenn es mal schnell gehen soll.

Ankommen

Klangdusche

Du stehst gut geerdet und schließt die Augen. Töne jetzt einmal alle Vokale, angefangen beim tiefen Ton, und dann werden die Töne im Klang höher. Vor jedem Vokal nimmst du einen tiefen Atemzug in den Bauch und tönst dann den Vokal, so lange du kannst, mit einer langen Ausatmung. Hier die Reihenfolge:

U – O – A – E – I

Die tieferen Töne wirst du mehr im Unterkörper nachspüren können, und dann geht es immer höher in Richtung Oberkörper, bis in den Kopfbereich.

Hauptteil

Erster Flow

1. Komm in den herabschauenden Hund. Atme tief durch die Nase ein und gerne mit einem Geräusch durch den Mund aus. Wiederhol das und trau dich, Geräusche von dir zu geben.

2. Bring den rechten Fuß nach vorne zwischen die Hände und heb dich mit einer Einatmung in eine Krieger-1-Variation. Streck beide Arme zu den Seiten aus und heb sanft das Herz und den Blick in Richtung Himmel. Der Hals darf sich auf der Vorderseite leicht strecken. Verbinde dich mit deinem Kehlzentrum. Die Daumen zeigen nach hinten. Die Arme sind leicht nach außen gedreht. Halte hier für 5 Atemzüge.

3. Mit der nächsten Ausatmung komm in die Brett-Haltung. Atme hier noch einmal ein.

4. Mit der nächsten Ausatmung senke dich über die Knie zum Boden und heb den Oberkörper mit der Einatmung in eine moderate Kobra. Übe diese gerne dynamisch ein paar Mal. Mit jeder Einatmung sanft heben, und mit der Ausatmung sanft senken.

5. Stell die Füße auf und schieb dich mit der nächsten Einatmung in eine Art herabschauenden Hund. Du beugst die Knie intensiver und schiebst dich weit nach hinten, so als würdest du dich aufdehnen, um zu springen. Spring aber nicht.

6. Komm mit der nächsten Einatmung nach vorne in die tiefe Vorbeuge. Atme tief aus; wenn du magst, mit einem Geräusch.

7. Mit der nächsten Einatmung komm in den stehenden Stuhl. Die Knie sind gebeugt. Stütz die Hände auf den Oberschenkeln auf.

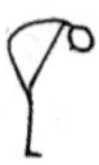

8. Mach eine stehende Katze-Kuh-Version: Mit der Ausatmung wird der Rücken rund, und mit der Einatmung wieder lang. Übe ein paar Runden.

9. Komm dann mit einer Einatmung in den Blitz mit gehobenen Armen. Halte hier für 5 Atemzüge und lenke die Energie in dir aufwärts.

10. Komm in die Berg-Haltung und wiederhol alles auf der anderen Seite.

Zweiter Flow

1. Komm in den herabschauenden Hund.

2. Beuge beide Beine intensiv und bereite dich auf einen kleinen Sprung vor.

3. Wenn du so weit bist, hüpf mit einem kleinen Sprung nach vorne in Richtung Hände.

4. Lande in der tiefen Vorbeuge. Lass den Atem einfach fließen.

5. Mit der nächsten Einatmung komm erneut in den Blitz mit gehobenen Armen.

6. Mit der Ausatmung komm in die Berg-Haltung.

7. Von hier geht es in die stehende Balance des Adlers. Verlagere das Gewicht auf das linke Bein, zieh das rechte Knie nach oben und setz das rechte Bein über das linke Bein. Beug das Standbein etwas, und wenn es geht, wickle den rechten Fuß um die linke Wade; oder lass den Fuß an der Wade. Wenn du dich tiefer setzt, wird die Haltung stabiler. Press die Beine gegeneinander für noch mehr Halt. Alternativ nimm die Hände in die Namasté-Mudra oder bilde die Adlerarme: Hier geht nun der rechte Arm unter dem linken Arm hindurch, und du verschränkst die Arme. Versuch, so gut es geht, die Handflächen zueinander zu bringen. Drück die Arme gegeneinander. Die Ellenbogen ziehen etwas nach vorn, und gleichzeitig rollst du die Schultern zurück. Wenn das zu viel auf einmal ist: Übe die Adlerarme einmal separat im Stehen oder Sitzen und bring dann alles zusammen, wenn du so weit bist. Gib dir Zeit.

8. Komm direkt aus dem Adler in eine Krieger-3-Variante. Dein rechtes Bein wird dabei nach hinten geführt, während du die Arme aus ihrer Position löst und den Adler fliegen lässt, indem du die Arme weit zu den Seiten ausstreckst. Stell dir ruhig vor, es wären deine Flügel, und du steigst auf in den blauen Himmel. Halte hier für 5 Atemzüge die Balance. Solltest du aus der Balance fallen, komm einfach wieder in die Haltung hinein.

9. Vom Krieger 3 geht es direkt in die stehende einbeinige Vorbeuge. Senke den Oberkörper mit der Ausatmung tiefer über das Standbein. Nutze Yogablöcke, um die Hände höher abzulegen. Wenn du geübter bist, greif mit der linken Hand um die hintere linke Wade und zieh dich selbst etwas tiefer in die Vorbeuge. Die rechte Hand kann dabei am Boden bleiben. Wenn du etwas geübter bist, kannst du auch probieren, die Hände in die Namasté-Mudra hinter die Wade zu bringen. Schau, an welcher Stelle deiner Praxis zu stehst. Es sind alles nur Varianten. Es ist kein Muss, es genau so zu praktizieren. Übe so, wie es dir guttut. Bring den oberen Fuß zurück zu dem Fuß am Boden, und komm aus der ganzen Vorbeuge hoch in den Berg. Wiederhol alles auf der anderen Seite.

Dritter Flow

1. Komm in den herabschauenden Hund.

2. Schieb die Schultern über die Hände vor ins Brett.

3. Verlagere das Gewicht auf die linke Hand und öffne dich in den Arm-Seitstütz nach rechts. Dreh dich zurück ins Brett.

4. Zieh das rechte Knie nach vorne und zieh auch die Stirn in Richtung Knie.

5. Senke das rechte Knie zum Boden, senke auch das Becken zum Boden und setz dich mit einer leichten Drehung ab, so dass du nun nach hinten schaust. Der rechte Fuß liegt an der linken Beininnenseite. Mit einer Ausatmung beugst du dich leicht über das gestreckte linke Bein.

6. Mit der Einatmung federst du dich nach oben auf, indem du die rechte Hand hinter dir abstellst, das Becken hebst, das Herz in Richtung Himmel streckst und den linken Arm nach hinten streckst. Diese Übung kannst du gerne ein paar Mal wiederholen.

7. Komm von hier in den Vierfüßlerstand und wiederhole alles auf der anderen Seite.

Abschlusssequenz

1. Komm in die Rückenlage, und von hier in die Schulterbrücke. Beobachte dich vor allem im Halsbereich. Schaff bei Engegefühl etwas Raum und heb sanft das Kinn. Halte hier für 5 Atemzüge.

2. Komm in den Pflug, indem du die Knie zur Stirn aufrollst. Leg die Hände in den unteren Rücken. Die Fingerspitzen zeigen in Richtung Gesäß. Leg die Füße mit gestreckten Beinen hinter dem Kopf ab. Bau dir hinter dem Kopf eine Erhöhung, falls es zu tief ist. Der Nacken bleibt ohne Gewicht; das Gewicht ist auf dem Schultergürtel.

Hinweis: Diese Haltung ist eventuell sehr fordernd für dich. Wenn du unsicher bist, lass sie dir von eine:m Yogalehrer:in vor Ort zeigen. Löse erst die Hände vom Rücken und leg die Arme ab, wenn die Füße den Boden berühren können, ansonsten belass die Hände am Rücken.

3. Komm aus dem Pflug in den Schulterstand. Übe die Schulterbrücke als Alternative. Wenn du den Schulterstand übst, bring aus dem Pflug beide Knie in Richtung Stirn und die Hände zurück an den Rücken, falls du sie am Boden hattest. Die Ellenbogen ziehen so nah wie möglich zueinander. Streck beide Beine senkrecht nach oben in Richtung Himmel aus. Die großen Zehen berühren sich, die Füße können locker gestreckt sein. Das Gewicht bleibt auf dem Schultergürtel, der Nacken ist ohne Gewicht.
Hinweis: Übe den Schulterstand nur, wenn er dir vorab von eine:r Yogalehrer:in vor Ort gezeigt worden ist.

4. Bring aus dem Schulterstand die Knie neben die Ohren in die Knie-zum-Ohr-Haltung.
Hinweis: Auch diese Übung ist für Fortgeschrittene, die die Haltung schon einmal von eine:r Yogalehrer:in gezeigt bekommen haben. Übe immer achtsam mit dir.

5. Nutze die Hände am Rücken sowie deine Bauchkraft, um dich langsam aus der Haltung zu lösen, und komm in die Rückenlage. Stell die Füße auf, wenn du spürst, das es deinem Rücken damit bessergeht. Du kannst auch die Knie ein wenig nach rechts und links schwingen zum Ausgleich.

6. Komm von hier in den aktiven Fisch. Leg die Hände unter das Gesäß. Die Handflächen zeigen nach unten. Die Beine bleiben gestreckt, ebenso bleiben die Füße locker gestreckt und geschlossen. Mit einer Einatmung komm im Oberkörper hoch und stütz die Ellenbogen auf. Du kannst die Ellenbogen auch ein wenig zueinander wandern lassen. Heb das Brustbein, indem du die Schulterblätter im Rücken zueinander ziehst. Die Schultern rollen sich dabei nach hinten. Das Gewicht bleibt auf den Händen und Ellenbogen. Ohne Gewicht legst du den Kopf sanft in den Nacken und

bringst den Hinterkopf zum Boden. Er schwebt hier eher über der Erde. Spür, wie dein Hals sich öffnet, und übe dreimal die Löwenatmung: Atme tief über die Nase ein. Mit der Ausatmung streckst du die Zunge in Richtung Kinn aus und fauchst deinen Atem aus. Mach deinen Hals schön frei, damit die Energie im Kehlzentrum frei fließen kann. Heb danach den Kopf, indem du das Kinn in Richtung Brustbein ziehst. Roll den Oberkörper zurück auf die Matte und löse die Arme unter dem Körper zur Seite.

Anmerkung: Pass den Abschluss an, wenn einige Haltungen zu fordernd sind. Du kannst auch „nur" die Schulterbrücke und den Fisch üben. Das wäre eine gleichschöne Praxis, wenn sie sich für dich besser anfühlt.

7. Entspann dich in Savasana. Beobachte dich vor allem im Kehlzentrum. Wie konntest du dich in der Praxis selbst ausdrücken? Lass mit jedem Atemzug mehr und mehr los. Bleib hier für 5–10 Minuten.

Optional:

Meditation nach deinem Human-Design-Typ

Wenn du möchtest, kannst du nun eine Meditation an diese Praxis anschließen. Wähle diese entsprechend deinem Typ aus (ab S. 248).

Human-Design-Yoga für das Verstandeszentrum

Verbinde dich energetisch mit deinem Verstandeszentrum. Werde dir dieses Zentrums im Stirnbereich bewusst. Dieses Zentrum steht in tiefer Verbindung mit deinem Denken und dem Intellekt. Im Yoga ist es auch als Drittes Auge bekannt. Es ist jenes, mit dem wir nach innen blicken und das sehen und mental verarbeiten, was unsere zwei physischen Augen aufgenommen haben. Aber nicht nur der Sehsinn steht auf der Körperebene mit dem Verstandeszentrum in Verbindung, sondern auch der Hörsinn, der Geruchssinn und der Geschmackssinn.

Um den Geist zu beruhigen – vor allem wenn das Verstandeszentrum bei dir definiert ist – zieht man im Yoga die Sinne immer wieder zurück. Vielleicht kannst du in dieser Praxis auch immer mal wieder die Augen schließen und deinen Geist beobachten. Wenn der Geist unruhig ist, dann tut es vielen Menschen gut, in eine körperliche Praxis einzutauchen. Allerdings ist auch die Meditation ein wichtiges Werkzeug, um auf der mentalen Ebene zu arbeiten, weshalb ich für jeden Human-Design-Energietyp eine Meditation kreiert habe. Wenn du merkst, dass es dir schwerfällt, direkt im Anschluss zu meditieren, probier es zunächst mit dieser Praxis. Der Geist hat es gerne bequem, liebt die immer gleichen Denkmuster. Um dies zu durchbrechen, ist es gut, eine neue Perspektive einzunehmen. Im Yoga gibt es dafür eine ganze Gruppe an Haltungen: die Umkehrhaltungen. Das sind Körperübungen, bei denen das Becken höher positioniert ist als das Herz, und das Herz gerne höher als der Kopf.

Wir sehen die Welt durch die Filter, die wir selbst gewählt haben. Sicherlich auch durch die Filter der Merkmale im Verstandeszentrum, die in deinem *Human Design* aktiviert oder nicht aktiviert sind. Wir arbeiten hier mit Licht und Dunkelheit. Das Licht beleuchtet alles stark, so wie es ist, ohne den Filter deines *Designs*, deiner Erwartungen oder deiner Beurteilung. Wir wollen es möglichst einfach halten. Jedes Mal, wenn du dich mit deinen Träumen im Einklang fühlst, ist dieses Zentrum ausgeglichen. Dann schwingen deine bewusste und deine unbewusste Seite in Harmonie miteinander. Wenn zum Beispiel Ängste zu stark hochkommen, dann bist du hier unausgeglichen, und es wird Zeit für eine Runde Yoga. Indem du die Schwingung deiner Gedanken von Angst zu Liebe erhöhst und deinen Zweck und deine Entscheidungen gemäß deiner inneren Autorität nicht länger infrage stellst, verbindest du dich mit der Vision dessen, was sein kann.

Übe immer dann, wenn du das Gefühl von Nebel im Kopf hast.

Es erwartet dich eine gemäßigte Praxis für viel Innenschau, Rückzug und Perspektivwechsel, damit du wieder klar sehen kannst.

Ankommen

Komm in einen einfachen Sitz, schließ die Augen und richte deinen Fokus auf das Dritte Auge. Verbinde dich hierüber mit dem Verstandeszentrum. Spür, wie aktiv dein Geist ist. Welche Gedanken gehen dir gerade durch den Kopf? Beobachte sie für einen Moment, und mach dann die folgende Übung.

Augenübung

Roll die geschlossenen Augen im Uhrzeigersinn. Nach drei Runden mach dasselbe gegen den Uhrzeigersinn, wieder für drei Runden.

Hauptteil

Erster Teil

1. Leg dich nach der Augenübung in der Rückenlage ab.

2. Stell die Füße hinter dem Gesäß auf und übe eine dynamische Form der Schulterbrücke. Dazu hebst du mit der Einatmung gleichzeitig das Becken und die Arme. Das Becken rollst du auf, und die Arme legst du neben dem Kopf ab. Mit der Ausatmung legst du die Arme zurück neben den Oberkörper, während du

zeitgleich das Becken zurück zum Boden bringst. Versuch die Bewegung dem Tempo deiner Atmung anzupassen. Wiederhol diese Übung ruhig ein paar Mal. Dein Geist wird dabei hoffentlich etwas ruhiger. Wenn nicht, ist es auch nicht schlimm. Erwarte gerade zu Beginn nicht zu viel. Das wird schon, wenn du regelmäßig übst.

3. Stell die Knie und Füße nun eng zusammen, breite die Arme auf Schulterhöhe am Boden aus, die Handflächen zeigen nach oben. Komm mit einer Ausatmung in den liegenden Twist. Halte jede Seite für 5 Atemzüge.

4. Komm in die Knie-zur-Brust-Haltung und halte sie für 5 Atemzüge. Atme tief in den Bauch. Schaukle dich zum Beenden der Übung sanft nach oben zum Sitzen und finde dann einen Weg in den Vierfüßlerstand.

5. Schieb dich mit einer Ausatmung aus dem Vierfüßlerstand mit dem Gesäß nach hinten-oben und beuge intensiv das Knie, so als würdest du springen wollen. Spring aber nicht.

6. Bring die Schultern mit einer Einatmung über die Hände, setz die Knie unter der Hüfte am Boden auf und komm in die Kuh-Haltung. Der Rücken ist lang, der untere Rücken in einer leichten Rückbeuge. Die Sitzbeinhöcker heben sich nach hinten-oben. Übe ein paar Mal im Wechsel das Zurückschieben in die Sprunghaltung, und komm wieder in die Kuh-Position im Rücken.

7. Aus der Sprungposition schieb dich in den herabschauenden Hund. Stell dir vor, wie alle Gedanken aus deinem Kopf purzeln.

8. Lauf mit kleinen Schritten vom Hund in die stehende Vorbeuge.

9. Mit einer Einatmung heb dich in die halbe Vorbeuge, und mit einer Ausatmung erneut in die tiefe Vorbeuge.

10. Mit der nächsten Einatmung komm in den Blitz ...

11. ... und mit der Ausatmung zum Stand mit den Händen in der Namasté-Mudra. Schließ für einen Moment die Augen und stell dir einen wunderschönen Baum vor. Nutze deine Vorstellungskraft. In welcher Jahreszeit siehst du diesen Baum? Versuch dir so viele Details vorzustellen, wie du magst. Wenn du so weit bist, öffne wieder die Augen.

12. Werde jetzt selbst zu diesem Baum, den du dir gerade vorgestellt hast. Komm in deine Baum-Haltung. Übe beide Seiten.

Wenn du magst, übe den Baum einmal mit geschlossenen Augen – trau dich ruhig. Du kannst die Augen jederzeit wieder öffnen. Du schaust nach innen und nach außen im Yoga. Erlebe deine Außen- und deine Innenwelt. Was sehen deine physischen Augen, und was nimmt dein Drittes Auge wahr?

Zweiter Teil

1. Komm aus dem Stand in die tiefe Vorbeuge.

2. Komm aus der Vorbeuge in die Haltung des Kindes, und genieß diese Haltung für eine tiefe Innenschau. Nimm dir so viel Zeit, wie du magst.

3. Folge deinem Impuls und roll dich mit einer Einatmung in den Fersensitz auf.

4. Für den Yoga-Hasen falte die Hände hinter dem Gesäß und schieb die Schultern weg von den Ohren. Heb dich aus dem Becken und neige den Oberkörper nach vorn. Setz mit dem Haaransatz vor den Knien auf dem Boden auf. Wenn du nun das Becken weiter hebst, rollst du auf den Scheitelpunkt des Kopfes auf. Spür hier einen leichten Druck, wenn du diesen Perspektivwechsel einnimmst. Die Arme strecken sich, so gut es geht, über den Kopf. Halte hier für 3–5 Atemzüge.

5. Setz dich zum Nachspüren in den Fersensitz zurück und wiederhole den Yoga-Hasen. Wähle beim zweiten Mal einen anderen Griff und lass den anderen Daumen oben sein. Löse dich von dem gewohnten Mustern. Wenn du dies mit dem Körper übst, öffnest du dem Geist den Weg für andere Denkmuster.

6. Komm aus dem Langsitz in eine sitzende Vorbeuge. Übe sie so bequem wie möglich und halte sie für 10 Atemzüge. Sie dient der Beruhigung.

7. Übe im Anschluss als Ausgleichshaltung den Tisch am Boden. Stell aus dem Langsitz die Füße dorthin, wo zuvor die Knie auflagen. Die Füße stehen hüftweit. Platzier die Hände hinter der Hüfte am Boden. Prüfe, ob es für die Hände bequemer ist, wenn die Finger nach vorne oder nach hinten zeigen. Presse dann in beide Füße und Hände und schieb das Becken in Richtung Himmel; die Schultern rollen sich zurück, und das Herz zeigt nach oben. Lass den Kopf in Verlängerung der Wirbelsäule. Der Nacken bleibt stabil. Halte hier für 3–5 Atemzüge und setz dich dann wieder am Boden ab in den Langsitz.

8. Komm in einen Drehsitz deiner Wahl. Lass ein Bein lang, oder winkle das untere Bein an. Was passt heute besser zu deiner Hüfte? Du solltest stabil sitzen. Fokussier dich beim Halten auf dein Verstandeszentrum.

Visualisiere dich in einem violetten Licht und schließ die Augen. Halte hier für 5–10 Atemzüge, und wiederhole auf der anderen Seite.

9. Komm aus dem Fersensitz in den Kopfstand.
Hinweis: Übe diese sehr fortgeschrittene Haltung nur, wenn du schon Kopfstandpraxis hast. Ansonsten übst du diese Haltung bitte erst einmal mit eine:r Yogalehrer:in vor Ort. Falls du den Kopfstand beherrschst, achte darauf, dass er sich wie in Savasana anfühlt, und entspann deinen Geist. Wenn du sehr fortgeschritten und sicher bist, schließ die Augen. Bleib so lange, wie es sich für dich sicher anfühlt, und löse dann die Haltung sicher wieder auf.
Anmerkung: Ich beschreibe hier bewusst nicht, wie du in den Kopfstand kommst. Begieb dich zum Erlernen dieser Haltung in die Obhut eine:r versierten Yogalehrer:in, die oder der dann entscheidet, ob diese Haltung für dich infrage kommt.

10. Übe die Haltung des Kindes für ca. 10 Atemzüge.

11. Komm in den Schulterstand. Du kannst ihn auch statt des Kopfstands üben. Ist auch dieser zu intensiv für dich, übe die Schulterbrücke. Halte auch diese Haltung für ca. 10 Atemzüge. Eine weitere Alternative wäre es, die Beine an der Wand hochzulegen. Diese Haltung kannst du auch länger als 10 Atemzüge einnehmen. Probier es ruhig aus, wenn du eine längere Regeneration nötig hast und dein Nervensystem viel Ruhe braucht.

12. Geh in Savasana in Rückenlage. Gerne 10–15 Minuten, und wenn du keine Zeit hast, 20 Minuten – denn dann brauchst du erst recht eine Auszeit. Schließ die Augen und halte den Fokus auf dem Dritten Auge. Blicke nach innen in die Mitte deines Kopfes. Atme alle

Gedanken nach und nach aus und schick sie auf eine imaginäre Wolke, die sie mit sich fortträgt.

Meditation nach deinem Human-Design-Typ

Ich empfehle dir sehr, an dieser Stelle eine Meditation anzuschließen. Wähle sie entsprechend deinem Typ aus (ab S. 248).

Human-Design-Yoga für das Kronenzentrum

Verbinde dich energetisch mit deinem Kronenzentrum. Werde dir dieses Zentrums am Scheitelpunkt des Kopfes bewusst. Es ist das Zentrum für Inspiration und für deine Anbindung an die universelle Energie, von der du ein Teil bist. Ein Funken dieser Energie fließt durch dein einzigartiges *Human Design* und erinnert dich daran, dass du Teil von etwas Größerem bist als du selbst.

Über das Kronenzentrum verschaffst du dir Zugang zu universeller Intelligenz. Dieses Zentrum, das mit purer Glückseligkeit verbunden ist, ermöglicht es dir, das zu erfahren, was jenseits des Alltäglichen liegt. Magie liegt in der Luft. Es ist das Zentrum, von dem aus du Inspiration aus einer höheren Quelle empfängst, die dich bei jedem Schritt leitet. Die Anbindung mag für Menschen mit offenem Kronenzentrum spürbarer sein, und die Anbindung an das Higher-Self leichter, doch auch für alle anderen ist es möglich, wenn sie sich gemäß ihrem freien Willen dafür entschließen. Sicherlich mag es mit der passenden planetaren Konstellation am Sternenhimmel dann einfacher sein.

Ein guter Zugang ist auch für alle die Meditation. Jedes Mal, wenn du das Gefühl hast, dass alles miteinander verbunden ist und dass du ein Teil des größeren Netzes des Lebens bist, ist dein Kronenzentrum in Balance.

Übe immer dann diese Sequenz, wenn du das Gefühl hast, dass es dir an dieser Anbindung fehlt oder dass du dich vollkommen uninspiriert fühlst. Es ist auch eine gute Möglichkeit, dem Alltagstrott zu entfliehen, wenn sich alles zu normal anfühlt und du das Leben nicht genügend wertschätzen kannst. Tritt über dieses Zentrum in Kontakt mit deiner wundervollen Seele. Immer dann, wenn du auf der Seelenebene an etwas arbeiten möchtest, wähle zuerst diese Praxis, um dich an die universelle Energie anzubinden. Es stärkt das Gefühl, auf magische Art und Weise geführt zu werden. Sehr gut geeignet, um zu praktizieren, sind die ruhigen Stunden des Tages, am besten kurz vor Sonnenaufgang oder nach Sonnenuntergang. Dies ist der ideale Zeitpunkt, um zu spüren, wie du auf magische Weise geführt wirst. Ist dieser Zeitpunkt nicht in deinem Alltag für dich machbar, dann wähle die zweitbeste Option. Das ist immer besser, als gar nicht erst zu praktizieren. Vertrau darauf, dass sich Inspiration in Form von unerklärlichen, übernatürlichen „Zufällen", täglichen Synchronitäten oder realem, aber mystischem Verständnis zeigt. Bedeutsame Veränderungen in deinem Bewusstsein werden ermöglicht.

Es erwartet dich eine ruhige Yin-Yoga-Praxis, die meditativ ist und deine gesamte Wirbelsäule harmonisiert, damit die universelle Energie und deine eigene Energie auf harmonische Weise miteinander verschmelzen können. Die Praxis bringt deine Aura zum Leuchten.

Ankommen plus Sufi-Kreise

1. Beginn in einem einfachen Sitz und verbinde dich mit deinem Kronenzentrum. Spür die Verbindung über deinen Scheitelpunkt des Kopfes mit der universellen Energie. Stell dir hier einen tausendblättrigen Lotos vor, dessen Blüte sich öffnet und so den Weg für diese Verbindung öffnet. Deine Energie und die Energie des Kosmos sind im Austausch miteinander. Lass dich von dieser Praxis inspirieren, oder sei selbst eine Quelle der Inspiration.

2. Beginn mit Sufi-Kreisen, wenn du die Verbindung spürst. Kreise auch, wenn du sie nicht spürst. Sitz dabei stabil und lass den Oberkörper mit jeder Einatmung vor und mit der Ausatmung in den Raum hinter dir kreisen. Rotiere ruhig spontan für einige Zeit in eine Richtung und wechsle dann in die andere Richtung. Ich schlage vor, die Sufi-Kreise insgesamt ca. 3–5 Minuten als bewegte Meditation zu üben. Komm über das stetige Kreisen immer mehr zur Ruhe.

Hauptteil

1. Komm in die tiefe Hocke. Du kannst dich gerne erhöht auf ein Bolster oder Kissen setzen. Oder leg dir etwas unter die Fersen, wenn sie in der Luft hängen.

Wir nutzen diese Übung zu Beginn als Vereinbarung, hier auf dieser Erde zu sein, und die Energie des Universums hier auf der Erde durch unser Sein zu verkörpern. Leg die Hände in die Gebetshaltung der Namasté-Mudra und tauch ein in das innere Gebet deines Körpers, deines Geistes und deiner Seele. Nichts davon ist wirklich getrennt voneinander. Halte hier für 3–5 Minuten.

2. Komm anschließend in eine sitzende Grätsche. Wir üben jetzt eine Variante mit Seitneige. Leg dir gerne eine Erhöhung an die rechte Beinseite und komm mit dem Oberkörper in eine Seitneige nach rechts. Du kannst die Haltung so tief gestalten, wie du möchtest. Werde dir bewusst, wo die Krone deines Kopfes ist, und verbinde dich mit der Yin-Energie. Sei sanft und milde mit dir. Halte hier für 3–5 Minuten und übe dann auf der anderen Seite.

3. Nach den Seitneigen-Varianten übe in der Grätsche weiter und beug dich aus dem Oberkörper nach vorne. Nutze bei Bedarf ein Bolster zur Erhöhung. Variiere auch hier die Tiefe so, dass du die Haltung bequem für 3–5 Minuten halten kannst. Nach dem Auflösen entspann die Haltung und übe den sitzenden Scheibenwischer: Stell die Füße auf, stütz dich mit den Händen hinter dem Gesäß auf und schwing sanft die Beine nach rechts und links, so dass die Wirbelsäule leichte Drehungen macht.

4. Komm danach in eine sanfte Version des Drehsitzes. Schließ die Augen und spür durch die Wirbelsäule hindurch. Mach dir bewusst, dass dieser große Energiekanal die Verbindung von Himmel und Erde, von Spiritualität und Materiellem ist. Du bist das Bindeglied dieser gegensätzlichen Pole. Komm in ein Gefühl von Demut für dein Leben, das ein wahres Wunder ist. Übe beide Seiten für 3–5 Minuten.

5. Komm in die Rückenlage. Als Variante stell beide Füße mattenweit auf und lass die Knie zusammenfallen. Leg die Hände in der Namasté-Mudra auf die Stirn. Spür auch hierüber die Verbindung zur universellen Energie. Bleib hier für 3–5 Minuten.

6. Komm in einen liegenden Twist. Erhöhe bei Bedarf die Beine so, dass beide Schultern gut geerdet bleiben können. Werde in dieser Drehung noch passiver als bei der sitzenden Variante. Bleib hier 3–5 Minuten auf jeder Seite.

7. Komm in die Sphinx und nutze sie, um deine energetische Mitte zu berühren. Intensiviere das Gefühl in der nächsten Haltung. Bleib hier für 3–5 Minuten.

8. Komm in ein sanftes Kamel. Streck auch hier dein Herz gen Universum aus und spür, wie die universelle Energie von hier in alle Ebenen deines Seins hineinfließt. Du bist die Verkörperung des göttlichen Funkens hier auf dieser Erde. Wenn dir der Begriff des Göttlichen nicht behagt, ersetze ihn gerne durch deine eigenen Worte – eine Schöpferkraft, die ein Teil von uns ist.

9. Ruh dich anschließend in der Haltung des Kindes aus. Du kannst es dir mit einem Bolster unter dem Körper bequem machen. Du ermöglichst dir jetzt eine tiefe Innenschau. Alles darf sein, und du darfst alles sein. Halte hier für 3–5 Minuten.

10. Entspann dich anschließend in Savasana. Alles Geübte darf hier auf allen Ebenen verstoffwechselt werden. Du musst rein gar nichts verstehen. Bleib angebunden an die universelle Energie über dein Kronenzentrum.

Meditation nach deinem Human-Design-Typ

Ich empfehle dir sehr, an dieser Stelle eine Meditation anzuschließen. Wähle sie entsprechend deinem Typ aus (ab S. 248).

Meditationen für jeden Energietyp

Seit meiner Ausbildung in *ThetaHealing®* arbeite ich fast ausschließlich mit der Meditation dieser besonderen Methode. Sie setzt voraus, dass wir an eine uns übergeordnete Schöpferkraft glauben. Die Meditation arbeitet damit, dass die Gehirnwellen in einer sehr tiefen Frequenz von 4–7 Hz schwingen. So kann auf einfache Art und Weise mit dem Unterbewusstsein gearbeitet werden. Mit *Human Design* haben wir ein System geschenkt bekommen, das das Unterbewusstsein sichtbar macht. Vielleicht hast du diese Seite deines *Designs* noch nicht vollkommen auf allen Ebenen durchdringen können, aber mit den folgenden Meditationen kannst du bereits jetzt damit arbeiten.

Ich habe für jeden Energietyp eine Meditation entworfen, da ich es für fundamental halte, dass du entsprechend deinem Energietyp lebst. Es ist deine energetische Basis, auf der weitere Entscheidungen deines Lebens gegründet werden können. So kannst du der Stimme deiner inneren Autorität und deiner Strategie am besten gewahr werden. Die Meditationen findest du auch als Audiodatei, so dass du sie unter Anleitung praktizieren kannst (Links findest du im Anhang). Du kannst dir aber auch selbst eine Audiodatei mit deiner Stimme besprechen.

Du kannst die Meditationen jederzeit praktizieren, außer wenn du wichtige Maschinen bedienst oder Auto fährst. Ich habe sie oft auch als Option nach der Yogapraxis zur Wahl gelassen. Plane bitte 15 Minuten ungestörte Zeit ein. Entsprechend deiner Pfeile in deinem *Human Design* hast du sicherlich schon eine Idee, wie und wo du Meditation in deinen Alltag integrieren kannst. Ansonsten eignen sich immer auch die frühen Morgenstunden; oder übe Meditation als Teil deiner Schlafhygiene. Du kannst die Meditation im Sitzen oder Liegen machen. Wichtig ist, dass du es bequem hast und ausreichend hydratisiert bist. Vielleicht trinkst du vorher noch etwas Wasser.

Meditation für Generator:innen

Schließ die Augen und verbinde dich mit deinem Selbstzentrum. Nimm dich hier mit deiner Energie des oder der Generator:in voll und ganz wahr. Deine konstante Arbeitskraft, dein Durchhaltevermögen werden auf dieser Welt gebraucht, um die Dinge zu tun, die getan werden müssen. Du tust das, was dir Freude bringt, und gehst darin voll und ganz auf. Du bist ein sehr wichtiger Teil in dieser Welt. Deine einladende Aura wirkt auf andere anziehend.

Erkenne dich hier als vollkommenes Wesen und geh mit deiner Aufmerksamkeit durch die unteren Energiezentren bis zum Wurzelzentrum. Stell dir vor, wie ein Teil deiner Energie sich mit der Energie der Erde über das Wurzelzentrum verbindet. Stell dir vor, wie die Energie hinab durch die tiefen Erdschichten fließt und durch den Puls der Erde genährt werden. Erkenne die Erde als einen Teil der Schöpfungsenergie, und verbinde dich mit ihr.

Geh nun langsam mit deiner Aufmerksamkeit wieder hinauf. Tritt durch das Wurzelzentrum wieder in deinen Körper ein, und wandere durch die Energiezentren hinauf bis zum Kronenzentrum. Stell dir hier eine wunderschöne Lotosblüte vor, die sich langsam öffnet und den Weg über den Scheitelpunkt nach oben ins Universum freigibt. Stell dir vor, wie sich eine leuchtende Lichtkugel formt, und nimm darin als kleine Version deiner selbst deinen Platz ein. Die Lichtkugel umhüllt dich sicher, und du fühlst dich geborgen.

Du spürst, wie du in der Lichtkugel langsam deinen Körper verlässt und hinauffliegst, über das Dach deines Zuhauses hinauf in den Himmel. Die Erde unter dir wird immer kleiner und kleiner. Du trittst über die Erdatmosphäre hinein in den Kosmos. Du fliegst vorbei an den Sternen und Planeten unseres Sonnensystems. Du steigst immer höher und höher und gelangst in eine Ebene aus hellen und wenigen dunklen Lichtern. Die Freude in dir wird immer größer.

Schließlich gelangst du in eine Ebene aus goldenem Licht, es glitzert und glänzt in verschiedenen Facetten. Du steigst weiter mit deiner Lichtkugel auf, wirst immer schneller und gelangst in eine Ebene aus regenbogenfarbenem Licht, das sich gelartig anfühlt und eine höhere Dichte hat. Du siehst alle möglichen Farben und hörst vielleicht auch Klänge, die doch noch nie zuvor gehört hast.

Inmitten der Farben entdeckst du ein rechteckiges Portal, aus dem ein irisierendes weißes Licht leuchtet. Du fliegst direkt auf das Portal zu, und sobald du hindurchgeflogen bist, löst sich deine Lichtkugel auf, und du verbindest dich sofort mit dem weißen Licht der Schöpferkraft. Du weist an, dass dir jetzt auf beste Art und Weise gezeigt wird, wie es sich anfühlt, deinen Energietyp des oder der Generator:in zu leben. Über dir bildet sich ein Regenbogen, und pure Freude fällt wie Regen auf dich herab und durchströmt dich vollkommen. Bade so lange in der Freude, wie es sich für dich gut anfühlt. Bitte um den Download, wie es sich anfühlt, dass es in Ordnung für dich ist, auch mal Nein zu sagen.

Wenn du den Impuls spürst, dass es Zeit ist, wieder aufzubrechen, bedank dich bei der Schöpferkraft. Sag „Danke" und wiederhol dreimal im Geiste die Worte: „Es ist vollbracht."

Du bist nun bereit für den Rückweg, aufgeladen mit Freude und voller Akzeptanz für deinen Energietyp des oder der Generator:in.

Du trittst erneut durch das Portal, und sofort bildet sich wieder die schützende Lichtkugel um dich. Du fliegst durch die regenbogenfarbige Masse hindurch zur nächsten Ebene aus goldenem Licht. Du spürst, wie du bereits jetzt von der Erdenergie angezogen wirst, und wirst schneller. Du trittst hinein in die Ebene aus hellen und wenigen dunklen Lichtern. Du wirst noch einmal schneller und kommst wieder zurück in den Kosmos, in unser Sonnensystem. Von hier siehst du den wunderschönen Planeten Erde – deinen Heimatplaneten.

Die Erde kommt immer näher, und durch die Erdatmosphäre trittst du in den Himmel ein. Von hier kommt dein Zuhause immer näher, und durch das Dach nimmt deine Lichtkugel wieder Platz am Kronenzentrum. Du trittst in deinen Körper ein, die Lichtkugel löst sich auf, und die Lotosblüte schließt sich wieder. Nimm nun wieder deinen Raum im Selbstzentrum ein und spür die Veränderung in dir.

Komm wieder voll und ganz in dir an. Du schwingst vollkommen in der Energie des oder der Generator:in.

Meditation für Manifestierende Generator:innen

Schließ die Augen und verbinde dich mit dem Selbstzentrum. Nimm dich hier mit deiner Energie des oder der Manifestierenden Generator:in voll und ganz wahr. Dein komplexer Typ, der ständig Energie zur Verfügung hat, wird auf dieser Welt gebraucht, um neue Dinge einzuleiten und umzusetzen. Du liebst es, viele Dinge gleichzeitig zu machen. Du bist ein sehr wichtiger Teil in dieser Welt.

Erkenne dich hier als vollkommenes Wesen, und geh mit deiner Aufmerksamkeit durch die unteren Energiezentren bis zum Wurzelzentrum. Stell dir vor, wie ein Teil deiner Energie sich mit der Energie der Erde über das Wurzelzentrum verbindet. Stell dir vor, wie die Energie hinab durch die tiefen Erdschichten fließt und durch den Puls der Erde genährt wird. Erkenne die Erde als einen Teil der Schöpfungsenergie und verbinde dich mit ihr.

Geh nun langsam mit deiner Aufmerksamkeit wieder hinauf. Tritt durch das Wurzelzentrum wieder in deinen Körper ein, und wandere durch die Energiezentren hinauf bis zum Kronenzentrum. Stell dir hier eine wunderschöne Lotosblüte vor, die sich langsam öffnet und den Weg über den Scheitelpunkt nach oben ins Universum freigibt. Stell dir vor, wie sich eine leuchtende Lichtkugel formt, und nimm darin als kleine Version deiner selbst deinen Platz ein. Die Lichtkugel umhüllt dich sicher, und du fühlst dich geborgen.

Du spürst, wie du in der Lichtkugel langsam deinen Körper verlässt und hinauffliegst, über das Dach deines Zuhauses hinauf in den Himmel. Die Erde unter dir wird immer kleiner und kleiner. Du trittst über die Erdatmosphäre hinein in den Kosmos. Du fliegst vorbei an den Sternen und Planeten unseres Sonnensystems. Du steigst immer höher und höher und gelangst in eine Ebene aus hellen und wenigen dunklen Lichtern. Die Freude in dir wird immer größer.

Schließlich gelangst du in eine Ebene aus goldenem Licht, es glitzert und glänzt in verschiedenen Facetten. Du steigst weiter mit deiner Lichtkugel auf, wirst immer schneller und gelangst in eine Ebene aus regenbogenfarbenem Licht, das sich gelartig anfühlt und eine höhere Dichte hat. Du siehst alle möglichen Farben und hörst vielleicht auch Klänge, die doch noch nie zuvor gehört hast.

Inmitten der Farben entdeckst du ein rechteckiges Portal, aus dem ein irisierendes weißes Licht leuchtet. Du fliegst direkt auf das Portal zu, und sobald du hindurchgeflogen bist, löst sich deine Lichtkugel auf, und du verbindest dich sofort mit dem weißen Licht der Schöpferkraft. Du weist an, dass dir jetzt auf beste Art und Weise gezeigt wird, wie es sich anfühlt, deinen Energietyp des oder der Manifestierenden Generator:in zu leben. Über dir bildet sich ein Regenbogen, und pure Freude fällt wie Regen auf dich hinab und durchströmt dich vollkommen. Bade so lange in der Freude, wie es sich für dich gut anfühlt. Bitte um den Download, wie es sich anfühlt, abwarten zu können und geduldig zu sein.

Wenn du den Impuls spürst, dass es Zeit ist, wieder aufzubrechen, bedank dich bei der Schöpferkraft. Sag „Danke" und wiederhol dreimal im Geiste: „Es ist vollbracht."

Du bist nun bereit für den Rückweg, aufgeladen mit Freude und voller Akzeptanz für deinen Energietyp des oder der Manifestierenden Generator:in.

Du trittst erneut durch das Portal, und sofort bildet sich wieder die schützende Lichtkugeln um dich. Du fliegst durch die regenbogenfarbige Masse hindurch zur nächsten Ebene aus goldenem Licht. Du spürst, wie du bereits jetzt von der Erdenergie angezogen wirst, und wirst schneller. Du trittst hinein in die Ebene aus hellen und wenigen dunklen Lichtern. Du wirst noch einmal schneller und kommst wieder zurück in den Kosmos, in unser Sonnensystem. Von hier siehst du den wunderschönen Planeten Erde – deinen Heimatplaneten.

Die Erde kommt immer näher, und durch die Erdatmosphäre trittst du in den Himmel ein. Von hier kommt dein Zuhause immer näher, und durch das Dach nimmt deine Lichtkugel wieder Platz am

Kronenzentrum. Du trittst in deinen Körper ein, die Lichtkugel löst sich auf, und die Lotosblüte schließt sich wieder. Nimm nun wieder deinen Raum im Selbstzentrum ein und spür die Veränderung in dir.

Komm wieder voll und ganz in dir an. Du schwingst vollkommen in der Energie des oder der Manifestierenden Generator:in.

Meditation für Projektor:innen

Schließ die Augen und verbinde dich mit deinem Selbstzentrum. Nimm dich hier mit deiner Energie des oder der Projektor:in voll und ganz wahr. Deine projizierende Energie wird auf dieser Welt gebraucht, um alles zu verbessern. Du bist wahrhaftig an anderen Menschen interessiert, kannst sie sehr gut wahrnehmen und erkennst ihre Fähigkeiten. Du bist ein sehr wichtiger Teil in dieser Welt.

Erkenne dich hier als vollkommenes Wesen und geh mit deiner Aufmerksamkeit durch die unteren Energiezentren bis zum Wurzelzentrum. Stell dir vor, wie ein Teil deiner Energie sich mit der Energie der Erde über das Wurzelzentrum verbindet. Stell dir vor, wie die Energie hinab durch die tiefen Erdschichten fließt und durch den Puls der Erde genährt wird. Erkenne die Erde als einen Teil der Schöpfungsenergie und verbinde dich mit ihr.

Geh nun langsam mit deiner Aufmerksamkeit wieder hinauf. Tritt durch das Wurzelzentrum wieder in deinen Körper ein und wandere durch die Energiezentren hinauf bis zum Kronenzentrum. Stell dir hier eine wunderschöne Lotosblüte vor, die sich langsam öffnet und den Weg über den Scheitelpunkt nach oben ins Universum freigibt. Stell dir vor, wie sich eine leuchtende Lichtkugel formt, und nimm darin als kleine Version deiner selbst deinen Platz ein. Die Lichtkugel umhüllt dich sicher, und du fühlst dich geborgen.

Du spürst, wie du in der Lichtkugel langsam deinen Körper verlässt und hinauffliegst, über das Dach deines Zuhauses hinauf in den Himmel. Die Erde unter dir wird immer kleiner und kleiner. Du trittst über die Erdatmosphäre hinein in den Kosmos. Du fliegst vorbei an den Sternen und Planeten unseres Sonnensystems. Du steigst immer höher und höher und gelangst in eine Ebene aus hellen und wenigen dunklen Lichtern. Die Freude in dir wird immer größer.

Schließlich gelangst du in eine Ebene aus goldenem Licht, es glitzert und glänzt in verschiedenen Facetten. Du steigst weiter mit deiner Lichtkugel auf, wirst immer schneller und gelangst in eine Ebene aus regenbogenfarbenem Licht, das sich gelartig anfühlt und eine höhere Dichte hat. Du siehst alle möglichen Farben und hörst vielleicht auch Klänge, die du noch nie zuvor gehört hast.

Inmitten der Farben entdeckst du ein rechteckiges Portal, aus dem ein irisierendes weißes Licht leuchtet. Du fliegst direkt auf das Portal zu, und sobald du hindurchgeflogen bist, löst sich deine Lichtkugel auf, und du verbindest dich sofort mit dem weißen Licht der Schöpferkraft. Du weist an, dass dir jetzt auf beste Art und Weise gezeigt wird, wie es sich anfühlt, deinen Energietyp des oder der Projektor:in zu leben. Über dir bildet sich ein Regenbogen, und die Fähigkeit, Zusammenhänge auf tiefer Ebene zu durchdringen, strömt in dich ein und durchdringt deine Aura. Bade so lange in dieser Energie, wie es sich für dich gut anfühlt. Bitte um den Download, wie es sich anfühlt, die Einladungen anderer abwarten zu können und dies zu erkennen.

Wenn du den Impuls spürst, dass es Zeit ist, wieder aufzubrechen, bedank dich bei der Schöpferkraft. Sag „Danke" und wiederhol dreimal im Geiste: „Es ist vollbracht."

Du bist nun bereit für deinen Rückweg, aufgeladen mit Energie und voller Akzeptanz für deinen Energietyp des Projektors.

Du trittst erneut durch das Portal, und sofort bildet sich wieder die schützende Lichtkugel um dich. Du fliegst durch die regenbogenfarbige Masse hindurch zur nächsten Ebene aus goldenem Licht. Du spürst, wie du bereits jetzt von der Erdenergie angezogen wirst, und wirst schneller. Du trittst hinein in die Ebene aus hellen und wenigen dunklen Lichtern. Du wirst noch einmal schneller und kommst wieder zurück in den Kosmos, in unser Sonnensystem. Von hier siehst du den wunderschönen Planeten Erde – deinen Heimatplaneten.

Die Erde kommt immer näher, und durch die Erdatmosphäre trittst du in den Himmel ein. Von hier kommt dein Zuhause immer näher, und durch das Dach nimmt deine Lichtkugel wieder Platz am Kronenzentrum. Du trittst in deinen Körper ein, die Lichtkugel löst sich auf, und die Lotosblüte schließt sich wieder. Nimm nun wieder deinen Raum im Selbstzentrum ein und spür die Veränderung in dir.

Komm wieder voll und ganz in dir an. Du schwingst vollkommen in der Energie des oder der Projektor:in.

Meditation für Manifestor:innen

Schließ die Augen und verbinde dich mit dem Selbstzentrum. Nimm dich hier mit deiner Energie des oder der Manifestor:in voll und ganz wahr. Deine enorme Kraft wird auf dieser Welt gebraucht, um Dinge zu initiieren. Du verfügst über Eigeninitiative und bist unabhängig, effizient und zielorientiert in deinem Handeln. Du bist ein sehr wichtiger Teil in dieser Welt.

Erkenne dich hier als vollkommenes Wesen und geh mit deiner Aufmerksamkeit durch die unteren Energiezentren bis zum Wurzelzentrum. Stell dir vor, wie ein Teil deiner Energie sich mit der Energie der Erde über das Wurzelzentrum verbindet. Stell dir vor, wie die Energie hinab durch die tiefen Erdschichten fließt und durch den Puls der Erde genährt werden. Erkenne die Erde als einen Teil der Schöpfungsenergie und verbinde dich mit ihr.

Geh nun langsam mit deiner Aufmerksamkeit wieder hinauf. Tritt durch das Wurzelzentrum wieder in deinen Körper ein und wandere durch die Energiezentren hinauf bis zum Kronenzentrum. Stell dir hier eine wunderschöne Lotosblüte vor, die sich langsam öffnet und den Weg über den Scheitelpunkt nach oben ins Universum freigibt. Stell dir vor, wie sich eine leuchtende Lichtkugel formt, und nimmt in ihr als kleine Version deiner selbst deinen Platz ein. Die Lichtkugel umhüllt dich sicher, und du fühlst dich geborgen.

Du spürst, wie du in der Lichtkugel langsam deinen Körper verlässt und hinauffliegst, über das Dach deines Zuhauses hinauf in den Himmel. Die Erde unter dir wird immer kleiner und kleiner. Du trittst über die Erdatmosphäre hinein in den Kosmos. Du fliegst vorbei an den Sternen und Planeten unseres Sonnensystems. Du steigst immer höher und höher und gelangst in eine Ebene aus hellen und wenigen dunklen Lichtern. Die Freude in dir wird immer größer.

Schließlich gelangst du in eine Ebene aus goldenem Licht, es glitzert und glänzt in verschiedenen Facetten. Du steigst weiter mit deiner Lichtkugel auf, wirst immer schneller und gelangst in eine Ebene aus regenbogenfarbenem Licht, das sich gelartig anfühlt und eine höhere Dichte hat. Du siehst alle möglichen Farben und hörst vielleicht auch Klänge, die du noch nie zuvor gehört hast.

Inmitten der Farben entdeckst du ein rechteckiges Portal, aus dem ein irisierendes weißes Licht leuchtet. Du fliegst direkt auf das Portal zu, und sobald du hindurchgeflogen bist, löst sich deine Lichtkugel auf, und du verbindest dich sofort mit dem weißen Licht der Schöpferkraft.

Du weist an, dass dir jetzt auf beste Art und Weise gezeigt wird, wie es sich anfühlt, deinen Energietyp des oder der Manifestor:in zu leben. Über dir bildet sich ein Regenbogen, und eine Fülle von Ideen strömt in dich ein und durchdringt deine Aura. Bade so lange in dieser Energie, wie es sich für dich gut anfühlt. Bitte um den Download, wie es sich anfühlt, andere zu informieren.

Wenn du den Impuls spürst, dass es Zeit ist, wieder aufzubrechen, bedank dich bei der Schöpferkraft. Sag „Danke" und wiederhol dreimal im Geiste: „Es ist vollbracht."

Du bist nun bereit für den Rückweg, aufgeladen mit Energie und voller Akzeptanz für deinen Energietyp des oder der Manifestor:in. Du trittst erneut durch das Portal, und sofort bildet sich wieder die schützende Lichtkugeln um dich. Du fliegst durch die regenbogenfarbige Masse hindurch zur nächsten Ebene aus goldenem Licht. Du spürst, wie du bereits jetzt von der Erdenergie angezogen wirst, und wirst schneller. Du trittst hinein in die Ebene aus hellen und wenigen dunklen Lichtern. Du wirst noch einmal schneller und kommst wieder zurück in den Kosmos, in unser Sonnensystem. Von hier siehst du den wunderschönen Planeten Erde – deinen Heimatplaneten.

Die Erde kommt immer näher, und durch die Erdatmosphäre trittst du in den Himmel ein. Von hier kommt dein Zuhause immer näher, und durch das Dach nimmt deine Lichtkugel wieder Platz am Kronenzentrum.

Du trittst in deinen Körper ein, die Lichtkugel löst sich auf, und die Lotosblüte schließt sich wieder. Nimm nun wieder deinen Raum im Selbstzentrum ein und spür die Veränderung in dir.

Komm wieder voll und ganz in dir an. Du schwingst vollkommen in der Energie des oder der Manifestor:in.

Meditation für Reflektor:innen

Schließ die Augen und verbinde dich mit dem Selbstzentrum. Nimm dich hier mit deiner Energie des oder der Reflektor:in voll und ganz wahr. Deine extrem offene Art wird auf dieser Welt gebraucht, um die Dinge in ein objektiveres Licht zu rücken. Du verfügst über eine sehr dichte und resistente Aura. Du bist ein sehr wichtiger Teil in dieser Welt.

Erkenne dich hier als vollkommenes Wesen und geh mit deiner Aufmerksamkeit durch die unteren Energiezentren bis zum Wurzelzentrum. Stell dir vor, wie ein Teil deiner Energie sich mit der Energie der Erde über das Wurzelzentrum verbindet. Stell dir vor, wie die Energie hinab durch die tiefen Erdschichten fließt und durch den Puls der Erde genährt wird. Erkenne die Erde als ein Teil der Schöpfungsenergie und verbinde dich mit ihr.

Geh nun langsam mit deiner Aufmerksamkeit wieder hinauf. Tritt durch das Wurzelzentrum wieder in deinen Körper ein und wandere durch die Energiezentren hinauf bis zum Kronenzentrum. Stell dir hier eine wunderschöne Lotosblüte vor, die sich langsam öffnet und den Weg über den Scheitelpunkt nach oben ins Universum freigibt. Stell dir vor, wie sich eine leuchtende Lichtkugel formt, und nimm darin als kleine Version deiner selbst deinen Platz ein. Die Lichtkugel umhüllt dich sicher, und du fühlst dich geborgen.

Du spürst, wie du in der Lichtkugel langsam deinen Körper verlässt und hinauffliegst, über das Dach deines Zuhauses hinauf in den Himmel. Die Erde unter dir wird immer kleiner und kleiner. Du trittst über die Erdatmosphäre hinein in den Kosmos. Du fliegst vorbei an den Sternen und Planeten unseres Sonnensystems. Du steigst immer höher und höher und gelangst in eine Ebene aus hellen und wenigen dunklen Lichtern. Die Freude in dir wird immer größer.

Schließlich gelangst du in eine Ebene aus goldenem Licht, es glitzert und glänzt in verschiedenen Facetten. Du steigst weiter mit deiner Lichtkugel auf, wirst immer schneller und gelangst in eine Ebene aus regenbogenfarbenem Licht, das sich gelartig anfühlt und eine höhere Dichte hat. Du siehst alle möglichen Farben und hörst vielleicht auch Klänge, die du noch nie zuvor gehört hast.

Inmitten der Farben entdeckst du ein rechteckiges Portal, aus dem ein irisierendes weißes Licht leuchtet. Du fliegst direkt auf das Portal zu, und sobald du hindurchgeflogen bist, löst sich deine Lichtkugel auf, und du verbindest dich sofort mit dem weißen Licht der Schöpferkraft. Du weist an, dass dir jetzt auf beste Art und Weise gezeigt wird, wie es sich anfühlt, deinen Energietyp des oder der Reflektor:in zu leben. Über dir bildet sich ein Regenbogen, und ein Gefühl, im Einklang mit den Rhythmen der Natur zu sein, strömt in dich ein. Bade so lange in dieser Energie, wie es sich für dich gut anfühlt. Bitte um den Download, wie es sich anfühlt, sich zurückziehen zu dürfen und im Einklang mit der Mondenergie zu sein.

Wenn du den Impuls spürst, dass es Zeit ist, wieder aufzubrechen, bedank dich bei der Schöpferkraft. Sag „Danke" und wiederhol dreimal im Geiste: „Es ist vollbracht."

Du bist nun bereit für den Rückweg, aufgeladen mit Energie und voller Akzeptanz für deinen Energietyp des oder der Reflektor:in.

Du trittst erneut durch das Portal, und sofort bildet sich wieder die schützende Lichtkugel um dich. Du fliegst durch die regenbogenfarbige Masse hindurch zur nächsten Ebene aus goldenem Licht. Du spürst, wie du bereits jetzt von der Erdenergie angezogen wirst, und wirst schneller. Du trittst hinein in die Ebene aus hellen und wenigen dunklen Lichtern. Du wirst noch einmal schneller und kommst wieder zurück in den Kosmos, in unser Sonnensystem. Von hier siehst du den wunderschönen Planeten Erde – deinen Heimatplaneten.

Die Erde kommt immer näher, und durch die Erdatmosphäre trittst du in den Himmel ein. Von hier kommt dein Zuhause immer näher, und durch das Dach nimmt deine Lichtkugel wieder Platz am Kronenzentrum. Du trittst in deinen Körper ein, die Lichtkugel löst sich auf, und die Lotosblüte schließt sich wieder. Nimm nun wieder deinen Raum im Selbstzentrum ein und spür die Veränderung in dir.

Komm wieder voll und ganz in dir an. Du schwingst vollkommen in der Energie des oder der Reflektor:in und bist im Gleichgewicht.

JE HÄUFIGER DU MEDITIERST, desto vertrauter wird dir diese Praxis. Nicht jedes Mal wird sich für dich gleich anfühlen. Die Meditation hat einen ausgleichenden Effekt auf deine Energie und wird dich dabei unterstützen, dein *Human Design* mehr und mehr zu verkörpern.

64 61 63
47 24 4
17 11
43
62 23 56
16 35
20 12
45
31 8 33
1
7 13
10 25
15 46
2
21
51
26 40
5 14 29
48
57
44
50
32
28
18
34
27
59
42 3 9
36
22
37
6
49
55
30
53 60 52
54 19
38 39
58 41

6. KAPITEL

ZUM NACHSCHLAGEN

Welche ätherischen Öle unterstützen dein Potenzial?

Ätherische Öle können auf feinstoffliche Art und Weise die verschiedenen Merkmale des *Human Designs* unterstützen. In meinem letzten Buch *In Balance mit Aroma-Yoga* habe ich auch eine Tabelle veröffentlicht, wie Aromatherapie auch auf emotionaler Ebene wirken kann. Durch jahrelange Beobachtungen und durch das Studieren vieler Fachbücher und den Austausch mit anderen Anwender:innen habe ich eine eigene Zuordnung der ätherischen Öle und der Tore im *Human Design* vorgenommen. Sie entspricht meinem subjektiven Empfinden und lässt sicherlich Spielraum für deine eigenen Erfahrungen. Die Wirkung von Aromen kann subjektiv oftmals unterschiedlich sein, da Gerüche in enger Verbindung zu unserem Erinnerungsvermögen stehen. Verknüpfst du also einen bestimmten Geruch mit einem Erlebnis, kann es sich nun ganz individuell anfühlen, ob du mit dem Aroma in Resonanz gehst oder es ablehnst. Werte meine Empfehlungen also bitte nicht als absolute Wahrheit.

Das Kronenzentrum

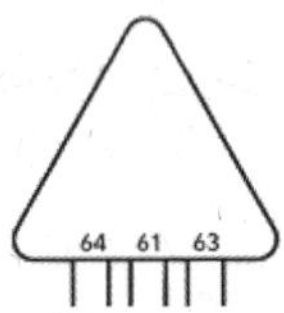

Tor 64 – verschiedene Möglichkeiten: Rose, Lorbeerblatt

Tor 61 – innere Wahrheit: Melisse, Jasmin, Rose

Tor 63 – Zweifel: Weihrauch, Melisse

Das Verstandeszentrum

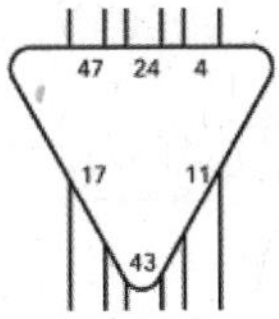

Tor 47 – begreifen: Rosmarin

Tor 43 – Durchbruch: Teebaum

Tor 24 – rationalisieren: Myrrhe

Tor 17 – Meinungen: Douglasie

Tor 11 – Harmonie: Muskatellersalbei

Tor 4 – mentale Lösungen: Thymian, Zedernholz (*Cedrus atlantica*), Zypresse, Kardamom

Das Kehlzentrum

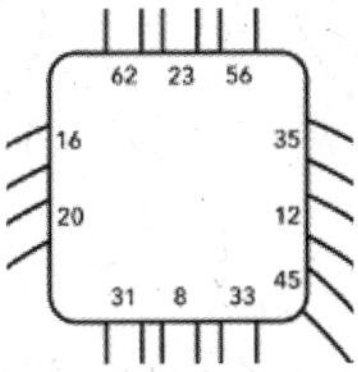

Tor 62 – Klärung: Grüne Minze

Tor 56 – Der Wanderer: Kampfer, Pfefferminze, Grüne Minze

Tor 45 – Die Sammlung: Lavendel, Weihrauch

Tor 35 – Fortschritt: Basilikum

Tor 31 – Einfluss: Oregano, Sandelholz, Rose

Tor 33 – Rückzug: Narde

Tor 23 – Klarheit: Römische Kamille

Tor 20 – Präsenz: Kumquat, Ingwer

Tor 16 – selektieren: Lorbeerblatt

Tor 12 – Stockung: Zypresse

Tor 8 – beitragen: Weißtanne, Zedernholz (*Cedrus atlantica*)

Das Selbstzentrum

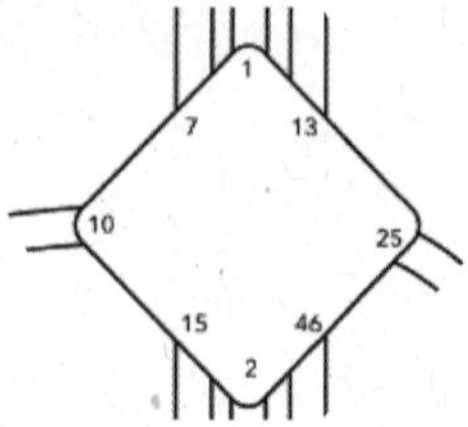

Tor 1 – Schöpferkraft: Neroli, Orange, Weihrauch

Tor 2 – Empfänglichkeit: Majoran, Nelke

Tor 7 – Geschlossenheit: Eukalyptus, Zedernholz

Tor 10 – Das Verhalten: Zitrone, Pinie, Zypresse

Tor 13 – Zuhören: Geranium

Tor 15 – Liebe zur Menschheit: Pink Pepper, Lavendel, Muskatellersalbei

Tor 25 – Unschuld: Rose

Tor 46 – Glücklicher Zufall: Clementine

Das Herzzentrum

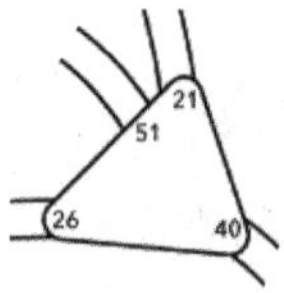

Tor 21 – Kontrolle: Cilantro, Römische Kamille

Tor 26 – Innere Stärke: Neroli, Niauli, Patchouli

Tor 40 – Befreiung: Tulsi

Tor 51 – Das Erregende: Ingwer

Das Emotionszentrum

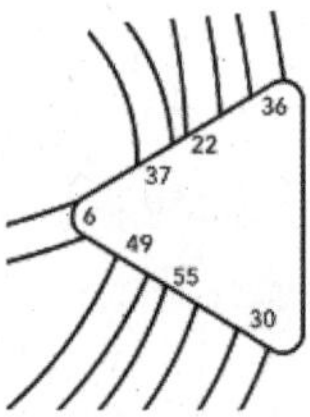

Tor 6 – Konfliktlösung: Eukalyptus

Tor 22 – Anmut und Gnade: Teebaum, Majoran

Tor 30 – Verlangen: Pfefferminze

Tor 36 – Krisenbewältigung: Magnolie

Tor 37 – Familie: Majoran

Tor 49 – Umwälzung: Davana, Lotos, Blauer Lotos

Tor 55 – Fülle: Römische Kamille, Orange

Das Milzzentrum

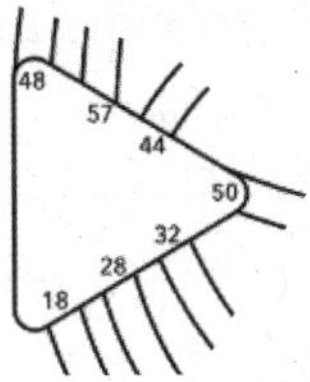

Tor 57 – Das Sanfte: Lemongrass

Tor 50 – Werte: Bergamotte, Weihrauch

Tor 48 – Der Brunnen: Rose, Sandelholz, Muskatellersalbei

Tor 44 – Muster: Neroli, Benzoe

Tor 32 – Die Dauer: Zypresse

Tor 28 – Beharrlichkeit: Immortelle

Tor 18 – Verbessern: Kardamom, Wacholderbeere, Vetiver

Das Sakralzentrum

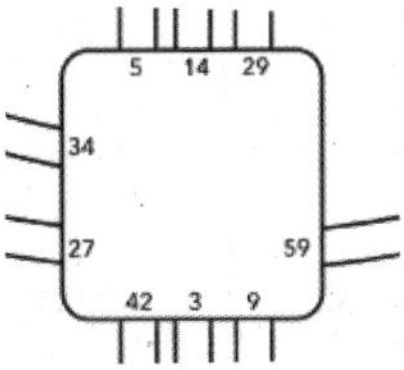

Tor 59 – Intimität: Vetiver

Tor 42 – Mehrung: Tangerine

Tor 34 Macht: Grapefruit, Orange

Tor 29 – Das Ja: Sandelholz, Salbei

Tor 27 – Ernährung: Cilantro

Tor 14 – Vermögen: Clementine

Tor 9 – Achtsamkeit: Zitrone

Tor 5 – Warten: Petit Grain

Tor 3 – Neuordnung: Koriander, Lavendel

Das Wurzelzentrum

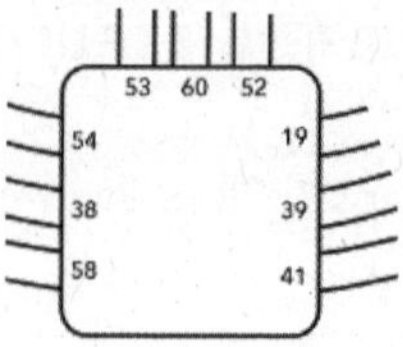

Tor 60 – Beschränkung: Ylang-Ylang

Tor 58 – Lebensfreude: Limette

Tor 53 – Anfänge: Baum-Öle (Nadelbäume)

Tor 54 – Ehrgeiz: Sibirische Tanne, Ingwer

Tor 52 – Ruhe: Weihrauch, Wacholderbeere

Tor 41 – Fantasie: Tangerine

Tor 39 – Provozieren: Eukalyptus

Tor 38 – Der Kämpfer: Vetiver

Tor 19 – Annäherung: Wintergrün

Übersicht zu allen 64 Fähigkeiten

Hier bekommst du einen Überblick über alle wichtigen Aspekte, sortiert nach dem jeweiligen Tor aus dem *Human Design*. Dies kann sehr praktisch sein und dir als Nachschlagewerk dienen.

Tor 1 – Das Schöpferische

Bedeutung:	Selbstausdruck durch Kreativität in Verbindung mit natürlicher Expansion
Partnertor:	8 – Beitragen
Kanal:	1–8 / Das schöpferische Rollenvorbild
Zentrum:	Selbst
Sternzeichen:	Skorpion
Low Vibe:	Trübsal
High Vibe:	Schönheit
Potenzial:	Originalität
Ätherische Öle:	Neroli, Orange, Weihrauch
Edelsteine:	Rubin, Diamant
Tarot:	As der Stäbe, Reiter der Stäbe, der Magier
Farbe:	Rotgold
Yoga:	Human-Design-Yoga für das Selbstzentrum

Tor 2 – Empfänglichkeit

Bedeutung:	Eine natürliche Verbindung zur inneren Führung
Partnertor:	14 – Vermögen
Kanal:	2–14 / Der Alchemist
Zentrum:	Selbst

Sternzeichen:	Stier
Low Vibe:	Entwurzelung
High Vibe:	Einheit
Potenzial:	Orientierung
Ätherische Öle:	Majoran, Nelke
Edelsteine:	Jade, Smaragd, Wasseropal
Tarot:	As der Kelche, Königin der Kelche, Die Hohepriesterin
Farbe:	milchiges Grün, Blau
Yoga:	Human-Design-Yoga für das Selbstzentrum

Tor 3 – Neuordnung

Bedeutung:	Etwas Neues braucht eine klare Perspektive, Beharrlichkeit und gute Organisation
Partnertor:	60 – Annahme
Kanal:	3–60 / Transformation
Zentrum:	Sakral
Sternzeichen:	Widder, Stier
Low Vibe:	Chaos
High Vibe:	Unschuld
Potenzial:	Innovation
Ätherische Öle:	Lavendel, Koriander
Edelsteine:	Türkis
Tarot:	Prinz der Schwerter, Der Wagen
Farbe:	Schwefelgelb, Eisblaugrün
Yoga:	Human-Design-Yoga für das Sakralzentrum

Tor 4 – Mentale Lösungen

Bedeutung:	Auf der Suche nach Antworten stell Fragen, um die richtigen Lösungen zu finden
Partnertor:	63 – Zweifel
Kanal:	4–63 / Logischer Verstand

Zentrum:	Verstand
Sternzeichen:	Löwe
Low Vibe:	Intoleranz
High Vibe:	Vergebung
Potenzial:	logisches Denken
Ätherische Öle:	Bohnenkraut, Thymian, Zedernholz (*Cedrus atlantica*), Zypresse, Kardamom
Edelsteine:	Pyrit
Tarot:	Prinz der Schwerter
Farbe:	Blitzlichtfarben
Yoga:	Human-Design-Yoga für das Verstandeszentrum

Tor 5 – Warten

Bedeutung:	Im Rhythmus mit der universellen Zeit sein
Partnertor:	15 – Menschlichkeit
Kanal:	5–15 / Rhythmus
Zentrum:	Sakral
Sternzeichen:	Schütze
Low Vibe:	Ungeduld
High Vibe:	Zeitlosigkeit
Potenzial:	Geduld
Ätherische Öle:	Petit Grain
Edelsteine:	Bergkristall
Tarot:	Sieben der Scheiben
Farbe:	Regenbogenfarben
Yoga:	Human-Design-Yoga für das Sakralzentrum

Tor 6 – Konfliktlösung

Bedeutung:	Konflikte lösen, um emotionales Gleichgewicht herzustellen
Partnertor:	59 – Intimität
Kanal:	6–59 / Nähe

Zentrum:	Emotion
Sternzeichen:	Jungfrau
Low Vibe:	Konflikt
High Vibe:	Frieden
Potenzial:	Diplomatie
Ätherische Öle:	Eukalyptus, Pfefferminze
Edelsteine:	Rosenquarz
Tarot:	Fünf der Stäbe
Farbe:	Grün, Rosa
Yoga:	Human-Design-Yoga für das Emotionszentrum

Tor 7 – Gemeinsame Ziele

Bedeutung:	Geschlossenheit durch gemeinsame Interessen und Ziele
Partnertor:	31 – Einfluss
Kanal:	7–31 / Alphatier
Zentrum:	Selbst
Sternzeichen:	Löwe
Low Vibe:	Spaltung
High Vibe:	Tugend
Potenzial:	Anleitung
Ätherische Öle:	Eukalyptus, Zedernholz (*Cedrus atlantica*)
Edelsteine:	Bergkristall
Tarot:	Der Kaiser
Farbe:	Rot
Yoga:	Human-Design-Yoga für das Selbstzentrum

Tor 8 – etwas beitragen

Bedeutung:	Alle an einen Tisch bringen, um gemeinsam etwas zu erschaffen
Partnertor:	1 – Schöpferkraft
Kanal:	1–8 / Schöpferisches Rollenvorbild

Zentrum: Kehle
Sternzeichen: Stier, Zwilling
Low Vibe: Mittelmäßigkeit
High Vibe: Vorzüglichkeit
Potenzial: Stil
Ätherische Öle: Weißtanne, Zedernholz (*Cedrus atlantica*)
Edelsteine: Bergkristall
Tarot: Vier der Kelche
Farbe: Hellblau
Yoga: Human-Design-Yoga für das Kehlzentrum

Tor 9 – Achtsamkeit

Bedeutung: Fokus auf Details und die genaue Untersuchung von allen Dingen und jede:m

Partnertor: 52 – Stillhalten
Kanal: 9–52 / Konzentration
Zentrum: Sakral
Sternzeichen: Schütze
Low Vibe: Trägheit
High Vibe: Unbesiegbarkeit
Potenzial: Zielstrebigkeit
Ätherische Öle: Zitrone
Edelsteine: Bergkristall
Tarot: Vier der Schwerter
Farbe: Gelb
Yoga: Human-Design-Yoga für das Sakralzentrum

Tor 10 – Das Verhalten

Bedeutung: In der Selbstliebe bleiben bei allen Herausforderungen des Lebens

Partnertore: 20 – Beobachten; 34 – Macht; 57 – Intuition
Talente: 10–20 / Erwachen; 10–34 / Erforschung; 10–57 / Überleben

Zentrum:	Selbst
Sternzeichen:	Schütze, Steinbock
Low Vibe:	Selbstbesessenheit
High Vibe:	Sein
Potenzial:	Natürlichkeit
Ätherische Öle:	Zitrone, Pinie, Zypresse
Edelsteine:	Hämatit, Rosenquarz
Tarot:	Prinz der Stäbe
Farbe:	Zinnoberrot
Yoga:	Human-Design-Yoga für das Selbstzentrum

Tor 11 – Harmonie

Bedeutung:	Frieden beginnt im Inneren und strahlt dann nach außen
Partnertor:	56 – Reisen
Talente:	11–56 / Neugier
Zentrum:	Verstand
Sternzeichen:	Schütze
Low Vibe:	Dunkelheit
High Vibe:	Licht
Potenzial:	Idealismus
Ätherische Öle:	Douglasie
Edelsteine:	Bergkristall
Tarot:	Drei der Stäbe, Sechs der Kelche
Farbe:	Grün, Blau
Yoga:	Human-Design-Yoga für das Verstandeszentrum

Tor 12 – Bestandsaufnahme

Bedeutung:	Stillhalten, alles sortieren und auf den richtigen Augenblick warten
Partnertor:	22 – Anmut und Gnade
Talente:	12–22 / Offenheit

Zentrum:	Kehle
Sternzeichen:	Zwillinge
Low Vibe:	Reinheit
High Vibe:	Eitelkeit
Potenzial:	Unterscheidung
Ätherische Öle:	Zypresse
Edelsteine:	Amethyst
Tarot:	Fünf der Kelche, Sieben der Scheiben, Der Gehängte
Farbe:	Blau
Yoga:	Human-Design-Yoga für das Kehlzentrum

Tor 13 – Zuhören

Bedeutung:	In der Gemeinschaft aktiv zuhören, um Gemeinsamkeiten zu finden
Partnertor:	33 – Rückzug
Talente:	13–33 / Geschichten erzählen
Zentrum:	Selbst
Sternzeichen:	Wassermann
Low Vibe:	Missklang
High Vibe:	Urteilsvermögen
Potenzial:	Empathie
Ätherische Öle:	Rosengeranie
Edelsteine:	Tigerauge, Heliodor, blauer Achat
Tarot:	Königin der Scheiben
Farbe:	Fruchtfarben, Blattgrün
Yoga:	Human-Design-Yoga für das Selbstzentrum

Tor 14 – Vermögen

Bedeutung:	Leichtigkeit in Bezug auf die Quellen von Besitz, Reichtum und Überfluss
Partnertor:	2 – Empfänglichkeit

Talente:	2–14 / Alchemist
Zentrum:	Sakral
Sternzeichen:	Skorpion, Schütze
Low Vibe:	Kompromiss
High Vibe:	Freigiebigkeit
Potenzial:	Kompetenz
Ätherische Öle:	Clementine
Edelsteine:	Aprikosenachat, Bernstein
Tarot:	Zehn der Scheiben
Farbe:	Grün, Rot
Yoga:	Human-Design-Yoga für das Sakralzentrum

Tor 15 – Liebe zur Menschheit

Bedeutung:	Du findest dich in allen möglichen Rollen des Lebens wieder
Partnertor:	5 – Warten
Talente:	5–15 / Rhythmus
Zentrum:	Selbst
Sternzeichen:	Zwillinge, Krebs
Low Vibe:	Eintönigkeit
High Vibe:	Blüte
Potenzial:	Magnetismus
Ätherische Öle:	Pink Pepper, Lavendel, Muskatellersalbei
Edelsteine:	Gelber Saphir, Goldtopas
Tarot:	Die Kunst
Farbe:	Gelb
Yoga:	Human-Design-Yoga für das Selbstzentrum

Tor 16 – Selektieren

Bedeutung:	Die Fähigkeit, die relevanten Dinge herauszufiltern, die auch zukunftsträchtig sind
Partnertor:	48 – Der Brunnen

Talente:	16–48 / Talente
Zentrum:	Kehle
Sternzeichen:	Zwillinge
Low Vibe:	Gleichgültigkeit
High Vibe:	Meisterschaft
Potenzial:	Vielseitigkeit
Ätherische Öle:	Lorbeerblatt
Edelsteine:	Karneol
Tarot:	Prinzessin der Stäbe
Farbe:	frisches Hellrot, leuchtendes Orange
Yoga:	Human-Design-Yoga für das Kehlzentrum

Tor 17 – Meinungen

Bedeutung:	Alle Meinungen finden Beachtung, und es gelten die, die für das Wohl aller stehen
Partnertor:	62 – Details im Ausdruck
Talente:	17–62 / Organisieren
Zentrum:	Verstand
Sternzeichen:	Widder
Low Vibe:	Rechthaberei
High Vibe:	Allwissenheit
Potenzial:	Weitblick
Ätherische Öle:	Douglasie
Edelsteine:	Sodalith
Tarot:	Acht der Scheiben
Farbe:	Violett
Yoga:	Human-Design-Yoga für das Verstandeszentrum

Tor 18 – Verbessern

Bedeutung:	Traditionen und Gewohnheiten werden überprüft, ob sie noch gesund für das Wohlergehen sind
Partnertor:	58 – Lebensfreude

Talente:	18–58 / Urteilsvermögen
Zentrum:	Milz
Sternzeichen:	Waage
Low Vibe:	Verurteilung
High Vibe:	Vollkommenheit
Potenzial:	Integrität
Ätherische Öle:	Kardamom, Wacholder, Vetiver
Edelsteine:	Alexandrit, Brillant
Tarot:	Ritter der Kelche
Farbe:	Gold
Yoga:	Human-Design-Yoga für das Milzzentrum

Tor 19 – Annäherung

Bedeutung:	Auf Menschen zugehen, um zu sehen, wie wir miteinander verbunden sind
Partnertor:	49 – Rebell
Talente:	19–49 / Feinfühligkeit
Zentrum:	Wurzel
Sternzeichen:	Wassermann
Low Vibe:	Abhängigkeit
High Vibe:	Hingabe
Potenzial:	Feingefühl
Ätherische Öle:	Wintergrün
Edelsteine:	Rubin
Tarot:	Zwei der Schwerter
Farbe:	Rot
Yoga:	Human-Design-Yoga für das Wurzelzentrum

Tor 20 – Das Jetzt

Bedeutung:	Im Hier und Jetzt sein – die Gegenwart
Partnertor:	10 – Das Verhalten; 34 – Macht; 57 – Intuition
Talente:	10–20 / Erwachen; 20–34 / Beschäftigt sein; 20–57 / Impulse

Zentrum:	Kehle
Sternzeichen:	Zwillinge
Low Vibe:	Oberflächlichkeit
High Vibe:	Präsenz
Potenzial:	Selbstsicherheit
Ätherische Öle:	Ingwer, Kumquat
Edelsteine:	Rhodonit, Mondstein, Rosenquarz
Tarot:	Prinzessin der Scheiben
Farbe:	Blau
Yoga:	Human-Design-Yoga für das Kehlzentrum

Tor 21 – Kontrolle

Bedeutung:	Die Willenskraft wird für materielle Verantwortung eingesetzt
Partnertor:	45 – Die Sammlung
Talente:	21–45 / Geld
Zentrum:	Herz
Sternzeichen:	Widder
Low Vibe:	kontrollierend sein
High Vibe:	Tapferkeit
Potenzial:	Autorität
Ätherische Öle:	Cilantro
Edelsteine:	rosa Turmalin
Tarot:	Die Ausgleichung
Farbe:	Rosa
Yoga:	Human-Design-Yoga für das Herzzentrum

Tor 22 – Anmut und Gnade

Bedeutung:	Wohlgefallen durch Schönheit und Harmonie
Partnertor:	12 – Bestandsaufnahme
Talente:	12–22 / Offenheit
Zentrum:	Emotion
Sternzeichen:	Fische

Low Vibe:	unangemessenes Verhalten
High Vibe:	Gnade
Potenzial:	Güte
Ätherische Öle:	Majoran
Edelsteine:	Diamant
Tarot:	Königin der Schwerter
Farbe:	Regenbogenfarben
Yoga:	Human-Design-Yoga für das Emotionszentrum

Tor 23 – Stabilisieren

Bedeutung:	Unwesentliches wird weggelassen, damit das, was wirklich wichtig ist, an Bedeutung zunimmt
Partnertor:	43 – Erkenntnisse
Talente:	23–43 / Strukturierung
Zentrum:	Kehle
Sternzeichen:	Stier
Low Vibe:	Komplexität
High Vibe:	Quintessenz
Potenzial:	Einfachheit
Ätherische Öle:	Römische Kamille
Edelsteine:	Blauer Topas
Tarot:	Drei der Schwerter
Farbe:	Blau
Yoga:	Human-Design-Yoga für das Kehlzentrum

Tor 24 – Rationalisieren

Bedeutung:	Mental werden alle Gedanken logisch sortiert
Partnertor:	61 – Innere Wahrheit
Talente:	24–61 / Denken
Zentrum:	Verstand
Sternzeichen:	Stier
Low Vibe:	Sucht
High Vibe:	Stille

Potenzial:	Erfindungsgabe
Ätherische Öle:	Myrrhe
Edelsteine:	Hyazinth, orangefarbener Zirkon
Tarot:	Das Aeon
Farbe:	Orange
Yoga:	Human-Design-Yoga für das Verstandeszentrum

Tor 25 – Unschuld

Bedeutung:	Unschuld ist unser natürlicher Zustand, geprägt von Vertrauen, Aufrichtigkeit und Offenheit
Partnertor:	51 – Das Erregende
Talente:	25–51 / Einweihung
Zentrum:	Selbst
Sternzeichen:	Fische, Widder
Low Vibe:	Einengung
High Vibe:	universelle Liebe
Potenzial:	Annehmen
Ätherische Öle:	Rose
Edelsteine:	Rosenquarz
Tarot:	Der Narr
Farbe:	Rosa
Yoga:	Human-Design-Yoga für das Selbstzentrum

Tor 26 – Innere Stärke

Bedeutung:	Immense Willensstärke, um Großes zu vollbringen, verbunden mit materiellem Erfolg
Partnertor:	44 – Muster
Talente:	26–44 / Marketing
Zentrum:	Herz
Sternzeichen:	Schütze
Low Vibe:	Manipulation
High Vibe:	Raffinesse

Potenzial:	inneres Gleichgewicht
Ätherische Öle:	Neroli, Niauli, Patchouli
Edelsteine:	grüner Turmalin
Tarot:	Die Lust
Farbe:	Grün
Yoga:	Human-Design-Yoga für das Herzzentrum

Tor 27 – Ernährung

Bedeutung:	Gesunde Versorgung mit allem, was einen nährt und vital macht, um das Wohlbefinden zu erhalten
Partnertor:	50 – Werte
Talente:	27–50 / Erhaltung
Zentrum:	Sakral
Sternzeichen:	Stier
Low Vibe:	Selbstsucht
High Vibe:	Selbstlosigkeit
Potenzial:	Nächstenliebe
Ätherische Öle:	Cilantro
Edelsteine:	Feueropal
Tarot:	Acht der Scheiben
Farbe:	Orange
Yoga:	Human-Design-Yoga für das Sakralzentrum

Tor 28 – Beharrlichkeit

Bedeutung:	Mut, gepaart mit Hartnäckigkeit, um die Herausforderungen des Lebens zu meistern
Partnertor:	38 – Der Gegensatz
Talente:	28–38 / Lebenskampf
Zentrum:	Milz
Sternzeichen:	Skorpion
Low Vibe:	Sinnlosigkeit
High Vibe:	Unsterblichkeit

Potenzial:	Ganzheit
Ätherische Öle:	Immortelle
Edelsteine:	Bergkristall
Tarot:	Zehn der Stäbe
Farbe:	Weiß
Yoga:	Human-Design-Yoga für das Milzzentrum

Tor 29 – Das *„Hell, yes!"*

Bedeutung:	Ein volles Ja für Erfolg
Partnertor:	46 – Glücklicher Zufall
Talente:	29–46 / Entdeckung
Zentrum:	Emotion
Sternzeichen:	Löwe, Jungfrau
Low Vibe:	Halbherzigkeit
High Vibe:	Hingabe
Potenzial:	Verbindlichkeit
Ätherische Öle:	Sandelholz, Salbei
Edelsteine:	Wasseropal
Tarot:	Der Mond, Sieben der Kelche
Farbe:	Weiß
Yoga:	Human-Design-Yoga für das Emotionszentrum

Tor 30 – Verlangen

Bedeutung:	Gefühle in voller Stärke zum Wahrnehmen des flüchtigen Verlangens und von Sehnsüchten
Partnertor:	41 – Potenziale einschätzen
Talente:	30–41 / Erkennen
Zentrum:	Emotion
Sternzeichen:	Wassermann, Fische
Low Vibe:	Begierde
High Vibe:	Verzückung
Potenzial:	Leichtigkeit

Ätherische Öle:	Pfefferminze, Zimt
Edelsteine:	Feuerachat
Tarot:	Sechs der Stäbe
Farbe:	Rot
Yoga:	Human-Design-Yoga für das Emotionszentrum

Tor 31 – Einfluss

Bedeutung:	Gegenseitige Anziehung, um zusammen zu wirken
Partnertor:	7 – Gemeinsame Ziele
Talente:	7–31 / Leader
Zentrum:	Kehle
Sternzeichen:	Löwe
Low Vibe:	Arroganz
High Vibe:	Demut
Potenzial:	Führerschaft
Ätherische Öle:	Rose, Oregano, Sandelholz
Edelsteine:	Granat, Rosenquarz
Tarot:	Königin der Stäbe, Zwei der Kelche, Die Liebenden
Farbe:	Granatapfelrot
Yoga:	Human-Design-Yoga für das Kehlzentrum

Tor 32 – Die Dauer

Bedeutung:	Die Zeit zeigt, was von Bestand ist und was sich verändert
Partnertor:	54 – Ehrgeiz
Talente:	32–54 / Umwandlung
Zentrum:	Milz
Sternzeichen:	Waage
Low Vibe:	Scheitern
High Vibe:	Ehrfurcht
Potenzial:	Nachhaltigkeit
Ätherische Öle:	Zypresse

Edelsteine:	grüne Jade
Tarot:	Vier der Scheiben
Farbe:	Grün
Yoga:	Human-Design-Yoga für das Milzzentrum

Tor 33 – Rückzug

Bedeutung:	Rückzug, um Eindrücke zu verarbeiten und die Energie wiederaufzuladen
Partnertor:	13 – Zuhören
Talente:	13–33 / Ratgeber:in
Zentrum:	Kehle
Sternzeichen:	Löwe
Low Vibe:	Kritisierend
High Vibe:	Offenbarung
Potenzial:	Achtsamkeit
Ätherische Öle:	Narde
Edelsteine:	Türkis
Tarot:	Sieben der Stäbe
Farbe:	Nachtblau, Violett
Yoga:	Human-Design-Yoga für das Kehlzentrum

Tor 34 – Macht

Bedeutung:	Macht, deren Basis inneres Gleichgewicht ist, führt zur wahren Entfaltung von etwas Großem
Partnertor:	10 – Das Verhalten; 20 – Das Jetzt; 57 – Intuition
Talente:	10–34 / Erforschung; 20–34 / Beschäftigt sein; 34–57 / Macht
Zentrum:	Sakral
Sternzeichen:	Schütze
Low Vibe:	Gewalt
High Vibe:	Würde
Potenzial:	Umsetzungskraft

Ätherische Öle:	Grapefruit, Orange
Edelsteine:	Bernstein
Tarot:	As der Scheiben
Farbe:	Pink, Rot, Orange
Yoga:	Human-Design-Yoga für das Sakralzentrum

Tor 35 – Fortschritt

Bedeutung:	Durch den Vergleich alter Erfahrungen spürst du den Drang, neue Erfahrungen machen zu wollen
Partnertor:	36 – Krisenbewältigung
Talente:	35–36 / Vielseitigkeit
Zentrum:	Kehle
Sternzeichen:	Zwillinge
Low Vibe:	Hunger
High Vibe:	Grenzenlosigkeit
Potenzial:	Fortschritt
Ätherische Öle:	Basilikum
Edelsteine:	Aquamarin
Tarot:	Acht der Stäbe, Sechs der Schwerter
Farbe:	Grün
Yoga:	Human-Design-Yoga für das Kehlzentrum

Tor 36 – Krisenbewältigung

Bedeutung:	Das Gefühl einer Krise, bevor man etwas ändert und zum ersten Mal macht
Partnertor:	35 – Fortschritt
Talente:	35–36 / Vielseitigkeit
Zentrum:	Emotion
Sternzeichen:	Fische
Low Vibe:	Aufgewühltheit
High Vibe:	Mitgefühl
Potenzial:	Menschlichkeit

Ätherische Öle:	Magnolie
Edelsteine:	Feueropal
Tarot:	Acht der Kelche, Der Teufel
Farbe:	Rot
Yoga:	Human-Design-Yoga für das Emotionszentrum

Tor 37 – Familie und Freunde

Bedeutung:	Familie und Freunde sind wichtig für das Wohlbefinden
Partnertor:	40 – Befreiung
Talente:	37–40 / Gemeinschaft
Zentrum:	Emotion
Sternzeichen:	Fische
Low Vibe:	Schwäche
High Vibe:	Zärtlichkeit
Potenzial:	Loyalität
Ätherische Öle:	Majoran
Edelsteine:	Granat
Tarot:	Königin der Scheiben
Farbe:	Blau
Yoga:	Human-Design-Yoga für das Emotionszentrum

Tor 38 – Der Gegensatz

Bedeutung:	Sich gegen Unwahrheiten zur Wehr setzen
Partnertor:	28 – Beharrlichkeit
Talente:	28–38 / Lebenskampf
Zentrum:	Wurzel
Sternzeichen:	Steinbock
Low Vibe:	Kampf
High Vibe:	Ehre
Potenzial:	Ausdauer
Ätherische Öle:	Vetiver

Edelsteine:	Citrin
Tarot:	Zwei der Scheiben
Farbe:	Rot
Yoga:	Human-Design-Yoga für das Wurzelzentrum

Tor 39 – Provozieren

Bedeutung:	Du öffnest dich für Herausforderungen, die dich persönlich wachsen lassen
Partnertor:	55 – Fülle
Talente:	39–55 / Emotionen freisetzen
Zentrum:	Wurzel
Sternzeichen:	Krebs
Low Vibe:	Provokation
High Vibe:	Befreiung
Potenzial:	Tatendrang
Ätherische Öle:	Eukalyptus
Edelsteine:	Beryll
Tarot:	Acht der Schwerter
Farbe:	Rot
Yoga:	Human-Design-Yoga für das Wurzelzentrum

Tor 40 – Befreiung

Bedeutung:	Mit Willenskraft erreichst du die Befreiung
Partnertor:	37 – Familie und Freunde
Talente:	37–40 / Gemeinschaft
Zentrum:	Herz
Sternzeichen:	Jungfrau
Low Vibe:	Erschöpfung
High Vibe:	Höchster Wille
Potenzial:	Entschlossenheit
Ätherische Öle:	Tulsi
Edelsteine:	Rosenquarz

Tarot: Zehn der Schwerter
Farbe: Grün, Rosa
Yoga: Human-Design-Yoga für das Herzzentrum

Tor 41 – Potenziale einschätzen

Bedeutung: Sich innerhalb seiner Fähigkeiten zu bewegen lässt Visionen und Ziele entstehen

Partnertor: 30 – Verlangen
Talente: 30–41 / Erkennen
Zentrum: Wurzel
Sternzeichen: Wassermann
Low Vibe: fantasieren
High Vibe: Ausstrahlung
Potenzial: Antizipation
Ätherische Öle: Tangerine
Edelsteine: Spinell
Tarot: Fünf der Scheiben
Farbe: Rot, Orange
Yoga: Human-Design-Yoga für das Wurzelzentrum

Tor 42 – Mehrung

Bedeutung: Du verbesserst deine Ressourcen und erweiterst so deinen Erfahrungshorizont

Partnertor: 53 – Entwicklung
Talente: 42–53 / Zyklen
Zentrum: Sakral
Sternzeichen: Widder
Low Vibe: Erwartung
High Vibe: Jubel
Potenzial: Losgelöstheit
Ätherische Öle: Tangerine
Edelsteine: goldfarbener Sonnenstein

Tarot: Sechs der Kelche, Sechs der Scheiben, Neun der Scheiben
Farbe: Orange, Gelb
Yoga: Human-Design-Yoga für das Sakralzentrum

Tor 43 – Durchbruch

Bedeutung: Durch neue Wahrnehmungen brichst du mit alten Mustern und Gewohnheiten

Partnertor: 23 – stabilisieren
Talente: 23–43 / Strukturierung
Zentrum: Verstand
Sternzeichen: Skorpion
Low Vibe: Taubheit
High Vibe: Selbstoffenbarung
Potenzial: Einsicht
Ätherische Öle: Teebaum
Edelsteine: Sonnenstein
Tarot: Zwei der Stäbe
Farbe: Nachtblau, Violett
Yoga: Human-Design-Yoga für das Verstandeszentrum

Tor 44 – Toleranz

Bedeutung: Die Akzeptanz verschiedener Ansätze und Meinungen

Partnertor: 26 – Innere Stärke
Talente: 26–44 / Marketing
Zentrum: Milz
Sternzeichen: Skorpion
Low Vibe: Misstrauen
High Vibe: Gemeinsam führen (New Leadership)
Potenzial: Teamwork
Ätherische Öle: Benzoe, Neroli

Edelsteine: Aquamarin
Tarot: Prinzessin der Kelche, Sieben der Schwerter
Farbe: Grün, Weiß
Yoga: Human-Design-Yoga für das Milzzentrum

Tor 45 – Zusammenspiel

Bedeutung: Ausrichtung auf das Gemeinwohl

Partnertor: 21 – Kontrolle
Talente: 21–45 / Geld
Zentrum: Kehle
Sternzeichen: Zwillinge
Low Vibe: Dominanz
High Vibe: Kommunion
Potenzial: Zusammenspiel
Ätherische Öle: Lavendel, Weihrauch
Edelsteine: Türkis
Tarot: Der Hohepriester
Farbe: Hellblau
Yoga: Human-Design-Yoga für das Kehlzentrum

Tor 46 – Selbstentschlossenheit

Bedeutung: Dein persönlicher Einsatz bringt Wachstum und gutes Gelingen

Partnertor: 29 – Das Ja-Sagen
Talente: 29–46 / Entdeckung
Zentrum: Selbst
Sternzeichen: Jungfrau, Waage
Low Vibe: Ernsthaftigkeit
High Vibe: Ekstase
Potenzial: Freude
Ätherische Öle: Clementine
Edelsteine: Citrin

Tarot:	As der Schwerter, Sechs der Schwerter
Farbe:	Grün, Gelb
Yoga:	Human-Design-Yoga für das Selbstzentrum

Tor 47 – Begreifen

Bedeutung:	Der Aha-Moment
Partnertor:	64 – Verschiedene Möglichkeiten
Talente:	47–64 / Abstraktes Denken
Zentrum:	Verstand
Sternzeichen:	Jungfrau
Low Vibe:	Bedrängnis
High Vibe:	Verklärung
Potenzial:	Verwandlung
Ätherische Öle:	Rosmarin
Edelsteine:	Tigerauge
Tarot:	Neun der Schwerter, Fünf der Scheiben
Farbe:	Violett
Yoga:	Human-Design-Yoga für das Verstandeszentrum

Tor 48 – Wissen

Bedeutung:	Ein Zugang zu tiefem Wissen
Partnertor:	16 – Selektieren
Talente:	16–48 / Talent
Zentrum:	Milz
Sternzeichen:	Waage
Low Vibe:	Unzulänglichkeit
High Vibe:	Weisheit
Potenzial:	Einfallsreichtum
Ätherische Öle:	Sandelholz, Muskatellersalbei, Rose
Edelsteine:	Tigerauge
Tarot:	Vier der Kelche, Neun der Scheiben, Die Kaiserin
Farbe:	Gelb, Orange

Yoga:	Human-Design-Yoga für das Milzzentrum

Tor 49 – Rebell

Bedeutung:	Etwas Altes darf gehen, um für Innovationen Platz zu machen
Partnertor:	19 – Annäherung
Talente:	19–49 / Feinfühligkeit
Zentrum:	Emotion
Sternzeichen:	Wassermann
Low Vibe:	Reaktion
High Vibe:	Wiedergeburt
Potenzial:	Innovation
Ätherische Öle:	Davana, Lotos, Blauer Lotos
Edelsteine:	Lapislazuli, Amethyst
Tarot:	Prinz der Kelche, Fünf der Schwerter
Farbe:	Blauviolett
Yoga:	Human-Design-Yoga für das Emotionszentrum

Tor 50 – Werte

Bedeutung:	Werte stabilisieren eine Gesellschaft
Partnertor:	27 – Ernährung
Talente:	27–50 / Erhaltung
Zentrum:	Milz
Sternzeichen:	Waage, Skorpion
Low Vibe:	Verfälschung
High Vibe:	Harmonie
Potenzial:	Gleichgewicht
Ätherische Öle:	Bergamotte, Weihrauch
Edelsteine:	Citrin
Tarot:	Vier der Stäbe, Das Glück
Farbe:	Gelb
Yoga:	Human-Design-Yoga für das Milzzentrum

Tor 51 – Erregung

Bedeutung:	Handeln aufgrund einer intensiven Erfahrung
Partnertor:	25 – Unschuld
Talente:	25–51 / Einweihung
Zentrum:	Herz
Sternzeichen:	Widder
Low Vibe:	Aufruhr
High Vibe:	Erwachen
Potenzial:	Initiative
Ätherische Öle:	Tulsi
Edelsteine:	Malachit, schwarzer Opal
Tarot:	Der Turm, Zehn der Schwerter
Farbe:	Grün, Rosa
Yoga:	Human-Design-Yoga für das Herzzentrum

Tor 52 – Stillhalten

Bedeutung:	Durch innere Stille einen Überblick über alles erhalten
Partnertor:	9 – Achtsamkeit
Talente:	9–52 / Konzentration
Zentrum:	Wurzel
Sternzeichen:	Krebs
Low Vibe:	Stress
High Vibe:	Ruhe
Potenzial:	Zurückhaltung
Ätherische Öle:	Weihrauch, Wacholderbeere, Orange
Edelsteine:	Bergkristall
Tarot:	Der Eremit
Farbe:	Rot, Weiß
Yoga:	Human-Design-Yoga für das Wurzelzentrum

Tor 53 – Entwicklung

Bedeutung:	Entwicklung als organischer Prozess auf dem Weg hin zu weiteren Selbsterkenntnissen
Partnertor:	42 – Mehrung
Talente:	42–53 / Zyklen
Zentrum:	Wurzel
Sternzeichen:	Krebs
Low Vibe:	Unreife
High Vibe:	Überfluss
Potenzial:	Expansion
Ätherische Öle:	Baumöle (Nadelbäume)
Edelsteine:	Jaspis
Tarot:	Drei der Scheiben, Prinz der Scheiben
Farbe:	Ocker, Graphit
Yoga:	Human-Design-Yoga für das Wurzelzentrum

Tor 54 – Ehrgeiz

Bedeutung:	Der Drang, im Leben vorankommen zu wollen
Partnertor:	32 – Die Dauer
Talente:	32–54 / Umwandlung
Zentrum:	Wurzel
Sternzeichen:	Schütze
Low Vibe:	Gier
High Vibe:	Aufstieg
Potenzial:	Engagement
Ätherische Öle:	Sibirische Tanne, Ingwer
Edelsteine:	Sonnenstein
Tarot:	Prinzessin der Scheiben
Farbe:	Rot
Yoga:	Human-Design-Yoga für das Wurzelzentrum

Tor 55 – Fülle

Bedeutung:	Fülle auf allen Ebenen
Partnertor:	39 – provozieren
Talente:	39–55 / Emotionen freisetzen
Zentrum:	Emotion
Sternzeichen:	Fische
Low Vibe:	Opferhaltung
High Vibe:	Freiheit
Potenzial:	Begeisterung
Ätherische Öle:	Römische Kamille, Orange
Edelsteine:	Pyrit
Tarot:	Neun der Kelche, Sechs der Scheiben
Farbe:	Orange, Rot
Yoga:	Human-Design-Yoga für das Emotionszentrum

Tor 56 – Innenschau

Bedeutung:	Innenschau auch durch die Betrachtung der äußeren Welt (Reisen)
Partnertor:	11 – Harmonie
Talente:	11–56 / Neugier
Zentrum:	Kehle
Sternzeichen:	Krebs, Löwe
Low Vibe:	Ablenkung
High Vibe:	Berauschung
Potenzial:	Bereicherung
Ätherische Öle:	Kampfer, Grüne Minze, Pfefferminze
Edelsteine:	Amethyst
Tarot:	Ritter der Schwerter
Farbe:	Hellblau
Yoga:	Human-Design-Yoga für das Kehlzentrum

Tor 57 – Intuition

Bedeutung: Du lässt Sanftheit zu und gelangst so zu intuitiver Klarheit

Partnertore: 10 – Das Verhalten; 20 – Das Jetzt; 34 – Macht;
Talente: 10–57 / Überleben; 20–57 / Impulse; 34–57 / Macht
Zentrum: Milz
Sternzeichen: Waage
Low Vibe: Unbehagen
High Vibe: Klarheit
Potenzial: Intuition
Ätherische Öle: Lemongrass
Edelsteine: Amethyst
Tarot: Die Hohepriesterin
Farbe: Weiß, Gelb, Gold
Yoga: Human-Design-Yoga für das Milzzentrum

Tor 58 – Lebensfreude

Bedeutung: Das Leben wertschätzen

Partnertor: 18 – verbessern
Talente: 18–58 / Urteilsvermögen
Zentrum: Wurzel
Sternzeichen: Steinbock
Low Vibe: Unzufriedenheit
High Vibe: Glückseligkeit
Potenzial: Lebensfreude
Ätherische Öle: Limette
Edelsteine: Karneol
Tarot: Drei der Kelche
Farbe: Orange
Yoga: Human-Design-Yoga für das Wurzelzentrum

Tor 59 – Intimität

Bedeutung:	Indem wir uns vollkommen öffnen, schaffen wir intime Verbindungen
Partnertor:	6 – Konfliktlösung
Talente:	6–59 / Nähe
Zentrum:	Sakral
Sternzeichen:	Jungfrau
Low Vibe:	Unehrlichkeit
High Vibe:	Transparenz
Potenzial:	Intimität
Ätherische Öle:	erdige Öle wie Vetiver oder Narde
Edelsteine:	Onyx, Nephrit, Malachit
Tarot:	Der Tod
Farbe:	Orange, Rot
Yoga:	Human-Design-Yoga für das Sakralzentrum

Tor 60 – Annahme

Bedeutung:	Einschränkungen anzunehmen kann neue Transzendenz ermöglichen
Partnertor:	3 – Neuordnung
Talente:	3–60 / Transformation
Zentrum:	Wurzel
Sternzeichen:	Steinbock, Wassermann
Low Vibe:	Beschränkung
High Vibe:	Gerechtigkeit
Potenzial:	Realismus
Ätherische Öle:	Ylang-Ylang, Rosmarin
Edelsteine:	Blutachat
Tarot:	Ausgleichung
Farbe:	Rot
Yoga:	Human-Design-Yoga für das Wurzelzentrum

Tor 61 – Innere Wahrheit

Bedeutung: Tiefe innere Ausrichtung, die dich zu deiner inneren Wahrheit führt

Partnertor: 24 – Rationalisieren
Talente: 24–61 / Denken
Zentrum: Krone
Sternzeichen: Steinbock
Low Vibe: Psychose
High Vibe: Heiligkeit
Potenzial: Inspiration
Ätherische Öle: Melisse, Jasmin, Rose
Edelsteine: Aquamarin, Rosenquarz, Sternsaphir, Lapislazuli
Tarot: Der Stern, Neun der Stäbe, Prinz der Kelche
Farbe: Violett, Weiß
Yoga: Human-Design-Yoga für das Kronenzentrum

Tor 62 – Klärung

Bedeutung: Alle Details ordnen, damit man Klarheit gewinnt

Partnertor: 17 – Meinungen
Talente: 17–62 / Organisieren
Zentrum: Kehle
Sternzeichen: Krebs
Low Vibe: Intellektualität
High Vibe: Makellosigkeit
Potenzial: Präzision
Ätherische Öle: Grüne Minze, Styrax, Zitronenverbene
Edelsteine: Silex, Rauchtopas, Obsidian
Tarot: Ritter der Scheiben
Farbe: Gelb, Erdfarben
Yoga: Human-Design-Yoga für das Kehlzentrum

Tor 63 – Zweifel

Bedeutung:	Deine kritische Wahrnehmung aktualisiert immer wieder deine Ansichten
Partnertor:	4 – mentale Lösungen
Talente:	4–63 / logischer Verstand
Zentrum:	Krone
Sternzeichen:	Fische
Low Vibe:	Selbstzweifel
High Vibe:	Wahrheit
Potenzial:	Erkundung
Ätherische Öle:	Weihrauch, Melisse
Edelsteine:	Feuerachat
Tarot:	Zehn der Kelche, Das Universum
Farbe:	Weiß
Yoga:	Human-Design-Yoga für das Kronenzentrum

Tor 64 – Verschiedene Möglichkeiten

Bedeutung:	Der Drang, Balance zu finden
Partnertor:	47 – begreifen
Talente:	47–64 / abstraktes Denken
Zentrum:	Krone
Sternzeichen:	Jungfrau
Low Vibe:	Verwirrung
High Vibe:	Erhellung
Potenzial:	Vorstellungskraft
Ätherische Öle:	Rose, Lorbeerblatt
Edelsteine:	Diamant
Tarot:	Die Sonne
Farbe:	Weiß, Gelb, Gold
Yoga:	Human-Design-Yoga für das Kronenzentrum

Anhang

Verwendete Literatur

Banzhaf, Hajo: *Der Crowly Tarot – Das Handbuch zu den Karten von Aleister Crowly und Lady Frieda Harris.* Kailash, 10. Auflage 1997

Gutzmann, Gerhard: *Das große Lexikon der Heilsteine, Düfte und Kräuter.* Methusalem Verlag, 25. Auflage 2014

Keller, Erich: *Astro-Düfte – Ätherische Öle für die Sternzeichen und ihre Elemente.* Goldmann 1995

Levenson, Evelyn: *Becoming an Empowered Projektor.* Human Design Press, 2022

Nicholas, Chani: *Astro Power – Es steht in deinen Sternen.* Goldmann 2021

Parkyn, Chetan: *Die Kraft deines Lebens. Eine Sicht des 21. Jahrhunderts auf das I Ging.* Lüchow, 2019

Rudd, Richard: *Die 64 Genschlüssel.* Jim Humble Uitgeverij, 5. Auflage 2020

Schröter, Nicole: *In Balance mit Aroma Yoga.* Windpferd, 2020

Stibal, Vianna: *ThetaHealing.© Die Heilkraft der Schöpfung.* Allegria, 14. Auflage 2021

Links

Link zum begleitendem Workbook als pdf und zu den angeleiteten Meditationen als MP3-Download:
https://downloads.windpferd.de/human-design-downloads/

Sia. (2016, 21. Januar). Sia – Unstoppable (Official Audio). YouTube. https://www.youtube.com/watch?v=cxjvTXo9WWM

Downloads zum Workbook und den Audiodateien zum Herunterladen:

https://downloads.windpferd.de/human-design-downloads/

User: human22 *PWD:* f2w7zirb45q

oder ganz einfach den QR-Code einscannen

Liebe Leserin, lieber Leser,

wenn Ihnen dieses Buch gefallen hat, würden wir uns sehr über eine positive und authentische Bewertung freuen.

Rezensionen sind ein wichtiges Feedback für uns und ein wertvoller Lohn für unsere Arbeit.

Bewerten Sie direkt über **www.windpferd.de** oder auf der Website Ihrer Lieblingsbuchhandlung.

Vielen Dank,

Ihre Nicole Schröter und das gesamte Windpferd Team.

Die Autorin

Nicole Schröter hat erfolgreich über viele Jahre ein Yogastudio betrieben und dabei entdeckt, dass viele wichtige Themen, die die Schüler:innen beschäftigten, nicht immer auf der Yogamatte geklärt werden konnten. Nach einer systemischen Coachingausbildung und der Spezialisierung auf das Human-Design-System arbeitet sie mit ihren Klient:innen daran, deren Potenzial aufzudecken, ihre Einzigartigkeit anzunehmen und kleine und größere Lebenskrisen zu meistern.

Kontakt zu Nicole Schröter

Die Autorin bietet umfassende Human-Design-Analysen und Coachings an.

Homepage: www.nicoleschroeter.com

Instagram: @humandesign.vibes

@humandesign.magazine

@humandesign.business

Email:post@nicoleschroeter.com

WhatsApp: 0151-64306045

Nicole Schröter

In Balance mit Aroma Yoga

216 Seiten

ISBN 978-3-86410-276-9

Yoga gibt es mittlerweile in den verschiedensten Varianten und Formen. Viele Traditionen wie Hatha Yoga oder Kundalini Yoga haben sich längst weiterentwickelt. So kommen im Aroma-Yoga zwei Wirkweisen zusammen, die sich gegenseitig unterstützen und auf sanfte Art ergänzen. Die Heilkraft der Pflanzen in Form von ätherischen Ölen und die Wirkung von Asanas, Pranayama, Meditation und Yoga Nidra bekräftigen sich. Die Praxis vertieft sich. Somit sorgen ätherische Öle im Yogaunterricht für besseren Schlaf, Entspannung oder Leistungssteigerung.

Nicole Schröter

Teen Yoga

Mach's dir leicht, wenn deine Welt Kopf steht

224 Seiten, farbig

ISBN 978-3-86410-188-5

Die Hormone fahren Achterbahn und der Körper ist unförmig? Dann tut es gut, wild wie ein Krieger zu sein oder im Fisch das Herz zu öffnen. Teenyoga ist ein Entschleunigungs-Ratgeber, der dir in einer schwierigen Lebensphase Leichtigkeit und gleichzeitig Stabilität in den Alltag bringt. „Yoga hilft dir, deinen Akku aufzuladen", betont die Hamburger Yogalehrerin Nicole Schröter in diesem Buch. Eine gesunde Portion Spiritualität wird den harten Schulalltag auflockern. Positive Affirmationen und Informationen, die über den normalen Biologieunterricht hinausgehen, geben dir dein starkes Selbstvertrauen zurück. Für einen entspannten Umgang mit dem veränderten Körper und dem Ping Pong der Gefühle.

Eva Katharina Junge

Dein Seelenwesen-Orakel

56 Karten und Begleitbuch 144 Seiten

ISBN 978-3-86410-377-3

Neue Impulse für deinen Lebensweg. Die Geschichten unseres Lebens lassen sich nie nur einseitig erzählen. So finden sich auch in diesem Kartendeck, in Anlehnung an den Tarot, Karten, die sich den Schatten-Themen zuwenden und solche mit einer hellen, positiven Aussage. Jede einzelne Karte ist eine Collage aus sorgfältig ausgewählten Bildern, die das jeweilige Thema darstellen. Die Farbwahl und Gestaltung unterstützt die Bedeutung, die die Karte transportiert. Das einzelne „Schlüsselwort" und das Zusammenspiel der Wörter und Bilder auf den Karten ermöglichen eine rein intuitive Interpretation.

Barbara Kündig

Life Mastery

12 Schritte zu vollkommener Gelassenheit

120 Seiten, farbig mit CD (Spielzeit 60 Minuten)

ISBN 978-3-86410-187-8

Das Potenzial Gelassenheit und Leichtigkeit im Leben zu entwickeln, schlummert in jedem von uns. Damit ist nicht die rosarote Brille gemeint, mit der alles positiv gesehen wird – es geht vielmehr darum, die Herausforderungen des Lebens anzunehmen, Herzenswünsche zu erkennen und diese in die Tat umzusetzen. Mit 12 Schritten begibst du dich auf eine innere Reise und kommst dem Ziel nach Leichtigkeit einen großen Schritt näher: durch praktische Übungen für mehr Energie, innere Ruhe und Gelassenheit. Barbara Kündig zeigt dir in diesem Ratgeber, wie du lernst, deine Gefühle anzunehmen, ohne ihnen die Kontrolle zu überlassen. Öffne dein Herz, vertraue deiner Intuition und gib Spiritualität eine Chance. Mit diesem Bewusstsein wirst du zum wahren Meister deines erfüllten Lebens!